IRMÃO RICO
IRMÃ RICA

IRMÃO RICO IRMÃ RICA

Robert Kiyosaki e
Emi Kiyosaki
(Venerável Tenzin Kacho)

Rio de Janeiro, 2017

Irmão Rico, Irmã Rica
Copyright © 2017 da Starlin Alta Editora e Consultoria Eireli. ISBN: 978-85-508-0102-5

Translated from original Rich Brother Rich Sister by Robert T. Kiyosaki. Copyright © 2009, 2014 by Robert T. Kiyosaki. ISBN 978-1-61268-043-9. This edition published by arrangement with Rich Dad Operating Company, LLC., the owner of all rights to publish and sell the same. PORTUGUESE language edition published by Starlin Alta Editora e Consultoria Eireli, Copyright © 2017 by Starlin Alta Editora e Consultoria Eireli.

CASHFLOW, Rich Dad, Rich Dad Advisors, ESBI, e Triângulo B-I são marcas registradas da *CASHFLOW Tecnologies, Inc.*

Todos os direitos estão reservados e protegidos por Lei. Nenhuma parte deste livro, sem autorização prévia por escrito da editora, poderá ser reproduzida ou transmitida. A violação dos Direitos Autorais é crime estabelecido na Lei nº 9.610/98 e com punição de acordo com o artigo 184 do Código Penal.

A editora não se responsabiliza pelo conteúdo da obra, formulada exclusivamente pelo(s) autor(es).

Marcas Registradas: Todos os termos mencionados e reconhecidos como Marca Registrada e/ou Comercial são de responsabilidade de seus proprietários. A editora informa não estar associada a nenhum produto e/ou fornecedor apresentado no livro.

Impresso no Brasil — 2017 — Edição revisada conforme o Acordo Ortográfico da Língua Portuguesa de 2009.

Publique seu livro com a Alta Books. Para mais informações envie um e-mail para autoria@altabooks.com.br

Obra disponível para venda corporativa e/ou personalizada. Para mais informações, fale com projetos@altabooks.com.br

Produção Editorial Editora Alta Books	**Gerência Editorial** Anderson Vieira	**Produtor Editorial (Design)** Aurélio Corrêa	**Marketing Editorial** Silas Amaro marketing@altabooks.com.br	**Vendas Atacado e Varejo** Daniele Fonseca Viviane Paiva comercial@altabooks.com.br
Produtor Editorial Claudia Braga Thiê Alves	**Supervisão de Qualidade Editorial** Sergio de Souza	**Editor de Aquisição** José Rugeri j.rugeri@altabooks.com.br	**Vendas Corporativas** Sandro Souza sandro@altabooks.com.br	**Ouvidoria** ouvidoria@altabooks.com.br
Equipe Editorial	Bianca Teodoro Christian Danniel	Ian Verçosa Illysabelle Trajano	Juliana de Oliveira Renan Castro	
Tradução (1ª edição) Eliana Bussinger	**Copidesque** (atualização) Wendy Campos	**Revisão Gramatical** (atualização) Thamiris Leiroza	**Diagramação** (atualização) Daniel Vargas	

Erratas e arquivos de apoio: No site da editora relatamos, com a devida correção, qualquer erro encontrado em nossos livros, bem como disponibilizamos arquivos de apoio se aplicáveis à obra em questão.

Acesse o site www.altabooks.com.br e procure pelo título do livro desejado para ter acesso às erratas, aos arquivos de apoio e/ou a outros conteúdos aplicáveis à obra.

Suporte Técnico: A obra é comercializada na forma em que está, sem direito a suporte técnico ou orientação pessoal/exclusiva ao leitor.

CIP-Brasil. Catalogação-na-fonte
Sindicato Nacional dos Editores de Livros, RJ

K68p   Kiyosaki, Robert T., 1947-
         Pai rico : irmão rico, irmã rica / Robert Kiyosaki e Emi Kiyosaki ; tradução e revisão técnica Eliana Bussinger. – Rio de Janeiro : Alta books, 2017.
         il.

         Tradução de: Rich brother rich sister
         ISBN 978-85-508-0102-5

         1. Riqueza. 2. Fé. 3. Felicidade. I. Kiyosaki, Emi. II. Título.

09-3022.   CDD: 650.1
                                                        CDU: 65.011.4

Rua Viúva Cláudio, 291 — Bairro Industrial do Jacaré
CEP: 20.970-031 — Rio de Janeiro (RJ)
Tels.: (21) 3278-8069 / 3278-8419
www.altabooks.com.br — altabooks@altabooks.com.br
www.facebook.com/altabooks — www.instagram.com/altabooks

Para mamãe e papai

"O teste de uma inteligência superior é a habilidade de manter, ao mesmo tempo, duas ideias opostas na mente e ainda conservar sua capacidade de funcionamento."

— F. Scott Fitzgerald

O objetivo deste livro é fornecer informações gerais sobre investimentos. Contudo, leis e práticas quase sempre variam entre países e estão sujeitas a mudanças. Visto que cada situação real é singular, orientações específicas devem ser adaptadas às circunstâncias. Por isso, aconselha-se ao leitor que procure seu próprio assessor no que diz respeito a uma situação específica.

Os autores tomaram precauções razoáveis na preparação desta obra e acreditam que os fatos aqui apresentados são precisos na data em que foram escritos. Contudo, nem os autores, nem a editora, assumem quaisquer responsabilidades por erros ou omissões. Os autores e a editora especificamente se eximem de qualquer responsabilidade decorrente do uso ou da aplicação das informações contidas neste livro. Além disso, o objetivo dessas informações não é servir como orientação legal relacionada a situações individuais.

A Editora Alta Books não se responsabiliza pela manutenção e conteúdo no ar de eventuais websites, bem como pela circulação e conteúdo de jogos indicados pelo autor deste livro.

"Minha religião é simples: minha religião é a bondade."

— Sua Santidade, o Dalai Lama

Outros Best-sellers da Série *Pai Rico*

Pai Rico, Pai Pobre

Independência Financeira

O Poder da Educação Financeira

O Guia de Investimentos

Filho Rico, Filho Vencedor

Aposentado Jovem e Rico

Profecias do Pai Rico

Histórias de Sucesso

Escola de Negócios

Quem Mexeu no Meu Dinheiro?

Pai Rico, Pai Pobre para Jovens

Pai Rico em Quadrinhos

Empreendedor Rico

Nós Queremos que Você Fique Rico

Desenvolva Sua Inteligência Financeira

Mulher Rica

O Segredo dos Ricos

Empreendedorismo Não Se Aprende na Escola

O Toque de Midas

O Negócio do Século XXI

Imóveis: Como Investir e Ganhar Muito Dinheiro

Como Comprar e Vender Empresas e Ganhar Muito Dinheiro

SUMÁRIO

PREFÁCIO: Dois Mundos Colidem..xv

INTRODUÇÃO Robert: Por Amor e por Dinheiro 1

INTRODUÇÃO Emi: Corpo São, Espírito Saudável.....................15

CAPÍTULO 1 A Época em que Nascemos.............................23

CAPÍTULO 2 Guerra e Paz 39

CAPÍTULO 3 Novas Respostas para Antigas Perguntas 57

CAPÍTULO 4 Paraíso na Terra 83

CAPÍTULO 5 Caminhos de Transformação 107

CAPÍTULO 6 Promessas Quebradas 125

CAPÍTULO 7 Visões do Futuro...................................137

CAPÍTULO 8 Alimento para a Jornada 153

CAPÍTULO 9 Saltos de Fé 171

CAPÍTULO 10 Iluminação e uma Vida Plena 185

CAPÍTULO 11 Céu, Inferno e Felicidade...........................207

CAPÍTULO 12 Vida e Morte......................................217

CAPÍTULO 13 Encontrando Sua Família Espiritual 237

EPÍLOGO Tenzin: Carma, Nirvana e Vidas Passadas 257

EPÍLOGO Robert: O Fim da Ganância............................275

PALAVRAS FINAIS Uma Mudança no Coração 291

Eu Sou a *Rich Dad Company*....................................295

Agradecimentos Especiais

Nossos mais calorosos agradecimentos a Kathy Heasley e a Mona Gambetta.

Kathy assumiu a enorme tarefa de instigar e extrair as histórias e experiências de um irmão e uma irmã com pontos de vista diferentes — irmãos que cresceram no mesmo lar, mas cujos questionamentos e buscas na vida estavam, de muitas maneiras, em mundos totalmente distintos. A paciência de Kathy, sua condução cuidadosa das pesquisas e habilidade de clarificar matizes deram vida a este livro. Ela investigou — e encontrou — muitas das coisas que, com frequência, não são ditas em família e deu vivacidade às mensagens sobre Deus, dinheiro e felicidade.

Baseada em seus oito anos de experiência com a Rich Dad Company e no verdadeiro espírito do texto Irmão Rico, Irmã Rica, Mona ofereceu complemento e contraponto para ligar os mundos da riqueza material e espiritual — que é a ponte que nos conecta a uma vida rica e plena.

BARBARA EMI KIYOSAKI

ROBERT KIYOSAKI

PREFÁCIO:

DOIS MUNDOS COLIDEM

Nascemos com duas famílias. A primeira é a biológica, aquela que nos deu a vida. A segunda é a família espiritual, aquela que nos leva para onde poderemos contribuir e evoluir... onde poderemos ter a vida à qual estamos destinados.

Crescemos em uma família de descendentes de japoneses, na pequena cidade de Hilo, no Havaí, pouco depois da Segunda Guerra Mundial e no meio da Guerra Fria. Nossa casa ficava na Ilha Grande no Havaí, uma comunidade que já enfrentou marés devastadoras e erupções vulcânicas violentas.

Ralph Kiyosaki, nosso pai, era o secretário de educação do Estado. Líder na história da Defesa Civil local, ele e minha mãe, Marjorie, eram muito ativos na prestação de socorro nos diversos desastres naturais que ocorriam em nossa ilha.

Minha mãe era enfermeira registrada e trabalhou para a Cruz Vermelha americana. Integrante fervorosa da Igreja Metodista de Hilo, ela era apaixonada por música. Mas na época do Natal, envolvia-se com qualquer igreja que apresentasse o melhor coral e o melhor regente. Mamãe tinha um problema cardíaco sério — resultado da febre reumática que teve na infância, que enfraqueceu seu coração e contribuiu para sua morte prematura, aos 49 anos.

INTRODUÇÃO

Papai, Robert e Emi (estes, aos 3 e 2 anos). A enorme mão de papai sempre nos protegeu. Apesar de amar sua família, manteve o vício de fumar, que acabou tirando-o da família que tanto amava.

A família Kiyosaki acreditava em encontrar e prover soluções, em oferecer assistência e servir às pessoas. Em vez de *falar* sobre a importância da educação, nosso pai estudava e ensinava aos outros. Em vez de *falar* sobre religião, nossa mãe praticava a fé na igreja e no dia a dia. Em vez de *falar* sobre servir às pessoas, eles eram voluntários em sua comunidade. Eles nos deram um lar, um abrigo para as tempestades da vida, e fizeram o melhor que puderam para proteger seus filhos.

Mas não puderam nos proteger do mundo, e o mundo chegou até nós das formas mais variadas. Em 1962, Robert tinha 15 anos e Emi, 14, o irmão Jon, 13, e a mais nova, Beth, 11 anos. A família estava assistindo à televisão quando uma luz forte fez Beth soltar um grito: "Oh, meu Deus. Olhem pela janela!"

Todos correram para a sala de jantar e olharam para o céu escuro, enquanto a forte luz estava mudando de um tom de laranja ameaçador para uma alucinante espiral de vermelho brilhante que, em seguida, mudou para roxo-escuro. Finalmente, a escuridão voltou ao céu. Não sabíamos na época, mas o que havíamos presenciado era a explosão de uma bomba atômica, espalhando sua fúria pelo céu do Pacífico.

IRMÃO RICO, IRMÃ RICA

No dia seguinte, o jornal local veiculou que o teste nuclear dos Estados Unidos, um de uma série que aconteceu em Ilha Christmas, dera a impressão de que alguém havia espalhado sangue pelo céu. Um comentarista descreveu a experiência de maneira mais dramática ainda, dizendo que parecera que alguém havia cortado a aorta da garganta de um animal e deixado o sangue jorrar pelo céu. A princípio, o sangue era de um vermelho vivo, ele escreveu, efervescente, porque ainda estava cheio de oxigênio. À medida que o sangue começou a coagular, tornou-se mais denso, mudando de vermelho-escuro para roxo. Depois, o roxo deu lugar ao negro e o cintilar das estrelas voltou a cortar a escuridão.

A época histórica, combinada com o testemunho daquela explosão atômica, contribuiu para as decisões — as ações e reações — de toda a família Kiyosaki. Em 1964, Ralph e Marjorie deixaram seus empregos e se apresentaram como voluntários no Peace Corps[1] do presidente Kennedy, assumindo cortes salariais substanciais em relação ao que ganhavam. As duas irmãs se associaram a movimentos de paz, protestando, nas escolas e nas ruas, contra a Guerra do Vietnã. E os dois irmãos foram voluntários e serviram no Vietnã: Jon, na Força Aérea, e Robert, na Marinha.

De nossa forma, ironicamente, cada um de nós estava trabalhando pela paz.

Desde muito jovens, já era fácil perceber nossos contrastes, ainda que fôssemos irmãos biológicos. Para o observador casual, nossas diferenças devem ter sido muito mais aparentes do que nossas semelhanças.

Mas os contrastes são ainda mais profundos do que a imagem de um Robert Kiyosaki elegantemente vestido ao lado de sua irmã, envolta em traje monástico. Muito mais profundos do que a justaposição da opulência material e da riqueza espiritual ou das escolhas relacionadas à guerra e à paz... escassez e abundância... perguntas e respostas.

A segunda família é nossa família espiritual, aquela que nos atrai com seu chamado, com a promessa de aceitação, de entendimento verdadeiro e de felicidade. É a comunidade na qual aprendemos sobre o poder do amor incondicional e onde descobrimos que é isso o que falta em nossa vida.

---

[1] O Peace Corps é uma organização voluntária americana criada em 1960, pelo presidente John F. Kennedy, com a finalidade de levar jovens americanos a trabalhar em projetos de desenvolvimento em países subdesenvolvidos. (N. E.)

INTRODUÇÃO

Nossa família espiritual é nosso lar verdadeiro, um ambiente em que podemos viver a vida para a qual nascemos e ganhar a perspectiva e a habilidade de aceitar e apreciar os pensamentos e pontos de vista de outras pessoas. Há muitos caminhos para encontrar sua família espiritual: casamento, educação, religião, carreira, amigos, professores e até mesmo crise e desespero.

Emi (Tenzin Kacho) Kiyosaki e Robert Kiyosaki.

Encontrar sua família espiritual no casamento significa achar sua alma gêmea. Não há união mais poderosa do que a de duas pessoas que se encontram para viver mais uma vida juntas. Como sabemos, as taxas de divórcios são muito altas. Ainda que haja muitas e variadas razões para o divórcio, uma delas é a solidão — a solidão e o vazio de ser casado com alguém que não é sua alma gêmea. Há uma enorme diferença entre amar seu cônjuge ou parceiro e amar sua alma gêmea.

Muitas pessoas procuram — mas poucas acham — sua segunda família espiritual.

Este livro é sobre um irmão e uma irmã — duas pessoas nascidas na mesma família biológica — e seus caminhos paralelos, embora divergentes, para Deus, dinheiro e felicidade através do conhecimento e da autodescoberta. É a história de nosso apoio mútuo, diante dos pontos de vista contrastantes e de ideologias conflitantes, na busca por nossa família espiritual.

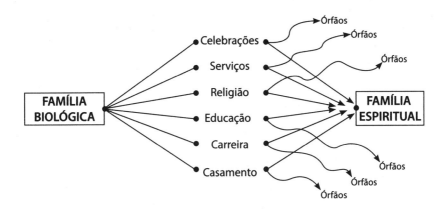

Muitas pessoas passam a vida inteira buscando por sua família espiritual... e nunca a encontram. Muitas pessoas se sentem vazias e sozinhas — vagando pela vida, sentindo-se como órfãos, buscando por seu lar e sua família verdadeira. Com frequência, perguntam a si mesmas: "Minha vida tem algum sentido?" ou "Qual é o sentido da vida?".

É também a história de nossa busca por um mestre espiritual. A vida é repleta de mestres. Mas poucos são mestres espirituais.

Quando um mestre espiritual toca seu coração, sua mente se abre para outro mundo, para outra forma de pensar... e de viver. O Dalai Lama tocou o coração de Emi Kiyosaki e ela se tornou monja budista, mudando seu nome para Tenzin Kacho. Dr. R. Buckminster Fuller tocou o coração de Robert e ele encontrou o caminho que amparou sua busca por compreensão, educação e respostas.

É importante observar que nenhum de nós dois foi excelente aluno, segundo a linha acadêmica tradicional. Não éramos os melhores da sala. Ainda assim, quando esses mestres espirituais tocaram nosso coração e abriram nossa mente, nos tornamos estudantes aplicados que passaram a estudar aqueles assuntos que nasceram para estudar. Hoje, somos alunos dedicados, usamos os talentos com os quais nascemos, habilidades que nem sempre foram reconhecidas no mundo da educação tradicional.

INTRODUÇÃO

As crianças passam a ser chamadas de órfãs quando perdem mãe e pai biológicos. No mundo de hoje, há muitos órfãos espirituais que ainda estão em busca de sua família espiritual. Para muitos, essa é uma jornada que dura a vida toda; outros encontram sua família espiritual ainda muito jovens — muito cedo, eles sabem que sua busca terminou, que encontraram o lar e a família que permitirão que vivam da forma para a qual foram destinados.

Órfãos espirituais, com frequência, sentem-se atraídos por organizações em que eles se sentem aceitos e valorizados. Alguns encontram o alívio para a solidão em comunidades religiosas, grupos patrióticos, organizações que apoiam uma causa — como a do meio ambiente ou a dos direitos dos animais. Outros se transformam em fãs ardorosos dos esportes, para quem a defesa das cores de seu time e a animação nas vitórias preenchem aquele espaço vazio em seu coração e alma. Existe uma necessidade humana básica por aceitação e muitas pessoas que não têm uma alma gêmea procuram por aquele espaço, aquele lugar que podem chamar de lar e família espiritual.

Muitas pessoas trabalham para grandes corporações — orfanatos cheios de pessoas que trabalham por dinheiro e segurança, mas não, por amor. Observamos isso nas tendências de mudanças relacionadas com os empregos em que décadas de serviço, lealdade e compromisso, que vão além do salário, tornam-se valores do passado. Quantos de vocês conhecem bem a sensação de mal-estar na boca do estômago, no domingo à noite, quando imaginam a semana que terão pela frente? Para muitos, isso é o reflexo do vazio em sua vida. Eles não estão usando seus talentos especiais, nem encontraram conexão espiritual com a carreira ou com o trabalho.

Não estão fazendo o trabalho que nasceram para fazer.

Embora ocupados e rodeados por pessoas, muitos se sentem sozinhos. Depois do trabalho, procuram sua família espiritual na igreja ou outra organização que responda aos anseios do coração, da alma e da missão de seu espírito aqui na Terra. Hoje, o aumento da audiência nas igrejas reflete a necessidade crescente das pessoas em encontrar sua família espiritual.

Barbara Emi Kiyosaki nunca sonhou que um dia poderia se tornar monja. Quando encontrou sua família espiritual, a escolha por renunciar aos bens materiais em favor da busca permanente por riquezas espirituais levou-a a escolher o caminho da vida monástica — uma vida de isolamento — em que viver aquém das necessidades parece o mais *adequado* para uma monja.

Quando essa foto de graduação do ensino médio foi tirada, não havia como saber o que o futuro reservava para Barbara Emi Kiyosaki.

Dois mundos colidiram para Tenzin quando a necessidade de um tratamento médico para lhe salvar a vida significou confrontar a realidade do mundo material que ela, muito tempo antes, havia determinado que jamais a motivaria ou controlaria. Ela veio a aprender que há uma diferença entre "viver abaixo das possibilidades" e colocar sua vida em risco.

A realidade do papel que o dinheiro desempenha em nossa vida — goste disso ou não — veio na forma de um duro e rápido golpe quando a grave doença ameaçou sua vida e ela necessitou de tratamento médico que culminou com uma montanha de contas e recursos financeiros limitados. Essa mulher espiritualizada, disciplinada tanto na dieta quanto no foco espiritual, confrontou essas escolhas entre vida e morte. Ao mesmo tempo, lidou com a questão de como um irmão durão, que havia escolhido um caminho diverso, reconheceria e compreenderia o fardo que ela carregava e ainda ofereceria oportunidades para aliviá-lo.

Tenzin procurou formas de resolver esse conflito aparente entre sua vida monástica, suas dívidas e suas necessidades médicas futuras. Ao fazer isso, ela chegou a algumas conclusões interessantes e sensatas. Essas conclusões alimentariam ainda mais sua habilidade de se voltar para seu interior, avaliar suas forças e suas fraquezas, e reunir coragem e comprometimento para mudar.

INTRODUÇÃO

Robert Kiyosaki nunca sonhou que um dia seria professor como seu pai. Ele foi reprovado, duas vezes, em inglês, no ensino médio, porque não escrevia bem. Hoje, seus livros são lidos em várias línguas, em diversos países ao redor do mundo. *Rich Dad Poor Dad* (*Pai Rico, Pai Pobre*, no Brasil, onde também é um enorme sucesso) figurou na lista dos mais vendidos do *The New York Times* por sete anos. Na história, apenas dois outros livros ficaram mais tempo nessa lista.

Ele encontrou sua família espiritual quando ingressou no Corpo de Fuzileiros Navais, e novamente seguiu os passos de seu pai rico — o pai do seu melhor amigo, que o orientou no aprendizado sobre finanças e investimentos.

Em 1981, o curso da vida de Robert mudou quando ele encontrou o dr. R. Buckminster Fuller — considerado um dos maiores gênios de nossa época — que lhe revelou que poderia ficar rico sendo generoso e com essa nova maneira de pensar, Robert criou a *Rich Dad Company*. Tanto o Corpo de Fuzileiros quanto a empresa são movidas por missões muito fortes. Missões fortes atraem membros da mesma família espiritual, que buscam realizar os propósitos de sua vida, a missão de sua vida, a execução das tarefas que nasceram para fazer.

Robert em momento de folga no Vietnã.

IRMÃO RICO, IRMÃ RICA

Você encontrou sua alma gêmea? Encontrou seu mestre espiritual que o conduzirá à sua família espiritual? Encontrou sua profissão espiritual? Em outras palavras, está fazendo o trabalho que nasceu para fazer?

É sobre isso que fala este livro.

Também trata de duas jornadas. Um irmão e uma irmã, duas pessoas muito diferentes, embora nascidas na mesma família biológica, apoiando um ao outro para encontrar suas famílias espirituais e viver a vida para a qual nasceram. A vida desses irmãos é testemunho da resiliência do espírito humano e da conexão poderosa e amorosa que vai além dos laços óbvios de sangue e de infância e que inclui uma vida de buscas e de realizações e um futuro que trará satisfação a cada um dos protagonistas.

Este livro é sobre eventos que, de certa maneira, começaram com a explosão de uma bomba atômica, que conduziu Robert Kiyosaki e Tenzin Kacho para seus saltos de fé. *Irmão Rico, Irmã Rica* é sobre seus caminhos e filosofias diferentes, usados para buscar respostas para as mesmas perguntas. É sobre a busca por felicidade e significado da vida.

A história de *Irmão Rico, Irmã Rica* é sobre mundos contrastantes: material e espiritual, guerra e paz, perguntas e respostas, pontos divergentes de opiniões. Este livro é sobre como as vidas podem se separar em um momento e se reunir novamente, a serviço de um poder espiritual maior.

INTRODUÇÃO:
ROBERT

POR AMOR E POR DINHEIRO

As pessoas costumam dizer: "Nunca discuta religião, política, dinheiro ou sexo." Como você sabe, esses são assuntos carregados de emoção em que cada um de nós tem o próprio — às vezes irracional — ponto de vista. Este livro não seguirá esse conselho e discutirá dois desses assuntos tabu: dinheiro e religião.

No verão de 2006, minha esposa, Kim, e eu voamos de Fênix, no Arizona, para Los Angeles, Califórnia. A viagem tinha por objetivo participarmos de uma conferência em que falaria Sua Santidade, o Dalai Lama. Minha irmã mais nova, Emi Kyiosaki — que atende pelo nome budista de Tenzin Kacho —, nos convidou para o evento. Kim eu não somos budistas. Nem o era minha irmã Emi, ao menos quando crianças. Os quatro filhos Kyiosaki foram criados como cristãos. Emi tornou-se Tenzin com trinta e poucos anos e, se você tivesse conhecido minha irmã quando ela era criança, jamais teria adivinhado que um dia ela se tornaria monja budista.

Eu, ao menos, jamais teria imaginado.

O motorista de nossa limusine parou em frente ao Anfiteatro Gibson. Havíamos passado por quilômetros de fila de "gêneros humanos" caminhando na mesma direção. Usei a expressão "gêneros humanos" para incluir um amplo espectro de figuras que incluíam hippies, *yuppies*, tecnólogos, tribos urbanas e, claro, pessoas comuns. A multidão também estava representava por uma gama de raças: negros, brancos, amarelos, vermelhos, marrons e dourados. Vimos todo tipo de cabelos e penteados, dos mais modernos aos mais conservadores, assim como cabeças raspadas de pessoas que se pareciam com minha irmã. Havia também uma infinidade interessante de vestuários, alguns

INTRODUÇÃO

parecendo que haviam saído de uma feira beneficente de igreja, outros das mais caras lojas da Rodeo Drive, a poucos quilômetros dali.

Eu me senti um pouco constrangido — meio deslocado — quando o motorista da limusine parou em frente à entrada. Ele abriu a porta e Kim e eu saímos em meio à multidão. Uma entrada de limusine seria apropriada para a premier de um filme em Hollywood, mas não estávamos em Hollywood por esse motivo.

Estávamos lá para ver um dos líderes religiosos mais influentes de nossa época.

Quando a limusine partiu, Kim e eu nos vimos cercados por um mar de pessoas. Não sabíamos para onde ir. Minha irmã não pôde nos receber porque estava ocupada com os preparativos e tudo que sabíamos é que alguém viria nos receber com nossas entradas. De repente, uma monja de descendência europeia, com a cabeça raspada e vestindo um robe cor de vinho — nos cumprimentou. Ela guiou a mim e Kim por uma entrada lateral onde os VIPs entravam. Logo estávamos sentados — primeira fileira, no centro do palco —, ao lado de algumas celebridades de Hollywood. Kim se sentou ao lado de Sharon Stone.

O público tomou seus lugares, as luzes no auditório se apagaram e a multidão silenciou. As cortinas se abriram e fiquei surpreso ao ver minha irmã no palco, abrindo o programa e anunciando Sua Santidade, o Dalai Lama. Não tinha a menor ideia de que ela faria parte do evento.

Quando Sua Santidade falou, nada disse sobre pecado, inferno ou danação. Ele não disse que o dinheiro era a raiz de todos os males. Ele não endossou qualquer candidato político. Nem passou a caixinha de doações. Apenas falou das provações e tribulações que todos nós — inclusive ele próprio — temos de enfrentar ao longo da vida. Ele não se colocou em um pedestal.

Como os budistas tibetanos não acreditam em um deus, ele não afirmou que tinha o número do celular de Deus. Ele falou em palavras simples, corriqueiras, essencialmente, sobre os eventos do dia a dia. Suas palavras encheram o auditório de bondade, compaixão e bom humor. Milhares de anos de sabedoria e compaixão envolveram as mentes e corações dos presentes.

IRMÃO RICO, IRMÃ RICA

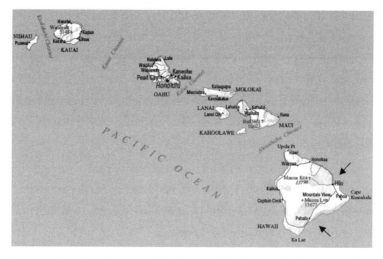

Mapa das Ilhas Havaianas, no Atlas Nacional dos Estados Unidos da América. Aqui está Hilo, o lar da família Kyiosaki, Pahala, onde nossos pais, Ralph e Marjorie Kiyosaki, se conheceram, onde Emi viveu no começo de seus estudos budistas e onde Robert encontrou dr. R. Buckminster Fuller pela última vez.

Ao final do programa, outra monja veio nos pegar e nos conduziu até os bastidores do teatro, onde, finalmente, encontrei minha irmã entre as duas cortinas gigantescas do palco. Ela sorriu, um sorriso brilhante e lindo, e acenou para que fôssemos até ela. Havia meses que não nos víamos. À medida que Kim e eu nos aproximávamos, podíamos sentir a vibração do amor de minha irmã, mesmo a distância.

Quando chegamos, ela nos perguntou eufórica: "Vocês gostariam de conhecer Sua Santidade? Ele vai sair pelos bastidores em um instante."

"Você está brincando? Pode conseguir isso?", perguntei. Tenzin — ou Emi, como eu ainda a chamo — sorriu e respondeu:

"Vou ver o que posso fazer."

Em nossa família éramos quatro filhos. Somos a quarta geração de nipo-americanos. Nossos ancestrais chegaram ao Havaí por volta da década de 1880 para trabalhar nas plantações de cana-de-açúcar e abacaxi. Embora com a influência de ambas as culturas, sendo a quarta geração nos Estados Unidos, acredito que somos mais americanos do que japoneses. Embora minha mãe e meu pai falassem japonês, nenhum de nós quatro aprendeu o idioma.

INTRODUÇÃO

Como a maioria de nós sabe, mesmo tendo nascido na mesma família, os filhos são, em geral, muito diferentes. Mesmo gêmeos idênticos podem desenvolver personalidades, temperamentos e interesses distintos. Todas as quatro crianças da família Kyiosaki são muito diferentes, inclusive minha irmã Barbara Emi Kyiosaki. Emi é seu nome japonês e aquele que usávamos na infância. Ela sempre foi uma pessoa gentil, amorosa e feliz. Hoje, é ainda *mais*. Na verdade, eu diria que ela é a pessoa mais amorosa e alegre que conheço.

Diria que sou seu polo oposto. Embora eu realmente tenha um lado gentil, preciso fingir que sou simpático. Enquanto ela faria qualquer coisa para evitar conflitos, eu sempre amei uma boa briga. Durante a Guerra do Vietnã, minha irmã trabalhou em prol da paz, enquanto eu trabalhei pela guerra.

Essa foto mostra três dos quatro irmãos: eu, Emi e nosso irmão Jon — o terceiro dos quatro filhos Kiyosaki. É um vislumbre do futuro. Anos mais tarde, Jon se juntou à Força Aérea e eu, à Marinha. Nós dois lutamos na Guerra do Vietnã. Minhas irmãs Emi e Beth trabalharam pela paz. Minha mãe e meu pai se juntaram ao Peace Corps do presidente Kennedy.

Uma foto do futuro: Robert, Emi e Jon.

Enquanto aguardávamos nos bastidores, o Dalai Lama continuava a discursar. Ele não falou sobre a paz. Ele falou *em* paz. Falou com compaixão. Enquanto escutava, fiquei imaginando se eu poderia viver e falar de maneira tão terna.

IRMÃO RICO, IRMÃ RICA

Após quatro anos na escola militar e seis como piloto de combate da Marinha, eu me acostumei com palavras e ambientes muito mais ríspidos.

Foi interessante observá-lo de nossa posição privilegiada nos bastidores. Podíamos vê-lo e também a plateia. Ele a elevava espiritualmente.

Quando o programa acabou, Sua Santidade foi rapidamente retirada do palco, seguida de monges seniores, monjas e devotos. Vendo a multidão fervilhar em volta dele, não tive grande esperança de conhecê-lo. Quando ele se dirigiu ao camarim, duas filas se formaram para honrá-lo silenciosamente, com as mãos unidas em oração e curvando-se respeitosamente à medida que ia passando.

Aonde quer que vá, o Dalai Lama diz: "É como encontrar velhos amigos." Ele é notável em fazer as pessoas se sentirem amadas e bem-vindas. Aqui, Tenzin participava de um encontro para planejar um futuro evento.

Assim que se aproximou, o Dalai Lama viu Tenzin e caminhou em nossa direção. Gentilmente, ela o guiou até onde estávamos de pé. Fiquei emocionado e estava profundamente impressionado. Não podia acreditar que minha

INTRODUÇÃO

irmãzinha estava convidando um dos mais influentes líderes religiosos de nossa época para nos conhecer.

Após Tenzin nos apresentar, ficamos falando com Sua Santidade, o Dalai Lama, por alguns minutos preciosos. E então ele se foi. Pensei em nunca mais lavar a mão que ele apertou. Eu me senti abençoado. Não apenas estava impressionado com minha irmã; eu estava orgulhoso. Quanto mais impressionado eu ficava, mais modesta ela se mostrava.

Eu sabia que minha irmã se tornara monja budista, mas, além disso, eu não tinha a menor ideia do que ela fazia ou em que havia se transformado. Sabia que ela procurara por anos até encontrar a própria vida, seu chamado e seu próprio caminho. Ser asiática, cristã e mãe solteira não deve ter sido fácil para ela. Como seu irmão mais velho, ao lado de Emi e do Dalai Lama, me senti muito mais feliz por minha irmã do que pela oportunidade de me encontrar com Sua Santidade. Emi encontrou seu lugar no mundo. De sua maneira humilde, ela encontrou seu poder, utilizando-se do poder sereno do amor. Ela conseguiu cumprir seu destino, ser a pessoa que nasceu para ser.

O sucesso nem sempre significa que nos tornamos aquilo para o qual nascemos. Graduar-se na faculdade também não significa necessariamente que nos tornamos aquilo para o qual fomos destinados; nem o fato de alguém ser profissionalmente bem-sucedido — médico ou advogado. O mesmo é verdadeiro para o dinheiro. Só porque você é rico não significa que tenha sido bem-sucedido em se tornar aquilo para o qual nasceu.

E só porque minha irmã se tornou monja não significa que ela tenha conseguido alcançar seu destino. Tornar-se o que você nasceu para ser transcende o sucesso e as realizações; significa redescobrir seu caminho e retornar a ele.

É sobre a jornada e não o destino.

Certa vez, um padre católico, de uma igreja que frequentei, disse: "Nascemos seres humanos. Isso significa que somos humanos e seres. Alguns são mais humanos do que seres." Explicando um pouco mais, ele disse: "O humano tem limite; o *ser* não. O humano fica velho; o ser evolui. O humano morre; o ser não. O humano precisa de emprego; o ser tem uma missão."

Eu acabara de retornar do Vietnã quando ouvi o sermão do padre. Como havia enfrentado a morte tantas vezes em combate, suas palavras tiveram impacto

IRMÃO RICO, IRMÃ RICA

imediato. No Vietnã, testemunhei eventos que não eram explicáveis no contexto tradicional de vida e morte. Como, certa vez, um colega de classe que também serviu no Vietnã disse: "Nós ainda estamos vivos, porque os homens mortos continuaram lutando." No Vietnã, vim a conhecer a diferença entre corpo e espírito ou — como aquele padre definiu — a diferença entre humano e ser. Uma vez que entrei em contato com o poder de nosso espírito, transformei-me em um tipo diferente de humano, porque eu era um ser diferente.

Naturalmente, toda essa diferença entre humanos e seres, corpos e espíritos, causaram muitos problemas em minha vida. Quando você não tem mais medo de morrer, pode começar a viver. O problema com essa transformação é que fica difícil tolerar as pessoas que vivem limitadas, com medo de morrer, com medo de cometer erros ou de ser criticadas e que procuram por segurança, em vez de buscar uma vida mais plena e rica.

Deixei o Corpo de Fuzileiros Navais em 1974 para recomeçar minha vida no mundo civil. Estive em ambiente militar por quase dez anos. Naquele ano, fui contratado pela Xerox Corporation, em Honolulu, e comecei meu treinamento de vendas. Aprender a vender foi aterrorizante para mim, mas ao menos eu sabia que poderia superar meus temores e minha falta de habilidade. Se eu pude aprender a voar e sobreviver em situação de combate, então poderia aprender a vender.

E sabia que um dia aprenderia a ser empreendedor.

Em 1974, comecei a perceber que as pessoas no mundo dos negócios tinham mais de humano do que de ser e mais corpo do que espírito. Conscientizei-me da facilidade com que as pessoas no mundo dos negócios diziam: "Não posso fazer isso."

Ou: "Esse projeto é muito difícil."

"Faria se tivesse mais dinheiro."

"E se eu fracassar?"

"E se cometer um erro?"

"Não tenho condições."

"Você vai me pagar horas extras?"

Essa falta de determinação não seria tolerada no Corpo de Fuzileiros Navais. Em combate, quando meu oficial de comando dava uma ordem di-

INTRODUÇÃO

reta, tal como "Destrua a base inimiga", não nos era permitido dizer: "Mas e se eu me machucar?" ou "Hoje não estou me sentindo bem. Não tive meu dia de descanso. Peça a outra pessoa". Tudo que nos era permitido dizer era: "Sim, senhor!"

E se fôssemos bem-sucedidos — e sobrevivêssemos —, não nos era permitido nos gabar. Éramos suficientemente disciplinados para perguntar: "Qual é a próxima missão?"

Há muitas similaridades entre o serviço militar e a religião. Na academia militar em Nova York, nossa primeira tarefa era memorizar a missão da Academia da Marinha Mercante dos Estados Unidos. Nos Fuzileiros Navais a missão é mais importante do que a vida.

Nas religiões, os verdadeiros discípulos são chamados de missionários. Infelizmente, no mundo real, a maioria das pessoas tem empregos, não missões. Pessoas com empregos trabalham por dinheiro, enquanto pessoas com missões trabalham por chamados espirituais.

Quando vi minha irmã, em 2006, ao lado do Dalai Lama, fiquei orgulhoso e feliz por ela ter se tornado a pessoa que deveria ser. Ela encontrou seu caminho espiritual, um caminho que provavelmente não era novo para ela. Ela encontrou seu lar e sua família espiritual... novamente.

Como disse anteriormente, éramos quatro irmãos e todos quatro diferentes. Suspeito que somos diferentes porque cada um de nós tem uma missão. Meu irmão mais novo, Jon, é um gênio da mecânica. Quando era criança, ele constantemente trazia para casa rádios, relógios e motores velhos e levava horas para consertá-los. Hoje, ele trabalha para uma imensa construtora em Honolulu, na divisão de administração de propriedades. O trabalho dele é garantir que as propriedades estejam em perfeito estado de conservação. Nós dois não poderíamos ser mais diferentes. Coloque uma chave-inglesa na mão de meu irmão e ela vira uma ferramenta. Coloque uma chave em minhas mãos e ela vira uma arma. As coisas são consertadas quando ele pega um martelo; e são quebradas quando o martelo está em minhas mãos.

Nossa irmã mais nova, Beth, nasceu artista. Na escola, ela se distinguia nas aulas de artes, da pintura à escultura. Seu dom foi reconhecido muito cedo. Hoje, ela é artista em Santa Fé, na Califórnia. Mais uma vez, ela e eu somos completos opostos. Ela produz obras únicas, é uma verdadeira artista. Suspeito que ela preferiria morrer de fome a comercializar sua arte reproduzida para o mercado de massas.

Eu, por outro lado, sou 100% comercial. Adoro o mercado de massas. Quero meu trabalho reproduzido em massa. Adoro ver meus livros na Barnes and Noble, na Amazon.com, na Borders, no Walmart e na Costco. Adoro vê-los nas listas dos mais vendidos ao redor do mundo. Prefiro vendê-los a morrer de fome.

Até 2007, vivíamos em mundos à parte. Eu, no meu mundo; eles, no deles. Raramente nos víamos. Naquele ano, comecei a questionar como estariam as finanças e a saúde de meus irmãos. Imaginava se seria eu quem teria de cuidar deles na velhice. Nenhum deles jamais me pediu dinheiro, mas estávamos envelhecendo e, se tivéssemos sorte, teríamos vidas longas e saudáveis.

Em 2007, descobri que minha irmã Tenzin precisava de uma cirurgia de coração. Suas artérias estavam bloqueadas e ela precisava de três stents para manter o sangue fluindo. Por ter tido câncer alguns anos antes, ela estava encontrando algumas dificuldades com o seguro de saúde. Eles não estavam dispostos a cobrir o custo de uma cirurgia cardíaca.

Eu não sabia sobre o câncer. Ela nunca me contou nada. De algum jeito, amigos em Seattle a ajudaram na época. Depois, com a necessidade da cirurgia cardíaca, ela precisava de ajuda.

Descobrir sua realidade médica me chocou. Era a primeira vez que um dos quatro irmãos Kyiosaki enfrentava uma doença potencialmente fatal. Mamãe e papai haviam falecido anos atrás. Papai morreu de câncer de pulmão, aos 72 anos. Ele fumou a vida toda. Mamãe morreu do coração, aos 49 anos. Como filho mais velho — e o mais rico —, senti que tinha uma obrigação com minha irmã que ia muito além de ser apenas um irmão amoroso. Na escola dominical, eu aprendera: "Não sou o guardião de meu irmão?"

Com o câncer de Tenzin, aquelas palavras assumiram um profundo significado

Os Estados Unidos são um país formidável se você tem dinheiro. Se você é pobre, pode ser um lugar bem difícil para se viver. Observando a vida de minha irmã, percebi que ela era a única dos irmãos sem casa própria. Embora

INTRODUÇÃO

perto dos 60 anos, ela sempre foi inquilina. Por ser monja tibetana, não tinha dinheiro suficiente para comprar uma casa, especialmente na área de Los Angeles, onde vivia. Como monja, ela recebe um pequeno salário e precisa ter outro emprego para cobrir suas despesas.

Minha esposa Kim e eu mandamos dinheiro para ajudá-la com a cirurgia cardíaca. Nós nos oferecemos para ajudá-la com o que sabemos sobre investimentos e compramos um apartamento para ela no Arizona. Ainda que Tenzin não more lá, ao menos neste momento, recebe uma renda de aluguel e sabe que tem uma propriedade em seu nome.

A segunda doença potencialmente fatal de Tenzin me fez refletir e me perguntar coisas que nunca havia pensado. O que aconteceria se ela não tivesse mais dinheiro ou seguro de saúde para cobrir despesas médicas adicionais? O que aconteceria se as emergências médicas exigissem mais e mais dinheiro? E se ela não fosse mais capaz de cuidar de si própria? Será que sou responsável?

Obviamente, minha resposta foi "Sim".

Você deve achar curioso, assim como achei, que minha irmã, tendo sido vegetariana por tanto tempo e fazendo o melhor que podia para ter uma vida simples, sem estresse, tivesse ficado tão doente. Ela medita religiosamente, não bebe, e nem fuma.

Eu, por outro lado, gosto de um bom filé, de bebidas destiladas e de charutos. Eu floresço no estresse. Se você perguntar a qualquer médico, quem deveria ter tido câncer e problemas cardíacos era eu e não ela. Embora eu tenha meus próprios desafios médicos — nasci com um defeito no coração, herdado de minha mãe, que quase me tirou do serviço militar —, também tenho dinheiro para gastar em medicina preventiva que os seguros de saúde não cobrem. Isso faz uma enorme diferença.

Faço o que posso para me manter longe de médicos e hospitais. Prefiro consultar quiropráticos, médicos naturalistas e acupunturistas, e viajo para o exterior, em busca da medicina alternativa que não pode ser praticada nos Estados Unidos. Na verdade, procuro a saúde e não a medicina. Se você não tem dinheiro, é difícil ter boa saúde, porque, quase sempre, boa saúde custa caro.

Pensando nos problemas de amor, família e dinheiro, percebi que os problemas que minha família estava enfrentando eram os mesmos de milhões de

IRMÃO RICO, IRMÃ RICA

pessoas no mundo inteiro, nos Estados Unidos inclusive. Em 2008, os primeiros dos 78 milhões de *baby boomers*[1] começaram a receber sua aposentadoria do governo e, logo, estarão em busca de tratamento médico oferecido pelo Estado. Fico imaginando como o país mais rico do mundo poderá suportar isso. Se cada uma das 78 milhões de pessoas custar ao governo US$1 mil por mês, a conta mensal será de US$78 bilhões.

Quem vai pagar essa conta? E o que acontecerá com as famílias que não têm dinheiro suficiente para cobrir o que o governo não cobre? Na escola dominical, aprendi que dar a uma pessoa um peixe a alimenta por apenas um dia. Por isso é melhor ensinar a essa pessoa a pescar. Mas por mais que essa frase de sabedoria faça sentido para mim, parece que os governos acreditam que *dar* peixes às pessoas é melhor do que ensiná-las a pescar.

Talvez seja por isso que nossas escolas não ensinem sobre dinheiro e finanças. Assim, ainda que Kim e eu pudéssemos cuidar da saúde de minha irmã, pensei que o melhor seria ensiná-la a pescar sozinha. Afinal, sou um capitalista, sou muito comercial e gosto do mercado de massas. Minha empresa foi construída para ensinar as pessoas a pescar. Quando se trata de dinheiro, ainda que eu apoie várias causas beneficentes, não acredito que doá-lo seja a solução. Acredito que dar dinheiro a pessoas pobres apenas serve para mantê-las na pobreza por mais tempo. Meu pai rico costumava dizer: "Dinheiro não é cura para a pobreza."

Desde muito cedo tive dois pais e ambos me davam conselhos. Meu pai biológico é o homem que chamo de pai pobre. Ele era altamente diplomado e muito inteligente, mas teve problemas financeiros a vida toda. Meu pai rico, pai de meu melhor amigo, nunca concluiu o ensino médio. No entanto, era fanático por exercitar a mente. Ele dizia: "Meu cérebro se torna mais poderoso a cada dia porque eu o exercito sempre. Quanto mais forte ele se torna, mais eu enriqueço."

Assim, em vez de apenas dar dinheiro à minha irmã, decidi que deveria ajudá-la a aprender a pescar. Essa é uma das razões pelas quais decidimos escrever este livro juntos. Por dinheiro. Este livro é um projeto para ganhar

---

[1] Depois da Segunda Guerra Mundial, a Europa (especialmente a Grã-Bretanha e a França), os Estados Unidos, o Canadá e a Austrália tiveram um aumento de natalidade repentino, que ficou conhecido como baby boom; daí pessoas nascidas nesses países, entre 1946 e 1964, serem chamadas de baby boomers.

INTRODUÇÃO

dinheiro. É minha forma de compartilhar com minha irmã o que passei a vida estudando: como ser um capitalista. Estou bastante confiante de que posso ajudá-la a se tornar multimilionária, se ela quiser ganhar tanto dinheiro assim. Como monja budista, ela não fez votos de pobreza, como requerem muitas outras ordens religiosas.

Quando lhe perguntei se queria ser milionária, ela sorriu e disse: "Neste momento, só quero pagar minhas contas médicas."

A segunda razão pela qual resolvi escrever este livro foi o amor. Não é que não tenha amor em minha vida. Tenho e muito. Eu me sinto abençoado por ter um casamento feliz e próspero com Kim.

Kim é minha alma gêmea. Ela se parece muito com minha irmã, uma pessoa extremamente amorosa. Eu apenas queria um senso mais profundo do amor, um amor que se radiasse na alegria e na felicidade; justamente o que minha irmã conseguiu. Como capitalista, pensei que seria uma coisa legal se eu pudesse dar à minha irmã a habilidade de criar o dinheiro que ela queria e do qual necessitava. Ela, por sua vez, poderia me dar maior senso sobre amor, o amor dessa dádiva chamada vida.

Essas são as duas razões para ter escrito este livro. Uma por amor, outra por dinheiro.

Foi a guerra que nos separou, anos atrás e quando nossos caminhos voltaram a se cruzar, foi como se nós dois procurássemos por um deus, sem saber se havia um deus. De muitas formas, este livro trata mais da busca de nossos caminhos do que propriamente da busca por um deus — encontrar nosso trabalho, família, alma gêmea e lar espirituais.

É possível que este livro desafie muitas crenças religiosas. Eu sei que encorajar minha irmã a ser mais "comercial" pode ofender muitas pessoas, especialmente aquelas que acreditam que o amor ao dinheiro é a raiz de todos os males. Pessoalmente, não acho que o dinheiro seja um mal. O dinheiro em si é neutro. O que pode ser nocivo é como se ganha o dinheiro. Se eu roubar um banco, por exemplo, ou trabalhar para uma empresa que mata pessoas ou destrói o meio ambiente, isso é nocivo. Mas para mim, dinheiro é apenas dinheiro e, dada a escolha, prefiro ter um monte a ser pobre.

IRMÃO RICO, IRMÃ RICA

Também não acho que Deus ame mais os pobres do que os ricos. Não acho que os pobres vão para o paraíso e os ricos, para o inferno. Acho que é cruel — e nocivo — que nosso sistema educacional não ensine as pessoas sobre o dinheiro. Ainda me machuca ver pessoas lutando com questões financeiras — como fizeram meu pai e minha mãe. Se eu achasse que dar dinheiro aos pobres resolveria alguma coisa, não hesitaria em doá-lo. Mas em vez disso, escolhi a educação financeira como o trabalho de minha vida. Para isso foi criada a *Rich Dad Company.*

Na escola dominical, aprendi que as últimas palavras de Cristo na cruz foram: "Pai, perdoa-lhes, eles não sabem o que fazem."

Infelizmente, em meu mundo, o mundo do dinheiro, ninguém perdoa você por não saber o que está fazendo. Na verdade, se não souber o que está fazendo, será severamente punido. Com os desafios de sua doença, era isso que estava acontecendo com minha irmã. E para ajudá-la eu precisava a ensinar a pescar.

Fiquei rico quando comecei a pensar mais em dar do que receber.

Uma das lições mais importantes que aprendi na escola dominical foi: "Doe e receberás." Quando vejo pessoas com problemas financeiros, geralmente, é porque elas estão focadas em receber e não em doar. Se quiser mais, tudo que você precisa fazer é doar mais. Uma das maneiras de minha irmã se tornar uma milionária será aprender a doar ainda mais seu dom.

Ainda que a fé de minha irmã não ensine a crença a Deus da maneira como pensamos, ensinou-me muito sobre ter uma vida mais amorosa e iluminada. Acredito em Deus ou n'Aquele que os nativos americanos chamam de Grande Espírito. Minha vida mudou quando parei de trabalhar para meu próprio enriquecimento e comecei a trabalhar para que todos enriquecessem.

É essa a mensagem essencial desta obra: a luta que muitos de nós enfrentamos, entre sermos humanos e sermos seres. É sobre o hiato entre corpo e espírito. É sobre a bondade e o poder de nosso coração.

É sobre encontrar nossa família espiritual e a vida que nascemos para viver.

INTRODUÇÃO: EMI

CORPO SÃO, ESPÍRITO SAUDÁVEL

Nem por um momento sequer duvidei, na infância, de que éramos amados.

Meus pais, nossos clãs, nossa comunidade e o país inteiro estavam recomeçando depois da Segunda Guerra Mundial. Como se a luta, o ódio e a repugnância da guerra houvessem purificado o mundo, todos se tornaram esperançosos de que poderiam construir suas famílias, suas carreiras e fortunas uma vez mais.

Nossos pais eram jovens, inteligentes e bem relacionados e estavam ansiosos por começar a vida e a família juntos. Robert, Jon, Beth e eu nascemos durante essa bolha de esperança e determinação. Fomos amados e recebidos neste mundo com todos os festejos e a alegria que o nascimento de uma criança traz a uma família. Com bisavós orgulhosos e esperançosos em seu novo país, os Estados Unidos, Robert foi o primeiro bisneto, primeiro neto e primeiro filho homem do lado da família paterna. Seu nascimento foi motivo para muita celebração.

Cheguei um ano depois. Jon, um ano depois disso, e Beth, dois anos depois do nascimento de Jon. A vida ficou movimentada — agitada, frenética e desafiadora. Nossos primeiros anos foram assombrados por doenças e, vivendo com pouco dinheiro e dormindo pouco, a vida de nossos pais se tornou extenuante e difícil.

A vida familiar, que começara com altas esperanças e aspirações, foi testada aos limites. Os desafios da vida nos surpreenderam enormemente, destruindo nossos sonhos com uma força que nos deixou devastados. Mesmo o mais rea-

INTRODUÇÃO

lista de nós consegue se lembrar de uma época em que imenso otimismo — da mais irrestrita esperança no futuro — preenchia nossa existência. O fato é que nem sempre estamos preparados para a dura realidade da vida. A forma como reagimos aos problemas me faz recordar de uma mulher que conheci em meu trabalho em um asilo. O marido dela estava morrendo, deixando-a com crianças pequenas e ela me disse: "Não era esse o destino que eu esperava."

Essa foto da família foi tirada no estúdio de nosso avô, em Maui. Da esquerda para a direita: Barbara Emi, Marjorie, Jon Hideki, Ralph com Beth Teru e Robert Toru. Emi adora essa foto porque foi muito divertido posar com vestido idêntico ao da mamãe e ao de Beth. A mamãe está usando um maravilhoso brinco de madeira que papai fez para ela. A família estava muito unida nessa época.

Nascemos, vivemos e enfrentamos a morte; é inevitável. E em nossa jornada, surgem a doença e o envelhecimento. Começar uma família, criar filhos — a vida em si —, traz à tona essa dolorosa compreensão. Todas as pessoas querem a felicidade e iniciam a vida com a esperança de conquistar seus sonhos. A sociedade norte-americana apoia esse desejo, por isso é comum que imaginemos um futuro cor-de-rosa. Porém, a realidade da vida nos tira do sonho, lembrando a cada um de nós qual nossa verdadeira essência.

Enquanto meus pais lidavam com seus constantes desafios, Robert e eu — como em qualquer geração jovem — prosseguíamos com nossos próprios planos e sonhos, viajando para terras e lugares que havíamos, um dia, apenas imaginado, na pequena cidade da ilha em que nascemos.

IRMÃO RICO, IRMÃ RICA

Escolhi o caminho da renúncia espiritual, mas por experiência própria, tive de aprender que não devia ignorar minha saúde e meu bem-estar financeiro. Isso deveria ter sido óbvio, dado que os primeiros ensinamentos de Buda foram as Quatro Verdades Nobres, a primeira delas sendo a Verdade do Sofrimento. A vida não é permanente; nascemos, enfrentamos o envelhecimento e morremos. Mesmo assim, acreditei que, se eu servisse a meus mestres bem e agisse com sinceridade, a vida seria boa. Então, quando tive câncer e depois problemas cardíacos, eu me peguei lamentando silenciosamente: "Isso não é *justo!*"

Essa foi uma forma ingênua de pensar. Meus mestres e Robert viviam me alertando. Tendo de lidar com os desafios médicos e com o horror financeiro gerado por um seguro de saúde ruim, meus olhos se abriram para o mundo que muitas pessoas — especialmente as de meia-idade — estão enfrentando hoje.

Robert está sempre dizendo: "Cuide de seus negócios." No mundo de Robert, isso significa dar a sua vida — seu trabalho de viver e construir seu futuro — alta prioridade. Mesmo em meu mundo simples, eu deveria estar prestando atenção à minha vida. Ao procurar um seguro de saúde, fui rejeitada por algumas das seguradoras mais conhecidas devido à condição preexistente de um edema na perna, que ocorreu não apenas por causa de minha condição cardíaca, mas porque alguns nódulos linfáticos foram removidos para verificar se o câncer não havia se instalado nessas glândulas. Bem, o câncer não apareceu. Mas não pesquisei direito sobre a companhia de seguro que acabei contratando, nem examinei muito bem as políticas da apólice. Eu estava com pressa de voltar ao isolamento do monastério depois de dois anos muito atribulados e pensei que "qualquer coisa" era melhor do que nada, assumindo que ficaria bem de qualquer maneira.

Sem um bom seguro de saúde e sem um plano de aposentadoria, vivi como monja, focada nos afazeres diários e provendo a necessidade de outras pessoas. Este havia sido um padrão que funcionara bem por muitas décadas. Aprendi e conquistei muitas coisas assim, mas esse sistema acabou por não funcionar em algum momento.

INTRODUÇÃO

Trabalhar com Robert tem sido revelador. O processo de "acertar o prumo do barco" tem se mostrado essencial, difícil e também divertido. Quando nos conscientizamos dos acontecimentos e reconhecemos os padrões pouco saudáveis e os pontos cegos em nossa vida, podemos reclamar e não reagir ou podemos escolher a mudança. Para mim, tem sido a combinação de ambos. Devido aos padrões muito enraizados, a jornada tem sido de altos e baixos, mas a decisão de mudar é a força impetuosa que me mantém em movimento. No entanto, há momentos que caio no sono ou desejo que as coisas permaneçam do jeito que eram, eis que romper hábitos é algo muito difícil.

O que enfrentei foi muito mais do que uma simples situação de conseguir um bom seguro de saúde. Foi a mudança de um modelo mental engessado, de uma forma de pensar e de me relacionar com minha própria vida. O jogo da vida não é fácil nem é justo, e só depende de a pessoa compreender em que posição está no tabuleiro desse jogo, que tipo de fichas possui, do que necessita e de como quer jogar.

Em um dos seminários de Robert, dividimo-nos em grupos que teriam de trabalhar juntos ao longo do curso de alguns dias. Uma mulher em minha equipe era inteligente, muito bonita e com boa formação. Ela parecia estar bem familiarizada com os conceitos sobre os quais Robert vinha falando e fazia questão de que todos soubessem disso. No sábado, Robert nos deu um endereço e pediu que, naquela noite, fôssemos até lá usando algum tipo de roupa que não nos importaríamos de estragar. Ficamos imaginando o que é que nos aguardava.

Acabamos em uma arena de paintball, inteiramente reservada para nós, depois do horário normal de funcionamento. Cada equipe tinha de enfrentar a outra em um jogo, capturar a flâmula erguida no campo e trazê-la de volta à base. Havia obstáculos, abrigos e barricadas de onde as pessoas podiam atirar com espingardas de tinta ou escapar de serem atingidas. Usamos roupas acolchoadas e capacetes com visores, de modo que eu não conseguia enxergar bem. O capacete comprimia meus óculos de grau e eles ficavam embaçados. Lutamos no escuro com luzes estroboscópicas que iluminavam a arena em flashes intermitentes. Robert nos atirou no meio desse turbilhão todo.

Aquela mulher de minha equipe que estivera tão confiante e orgulhosa durante o seminário começou a chorar na arena do jogo de paintball, quando foi

IRMÃO RICO, IRMÃ RICA

atingida nas costas. Ela choramingava, dizendo: "Não foi *justo*." Mesmo com o barulho estrondoso, pude escutar Robert gritando do outro lado da arena: "A vida não é justa."

Nossa equipe não atuou como um time; foi cada um por si. Examinando em retrospectiva, cada um de nós poderia ter ajudado o outro, mas todos queriam pegar a flâmula e ser a pessoa vitoriosa. Não tínhamos estratégia alguma para trabalhar juntos.

Nossa vida tem muitas facetas e aquelas para as quais não prestamos atenção se manifestarão em algum momento e terão de ser reconciliadas com o todo. Enquanto estava cuidando muito bem de meus estudos e de meu trabalho, ignorei minha saúde e meu bem-estar econômico. Hoje, cada vez que hesito, eu me recordo de Robert aconselhando: "Cuide de seus negócios."

Todos nós passamos por algum tipo de aprendizado. São as nossas lições de vida.

Depois da angioplastia para cuidar de meu coração e das intermináveis discussões com a companhia de seguro, com os médicos e o hospital, tive de encarar uma conta de mais de US$17 mil. Quando estava escrevendo este trecho do livro — um ano e meio depois da angioplastia —, a companhia de seguro que eu escolhera às pressas me procurou, reabrindo o caso e reexaminando as mesmas contas que eu julgava que já estivessem mais do que pagas. A empresa está me cobrando outros US$8 mil, forçando-me a, mais uma vez, me comunicar intensamente com eles. Ou as políticas da empresa não são claras ou eles estão tentando extorquir mais dinheiro de mim.

Robert e Kim me ajudaram com minha primeira conta, enviando-me US$10 mil; assim, eu não teria de me preocupar, nem fazer empréstimos. Robert não gosta de dar dinheiro por dar. Ele vive segundo o ditado cristão que diz: "Dê um peixe a um homem e ele saciará a fome por um dia. Ensine um homem a pescar e você o alimentará por toda vida." Essa situação desagradável — de ficar doente e acabar com contas vultosas — tem sido minha lição de alerta para "cuidar de meus negócios".

Ao fazer isso, estou aperfeiçoando meu sacerdócio, trabalhando com uma excelente equipe no asilo e cuidando de minha própria vida. O mundo seguro e confiável de meu centro de budismo, ainda que representasse um excelente

INTRODUÇÃO

refúgio para o trabalho e o estudo, teve de se expandir. Tive de polir outras facetas de minha vida e aprender novas lições. Estou buscando novos horizontes, dinâmicos e viáveis, que representem o monastério voltado para o século XXI.

Recentemente, Robert me telefonou e me contou uma história que ele vem escutando com frequência. As pessoas perguntam a ele sobre economia e a crise do mercado de ações e querem saber o que fazer. Robert responde: "É hora de contar com suas reservas financeiras."

"Mas não tenho reservas", costuma ser a resposta.

"Então, permaneça em seu emprego", retruca Robert.

"Mas estou desempregado."

"Então você está mal", finaliza Robert.

Ainda que pareça impiedoso, Robert está dizendo a verdade, a verdade nua e crua. Não há saída! Você tem de encontrar alguma forma de sobreviver.

Essa é minha história também. Aos 60 anos, eu me vi obrigada a voltar para o mundo do trabalho. Tenho de "cuidar do negócio" de gerar renda para cuidar de mim mesma.

O bom de nossa condição de seres humanos é que temos a oportunidade de mudar. Não precisamos viver sempre a mesma rotina. Nossa mente é poderosa e pode *gerar* a mudança. Mesmo para meus pacientes do asilo, que estão em estado terminal, eu costumo dizer: "Sua mente é poderosa. Conjure pensamentos poderosos. Não fiquem repetindo: "Quem me dera se estivesse por aqui quando...", "Gostaria de poder ver...", "Eu devia ter feito isso..." ou "Vou sentir falta...".

Mesmo quando a vida está chegando ao fim, podemos dizer: "Que minha família viva bem após a minha partida", "Que meus filhos sejam bem-sucedidos", "Que nossos líderes beneficiem as pessoas" ou "Que haja paz no mundo".

Robert e eu compartilhamos nossas aventuras com você porque não se trata apenas de uma jornada física, mas também espiritual. Temos buscado levar a vida física de maneira que ela reflita e se concilie com nossa jornada espiritual.

Escrevemos sobre o contraste entre as experiências da escola da vida e os encontros com nossos líderes espirituais, aqueles que nos dão orientação e lastro. De muitas maneiras, nossa busca é a de qualquer pessoa: contentamento, paz,

IRMÃO RICO, IRMÃ RICA

sucesso, sensação de pertencimento e de compreensão da vida. Ao colaborar com este livro, Robert afirma que ganhou um maior entendimento da bondade, da benevolência que vem do fundo da alma. Nosso coração é o lar de nossos dons mais preciosos e a bondade é a chave fundamental nessa questão.

Eu, do meu lado, tenho aprendido a ter mais coragem. Como a jornada para o Mundo de OZ, esta história foi minha busca pela coragem; e ao escrever e compartilhar minha vida e minha jornada, eu encontrei-a. Robert, ao se aventurar em novos e desconhecidos territórios e escrever este livro com sua irmã sobre a visão espiritual de sua jornada, encontrou mais bondade em seu coração.

1

A ÉPOCA EM QUE NASCEMOS

Cada geração de pessoas é moldada pela época da história na qual nasce. À medida que a história evolui, podemos observar como os eventos impactam e dão forma à vida, às decisões e às famílias.

A geração da Segunda Guerra Mundial foi moldada tanto pela guerra quanto pela Grande Depressão. A nova tecnologia dessa geração foi o rádio e a Grande Guerra foi o prenúncio da era nuclear, com a destruição de Hiroshima e Nagasaki. Politicamente, espalhou-se a ideia de que os governos deveriam tomar conta das pessoas por toda a vida, o que deu origem, em vários lugares do mundo, às previdências e assistências sociais.

A geração de hoje — da Guerra do Iraque — nasce marcada eternamente pelos eventos de 11 de setembro de 2001. Ela lida com as ramificações da internet, o deslocamento de poder para a China, o fim do petróleo, o aquecimento acelerado do planeta e o terrorismo global. Essa geração enfrenta uma Guerra Santa de mil anos, dívidas maciças dos governos e o encargo da assistência e da previdência sociais falidas. A geração atual será conclamada a resolver os problemas que as gerações anteriores não conseguiram resolver.

A geração anterior — também chamada de baby boomers ou a geração da Guerra do Vietnã — nasceu durante a Guerra Fria, marcada pelo medo da extinção da humanidade devido ao holocausto nuclear que poderia destruir o mundo em questão de minutos. Quando a Rússia colocou ogivas nucleares na Ilha de Cuba, dando à antiga União Soviética a vantagem da estratégia do primeiro ataque — vantagem medida em minutos —, o presidente dos Estados Unidos, John F. Kennedy, cercou a ilha. O bloqueio naval nos trouxe ao limiar da guerra; ainda assim, preveniu uma guerra mundial nuclear e a extinção da humanidade.

CAPÍTULO 1

A tecnologia dessa geração foi a televisão. Nos anos 1960, as pessoas assistiram, do sofá de sua sala de visitas, aos Beatles, ao assassinato de Kennedy e também ao do líder da defesa dos direitos civis, Martin Luther King e do candidato a presidente Robert Kennedy. Quando a Guerra do Vietnã foi declarada, em vez de marchar obedientemente para a guerra, como fizeram seus pais, muitos queimaram seus cartões de alistamento, abraçaram o estilo de vida "hippie", engajaram-se no ativismo da paz e do amor e rejeitaram muitos dos valores pelos quais seus pais haviam lutado.

Essas pessoas — os baby boomers — também se tornaram a geração mais rica da história do mundo, começando com os Fusquinhas, que dirigiram nos anos de faculdade, passando para Mercedes, BMWs, Porsches e jatos particulares na meia-idade. Muitos dessa geração não se contentaram em possuir apenas uma casa. Adquiriram uma segunda casa no campo, na praia, em Aspen, em Maui, no sul da França.

Para a geração da Segunda Guerra, envelhecer era apenas mais um ativo, na medida em que possibilitava avanços na escada corporativa. Em vez de aceitar o estilo de vida e os valores de seus pais, os baby boomers passaram a mensagem de que a juventude governava o mundo. Essa ideia tornou-se ainda mais prevalecente nos dias de hoje. Para a atual geração, trinta anos é velho, especialmente no mundo corporativo. Hoje, jovens de vinte anos se tornam bilionários, enquanto seus pais — da era anterior — lutam para poupar alguns trocados para a aposentadoria e seus avós dependem das combalidas previdência e assistência social, ao mesmo tempo em que assistem à inflação solapar suas reservas financeiras.

Enquanto a geração da Segunda Guerra Mundial se beneficia da previdência e da assistência social, é duvidoso que as gerações seguintes tenham a mesma segurança financeira e médica.

A partir da geração baby boomer, o hiato entre os ricos e as demais pessoas tende a aumentar cada vez mais. Muitos norte-americanos notarão que estão ficando para trás, em vez de liderar o estilo de vida econômico, à medida que o capitalismo se espalha e o sonho americano evolui para o Sonho Internacional. Muitos baby boomers e seus filhos trabalharão pela vida inteira — não por liberdade financeira, mas por sobrevivência financeira. Em cinquenta anos, os Estados Unidos passaram de "o país mais rico do mundo" para "o maior devedor do mundo". Para milhões de pessoas, tudo pode se transformar rapidamente no inferno na Terra, e não no paraíso.

Com a perda da segurança financeira, o aumento da competitividade mundial e os preços em ascensão — especialmente dos cuidados de saúde —, surge um interesse renovado pela espiritualidade e a religiosidade, uma busca para as respostas da vida que não estão sendo dadas pelas escolas, igrejas, empresas ou políticos. Com tantas eras da história colidindo em uma, antigas questões requerem novas respostas. Na verdade, as antigas soluções, como a previdência social e a assistência médica, são a causa de muitos dos problemas de hoje.

É essa colisão de gerações, eventos, culturas e tecnologias que define a história da qual fazemos parte hoje. Se não mudarmos nossas respostas, não mudaremos nosso futuro.

ROBERT: MOMENTO DECISIVO

No verão de 1962, quando os Estados Unidos explodiram aquela bomba atômica perto da Ilha Christmas — um pequeno atol ao sul das ilhas do Havaí —, nós vivíamos em Hilo, uma pequena cidade havaiana situada na Ilha Grande, o ponto mais ao sul dos Estados Unidos.

Os quatro filhos e meus pais haviam acabado de jantar e estavam assistindo ao programa *As Aventuras de Ozzie e Harriet* em nossa televisão em preto e branco. Não havia qualquer briga a respeito de qual programa assistir porque havia apenas um canal. Não tínhamos escolha, nem VCR, nem DVDs, nem TV a cabo — e nenhuma cor. A transmissão de programas ocorria, diariamente, apenas até as 22h30, dado que havia pouquíssimos programas produzidos para a televisão. A programação não se reiniciava até as 7h do dia seguinte.

De repente, na metade do programa, um ofuscante flash branco iluminou todo o céu escuro — e nossa sala de visitas também — e, por uma fração de segundo, foi tão intenso, tão incrivelmente branco, que se destacou de qualquer outra luz, inclusive da tela da televisão.

"O que foi isso?", gritou alguém.

"Alguém tirou uma foto?"

"O que *foi* isso?

Naquela noite de verão, minha família testemunhou algo que se mantém vividamente gravado em minha memória... tão claro e tão poderoso quanto foi há 46 anos. Para mim e Emi, isso impactou nossas ideias sobre Deus, guerra e paz, saúde e dinheiro. Afetou nossas ações, escolhas e futuros. "Oh, meu Deus, olhe pela janela!"

CAPÍTULO 1

Era Beth, nossa irmã mais nova, que nos chamava a atenção para o espetáculo que se descortinava diante de nossos olhos. À medida que cada um de nós alcançava a janela, as mesmas palavras eram murmuradas: "Oh, meu Deus!"

Enquanto outros americanos assistiam à televisão, minha família, por algumas horas, permaneceu na janela da sala de jantar, observando o céu e as mudanças de cores, de um raivoso flash laranja para um vermelho vivo, em seguida um roxo-escuro e, finalmente, de volta para o preto.

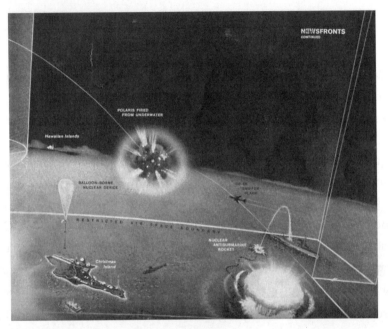

Imagem da revista LIFE mostrando as várias formas e os locais do teste nuclear na Ilha Christmas.

No verão de 1962, eu tinha quinze anos e estava começando o ensino médio. Com idades aproximadas, meus irmãos, irmãs e eu estávamos bastante conscientes da ameaça atômica e da possibilidade de guerra com a União Soviética, a China comunista ou com ambas, e éramos maduros o suficiente para entender as sérias implicações do céu furioso emoldurado em nossa janela. Ainda que o potencial da guerra atômica estivesse distante, longe das salas de visitas da maioria dos cidadãos americanos, nós assistimos ao espetáculo tenebroso de camarote, em nosso próprio jardim.

IRMÃO RICO, IRMÃ RICA

Na escola, havia treinamento contra ataques nucleares. Uma sirene tocava e nós éramos treinados a engatinhar para baixo das carteiras. Algumas famílias chegaram a construir abrigos nucleares em seus jardins e davam festas para inaugurar suas novas aquisições.

A família Kiyosaki não construiu um abrigo nuclear.

Em vez disso, meu pai, Ralph Kiyosaki, tornou-se líder na unidade local da Defesa Civil. Minha mãe, Marjorie, era enfermeira registrada e se juntou à Cruz Vermelha dos Estados Unidos. Se uma guerra atômica acontecesse, ambos seriam muito ativos na assistência para calamidades.

Felizmente, nunca houve uma guerra atômica, embora Hilo, no Havaí, tenha sido atingida por vários desastres naturais, inclusive por ondas gigantescas. Na década de 1960, uma onda particularmente grande atingiu, durante a noite, as partes mais baixas da cidade, matando cerca de cinquenta pessoas.

Os desastres locais também envolveram erupções vulcânicas. Durante a Segunda Guerra, os militares bombardearam os rios de lava, na esperança de desviá-los antes que destruíssem a cidade. Naqueles dias, havia um medo adicional: de que a iluminação noturna proveniente da lava pudesse servir de farol para orientar os japoneses em ataques contra nossa cidade. Ainda que a maioria das erupções tenha sido contida e parecesse segura a distância, algumas fizeram estragos extensos, até mesmo ameaçando a cidade inteira. Na década de 1960, as torrentes de lava destruíram as fazendas de mamões e de orquídeas, assim como as casas de muitas das famílias locais.

Como líderes comunitários, meus pais se afastavam de casa com frequência, por muitos dias consecutivos, ajudando o governo e provendo serviços médicos aos compatriotas. Foi um exemplo que eles estabeleceram. Não importava se a causa era educação pública, saúde, tsunamis, lava de vulcão ou ameaça de guerra nuclear, os irmãos Kiyosaki cresceram em um ambiente familiar no qual havia mais do que meras conversas sobre trabalho comunitário e responsabilidade cívica. Crescemos em um lar cujos pais falavam pouco, mas faziam muito.

CAPÍTULO 1

Mudamos para essa casa imensa na Ilha Grande do Havaí, em 1959, após meu pai ter sido nomeado secretário de educação. Observe a árvore sem folhas, à esquerda. Após diversas erupções vulcânicas, essa árvore perdeu todas as folhas. No ano seguinte, porém, floresceu magnificamente — e apenas naquele ano — e todos acreditaram que fora por causa das cinzas do vulcão. Fomos muito felizes nessa casa. Uma vez por ano, fazíamos uma limpeza completa e convidávamos as pessoas do departamento de Educação para uma grande festa.

Nesse sentido, eles foram grandes modelos de comportamento.

Durante o desastre das ondas gigantes de 1960, nossos pais estiveram envolvidos com esse tipo de assistência por dias. Nossa casa ficava em um morro e não poderia ser atingida pelas ondas; assim, eles sabiam que estaríamos seguros. Eu me lembro vividamente de meu pai me acordando no meio daquela noite pavorosa.

"Cuide das crianças", disse ele. "A cidade foi destruída e muitas pessoas foram mortas. Sua mãe e eu, provavelmente, ficaremos fora por um tempo." Eu tinha treze anos.

Crescemos em uma família que estava ativamente envolvida em buscar "soluções", em dar assistência e ser útil. Eram voluntários em suas comunidades. Davam abrigo contra as tempestades da vida, fazendo o melhor que podiam para nos proteger.

Mas não puderam nos proteger do mundo. E o mundo veio até nós de todas as direções.

Para os jovens da década de 1960, o mundo era excitante, amedrontador, confuso e desafiador. Foi a era histórica que ficou conhecida como a era atômica. Às vezes, deleitávamo-nos com o orgulho nacional sobre as coisas que o país vinha conquistando, especialmente no tocante ao programa espacial. Mas mesmo na glória do patriotismo, tínhamos de enfrentar a realidade de uma guerra nuclear vinda do espaço. Havia uma grande diferença entre escutar o noticiário que falava da ameaça de guerra nuclear e testemunhar uma explosão atômica com seus próprios olhos.

Meu pai aponta para duas cadeiras que foram arrastadas pelas ondas gigantes no teto do restaurante Hukilau, um dos favoritos da família.

Esconder-se em um abrigo nuclear ou engatinhar-se para baixo das carteiras não parecia fazer muito sentido, mas o medo e a incerteza criavam dúvidas e questionamentos sobre o futuro. Por sermos descendentes de japoneses e pertencermos à quarta geração de nipo-americanos, as fotos dos ataques sobre Hiroshima e Nagasaki somavam-se a nossos tormentos.

Para mim, era praticamente impossível rechaçar o sentimento de inutilidade daquilo tudo. E sei que não estava sozinho no tocante a esses sentimentos. Muitos pais comentavam que seus filhos eram assombrados por pesadelos sobre a morte por explosão atômica ou pelo inverno nuclear gerado pelas partículas das nuvens radioativas que se seguem à explosão. Muitas crianças dessa época, dos anos 1960 até os anos 1980, experimentaram a sensação de infância perdida — afinal, o futuro poderia nunca acontecer. É difícil sonhar, planejar o futuro quando você não está certo de que haverá um amanhã.

Testemunhar aquela explosão atômica contradizia os fundamentos do que havíamos aprendido na escola dominical: "Não matarás." O que estávamos testemunhando era algo mais parecido com: "Em marcha, soldados de Cristo", título de um hino protestante muito conhecido.

CAPÍTULO 1

Era uma época ameaçadora e confusa para ser criança.

Minha mãe costumava dizer que eu tinha um lado sombrio, e os tempos apenas reforçavam o que eu já começava a sentir e experimentar. Com quinze anos, no mesmo ano da explosão atômica, comprei uma espingarda, pelo correio, por US$81. Paguei com meu próprio dinheiro. Meu pai odiava o fato de eu possuir uma arma — quase tanto quanto eu adorava dispará-la.

Quando fiz dezesseis anos, um menino me ameaçou com uma arma, dentro do cinema. Não sei se aquela arma estava carregada ou não, mas o incidente provocou em mim grande agitação psicológica e emocional. Senti um medo que, de súbito, se transformou em excitação. Foi uma vibração forte que disparou a adrenalina e me tornou mais forte.

Eu era "um bom garoto" para o mundo exterior, mas havia um lado meu que vinha emergindo e que minha mãe não queria que os vizinhos conhecessem. Era um lado que a escola dominical tentou apaziguar, ao mesmo tempo em que os Estados Unidos nos chamavam para pegar em armas. Mesmo naquela época, eu já enxergava as contradições. O que era certo e o que era errado? Era impossível dizer e comecei a questionar o mandamento "Não matarás!". Comecei a imaginar se o mandamento não deveria mudar para "Mate ou morra!".

Um futuro fuzileiro naval em treinamento.

IRMÃO RICO, IRMÃ RICA

Na igreja, eu escutava os ensinamentos e sabia que eram importantes, mas resistia em acreditar nas histórias que eram contadas sobre a criação, Noé e a Arca, a Virgem Maria e o nascimento de Jesus, a caminhada sobre as águas... eu não conseguia aceitar essas fábulas incríveis. Minhas atitudes e questionamentos não caíram bem para minha mãe ou para as mulheres às quais acabei apelidando de "As Defensoras da Igreja" — mulheres que acreditavam nos dogmas sem questioná-los.

"Isso é fé", diziam elas, "e se você quer ir para o paraíso, tem de acreditar."

Não consegui abraçar cegamente as crenças dos cultos religiosos, "Beber o suquinho", como se diz por aí. Não conseguia aceitar as histórias sem questioná-las. Muitos de nós conhecemos a expressão "Beber o suquinho", que ficou famosa quando um pastor, Jim Jones, levou as pessoas de sua congregação para a Guiana, em 1977, e os fez beber um refresco em pó bastante popular na época, misturado com veneno. Foi um suicídio em massa em nome de Deus, e as imagens atordoantes das dezenas de mortos foram transmitidas para o mundo inteiro.

Ainda que esse suco, com sabor de dogma, não fosse minha bebida predileta, permaneci um bom garoto, gentil e educado, e não costumava desafiar as "Defensoras da Igreja". Fiz da minha forma, aceitei o que fazia sentido para mim e desconsiderei o que não fazia. Não sei se foi uma escolha consciente, ou uma escolha que o período histórico fez por mim. De qualquer maneira, eu sabia aonde queria chegar e o que precisaria ser feito. Eu sabia que chegaria minha época de decidir.

Cada um dos quatro irmãos seguiu direções diferentes, em busca de suas próprias respostas sobre Deus, guerra, dinheiro, religião, escola e carreira. E, ainda que, com frequência, meus pais não aprovassem nossas escolhas, eles nos garantiam que tivéssemos a liberdade de fazê-las.

Aquela explosão atômica me deu a permissão de que eu precisava para perseguir meu lado negro e, em dez anos, minha espingarda se transformou no helicóptero de ataque da Marinha, equipado com seis metralhadores e dois mísseis. A Bíblia diz: "Você nasceu para um tempo como esse." Talvez todos nós tenhamos nascido. Eu sabia que comigo isso ocorrera — e meu lado negro estava saindo das sombras.

CAPÍTULO 1

Aqueles tempos, combinados com a explosão de 1962, contribuíram para as decisões — ações e reações — da família Kiyosaki inteira. Em 1964, Ralph e Marjorie se demitiram de seus empregos e se voluntariaram para o Peace Corps do presidente Kennedy, passando por reduções substanciais de salário. Minhas duas irmãs se juntaram a movimentos pela paz, protestando contra a Guerra do Vietnã, na escola e nas ruas. E os dois irmãos se juntaram às Forças Armadas e serviram no Vietnã: Jon na Força Aérea e eu na Marinha. Ironicamente, cada um a seu jeito, estávamos todos lutando pela paz.

A razão pela qual este livro começa com a guerra é porque ela foi decisiva na definição de nossos valores e na busca pessoal de cada um de nós. Sem o espectro da ameaça de uma guerra nuclear global e a Guerra do Vietnã como um dos principais eventos dessa era, é impossível saber se Emi ou eu sairíamos em busca de nossas próprias respostas a Deus da forma como o fizemos, cada um em busca da própria paz.

EMI: O DESPERTAR

Não foi apenas a visão do céu tingido de sangue ou as difíceis contradições que enfrentamos que tornou um desafio ser criança nos anos 1960; foi também a presença constante de uma nuvem negra de emoções que sempre pairava sobre nossas cabeças. A ameaça de guerra nuclear com os soviéticos, a possibilidade de lutar com os inimigos com armas apavorantes e as consequências incalculáveis de devastação e morte estavam constantemente no noticiário noturno. Presenciamos diretamente a prova dessa realidade.

Na infância, vivendo em Hilo e enfrentando uma realidade que criança alguma deveria vivenciar, não havia a menor possibilidade de que eu pudesse esquecer a onipresente sombra do holocausto nuclear, da destruição em massa provocada não por Deus, mas por homens matando homens. Causou profunda impressão não apenas em mim, mas também em meu irmão, Robert. Fizemos o melhor possível para ter uma vida normal, mas quando menos esperávamos, a ameaça nuclear voltava a se tornar real.

Parques de diversão foram feitos para brincar. Mas, em um parque, no meio da cidade de Hilo, foi construído um modelo de abrigo antibomba para mostrar a todos "como eles eram feitos". Não havia como não notar a estrutura impressionante e, claro, ela estava aberta à visitação pública. Eu me recordo,

IRMÃO RICO, IRMÃ RICA

com clareza, de meu breve tour. O espaço minúsculo era escuro, úmido e frio. Cheirava a terra, bolor e concreto molhado. Não conseguia me imaginar lá dentro por dez minutos, quanto mais viver com minha família por semanas ou, quem sabe, meses, em um lugar assim.

Os exercícios contra ataques aéreos na escola pareciam muito importantes na época. Em um instante, estávamos nos esforçando para resolver um problema de matemática e, no momento seguinte, as sirenes tocavam, e todas as crianças, obedientemente, se escondiam embaixo de suas carteiras. Hoje, sabemos, na realidade, o quão inúteis eram esses exercícios. Mas na época, nos diziam que mergulhar rapidamente sob as carteiras e cobrir a cabeça poderia salvar nossas vidas.

Nossos pais nos protegiam do mundo tanto quanto podiam. Fizeram o melhor que puderam para nos blindar das notícias sobre as crescentes tensões globais e o potencial de conflito. Eles sabiam — e nós sentíamos — que a guerra e conflitos violentos poderiam surgir inesperadamente em qualquer lugar e nos colocar em perigo, mesmo em uma cidade remota, em uma ilha havaiana distante.

Parecia haver algo nobre a respeito disso tudo. Lutar "pela verdade, pela justiça e pelo estilo de vida americano", como dizia a propaganda do desenho do Super-Homem. Parecia que estávamos em uma batalha entre o bem e o mal, e nós éramos os mocinhos. Estávamos todos sendo conclamados a lutar, mesmo as crianças.

Nosso pai respondeu a esse chamado tornando-se líder da Defesa Civil local e nossa mãe, como enfermeira, juntando-se à Cruz Vermelha. Como eles estavam envolvidos em atividades comunitárias, as crianças eram levadas para todo tipo de evento. Eu me lembro de uma noite em que fomos para outra pequena cidade, onde três famílias, em conjunto, haviam construído um abrigo subterrâneo com várias passagens e quartos adjacentes. Foi nossa primeira festa de "abrigo antinuclear". Esses amigos estavam muito orgulhosos de seu espaço imenso — um abrigo que poderia acomodar mais de uma dúzia de pessoas em situações de emergência.

Enquanto estavam todos maravilhados, comecei a me preocupar cada vez mais. Por que não tínhamos um abrigo desses? Nossa família não precisava de

CAPÍTULO 1

um? Em um ataque, teríamos tempo de dirigir até um abrigo? Outros que já estivessem em segurança nos deixariam entrar?

Além disso, havia a questão real em si: eu não conseguia me imaginar rastejando como um animal para dentro de um lugar escuro, frio e úmido. Nem podia, tão jovem, entender por que um esconderijo de cimento me protegeria, tendo em vista o que havia presenciado pela janela de minha casa naquela noite de verão.

Além disso, eu desejaria viver em um mundo destruído por uma arma atômica?

Essa hipótese sombria de ser um sobrevivente solitário em uma terra devastada foi examinada no livro que estávamos lendo na escola: *Entre Quatro Paredes*, de Jean-Paul Sartre. Achei a escolha literária de minha professora de literatura quase profética, eis que *Entre Quatro Paredes* conta a história de três pessoas presas em um quarto sem janelas e uma porta trancada. As pessoas esperavam que seus captores as torturassem, para, ao final, descobrir que seus torturadores eram eles próprios.

Talvez eu estivesse ultrassensível na época. Ou talvez nossa professora estivesse tentando nos dizer algo pela voz de um grande escritor. Não obstante, a mensagem de Sartre — ou talvez de minha professora — foi muito importante. O que eu nunca poderia imaginar, no entanto, foi como essa peça literária, quando combinada com os eventos de 1962, me empurraria para aquele que seria meu destino.

Outro tipo de "guerra" que tivemos de combater enquanto crescíamos envolveu o desenvolvimento de uma coexistência pacífica com a Mãe Natureza. Ainda hoje, a Ilha Grande do Havaí enfrenta erupções vulcânicas e seu gradativo afundamento. Localizada no meio do maior oceano do mundo, a ilha é vulnerável a tsunamis e efeitos do aquecimento global.

A bela cidade de Hilo foi devastada em 1960 por ondas gigantescas que a atingiram a uma hora da madrugada. Perdemos uma amiga de infância nesse desastre. O corpo dela foi encontrado três dias mais tarde, quando conseguiram limpar os destroços de sua casa. Ela ainda estava na cama. Amigos acordaram no meio da noite, rolando nas águas, agarrando-se a qualquer coisa que pudessem. Uma amiga idosa disse que se salvara agarrando-se a alguns "arbustos", quando a água retrocedeu, percebeu estar no topo de uma enorme árvore, juntamente com outras pessoas. Foi preciso providenciar a escada dos bombeiros para socorrê-los.

Lojas, casas, indústrias, um hospital e uma escola foram completamente destruídos. Uma das ondas matou sessenta pessoas. A onda enorme, com mais de dez metros de altura, percorreu velozmente a cidade adormecida, com violência, destruindo tudo em seu caminho, trazendo os escombros e as pedras que ela havia dragado do fundo do oceano, e depositando-os em terra. A força das águas foi tão violenta que os parquímetros de metal se contorceram como massinha de modelar, e carros e casas se amontoaram como se fossem brinquedos descartados por uma criança entediada.

As forças da natureza estavam sempre presentes no dia a dia da família, eis que morávamos na Ilha Grande do Havaí. Rios de lava vulcânica, como esse que está destruindo a casa de um amigo, não puderam ser desviados; assim, as pessoas tiveram de ser retiradas do local e, amedrontadas, apenas puderam observar a destruição.

Meus pais me acordaram no meio da noite para dizer que nós ficaríamos sozinhos em casa enquanto eles ajudavam as equipes de busca e resgate. Vivíamos a várias milhas do oceano e não fomos atingidos pela onda, mas minha mãe era enfermeira e meu pai tinha que abrir as escolas para atuarem como centros de evacuação.

CAPÍTULO 1

A cidade inteira ficou fechada por semanas, e toda a população se prontificou a ajudar. Minha mãe nos levou para ajudar a lavar as peças de tecido de uma loja. Eu me lembro de desenrolar as enormes peças para secar no gramado do parque e me encantar com as estampas e cores tão bonitas sob o sol.

Houve momentos, também, em que papai teve de ir a lugares em que havia lava jorrando e queimando pequenas cidades inteiras. Uma colega de sala e sua família tiveram de se mudar porque, após várias semanas de muito vapor saindo do solo, o terreno atrás da casa deles se transformara em uma cratera vulcânica pronta a engolir tudo. Outra família de amigos perdeu sua casa de praia, queimada pelo rio de lava que corria em direção ao oceano. Felizmente, os vulcões no Havaí, em geral, não são explosivos.

Como contraponto à destruição, ficávamos fascinados pelo espetáculo proporcionado pelos vulcões e papai nos levava a certas áreas vulcânicas para que pudéssemos apreciar os shows majestosos da natureza. Robert e eu, assim como nossos irmãos e amigos, crescemos admirando a expressão real e vibrante das impermanências da natureza.

Guerra, conflito, perda e mudança nos circundavam o tempo todo. Não havia nada a que se apegar, exceto a família, e tínhamos que enfrentar também doenças, perdas e mudanças. Durante aqueles anos de formação, perdemos nossa avó, que residia em Chicago, e também nossos bisavós, que viviam em Maui. Com essas perdas, vieram as alterações hierárquicas de poder na família, com a redução da força e a mudança das posições familiares.

Títulos de Alto Risco

A edição de 11 de janeiro de 2008 do *Financial Times* trazia uma manchete que dizia: "A Classificação de Crédito Triplo A dos Estados Unidos está Ameaçada." Em outras palavras, o mercado de títulos, antes poderoso, dos Estados Unidos poderia ser rebaixado e encaminhava-se ao status de "títulos de alto risco".

A maioria das pessoas está ciente da confusão provocada pelos créditos de alto risco, os *subprime*. A confusão foi criada quando as pessoas que não deveriam estar tomando dinheiro emprestado receberam taxas de juros atraentes para comprar imóveis ou tomar um empréstimo para pagar dívidas de cartão de crédito usando um imóvel próprio como garantia. O significado da manchete do *Financial Times* era que de acordo com a agência de classificação de crédito, Moody's, a avaliação de crédito dos Estados Unidos poderia passar a ser classificada como de alto risco.

Uma das principais razões para o alerta da Moody's sobre os problemas financeiros dos Estados Unidos é a previdência social e a assistência médica. O artigo afirmava: "A combinação dos programas médicos e a previdência social é principal ameaça para a classificação triplo A em longo prazo."

Em outras palavras, pessoas demais estão esperando que o governo tome conta delas e nosso governo não vai conseguir arcar com isso.

2

GUERRA E PAZ

Como mencionado anteriormente, este livro começa falando da guerra, porque ela foi essencial na definição dos valores de nossa família biológica e em nossa busca pessoal por novas respostas a antigas perguntas.

Como muitos, lutamos para compreender os valores de nossos pais e para encontrar nossa família espiritual. Crescendo como nipo-americanos, tínhamos de, frequentemente, lidar com as ramificações da guerra, em particular a Segunda Grande Guerra. Ironicamente, a guerra nos ajudou a encontrar respostas, a dominar o medo — incluindo o medo da morte — e a descobrir que há muitas coisas pelas quais vale a pena morrer.

Em 1962 testemunhamos uma explosão atômica. Na época, o evento desencadeou tanto empolgação quanto medo. Desencadeou questões que nos perguntamos repetidamente ao longo de nossas vidas. A visão do céu indo do vermelho vivo para o roxo profundo criou mais perguntas do que respostas e nos fez imaginar por que os seres humanos estavam investindo tanta tecnologia para matar outros humanos?

E com que propósito?

CAPÍTULO 2

ROBERT: LIÇÕES DA GUERRA

Desde os quatorze anos, eu sabia que iria para a guerra. Não sabia por que; apenas sabia. Pode chamar isso de intuição. Perguntei a meu pai e minha mãe, naquela idade, se eu poderia me voluntariar para o Corpo de Fuzileiros Navais. Quando meu pai perguntou o porquê da Marinha, respondi: "Porque eles são os primeiros a lutar. São os primeiros a chegar às praias."

Meu pai apenas balançou a cabeça e sugeriu que eu esperasse até completar dezoito anos para tomar essa decisão.

Tive sete tios na família que foram para a guerra. Quatro lutaram na Segunda Guerra Mundial, na Europa, membros das unidades de combate mais condecoradas da história militar dos Estados Unidos, o 442º Regimento de Combate do exército. Os membros desta unidade, principalmente os de ascendência nipo-americana, receberam mais de 18 mil condecorações individuais, incluindo 9.486 Corações Púrpuros e 4.000 Estrelas de Bronze. Foram concedidas 21 Medalhas de Honra e o 442º Regimento de Combate recebeu 5 Citações Presidenciais em vinte dias da batalha de Rhineland, a única unidade militar a alcançar essa distinção.

A bravura desses homens ajudou a combater grande parte do preconceito provocado pelo ataque dos japoneses à Pearl Harbor. Muitos dos homens desta unidade tinham muito a provar em relação à sua lealdade aos norte-americanos. Essa pode ter sido a razão pela qual a unidade lutou tão bravamente e sofreu inúmeras perdas. Felizmente, nossos quatro tios retornaram em segurança.

Dois outros tios lutaram pelos Estados Unidos contra os japoneses e um terceiro foi feito prisioneiro nas Filipinas, tendo sido severamente torturado por seus captores — e teve muita sorte por ter sobrevivido. O livro, *A Spy in Their Midst,* foi escrito sobre sua captura, escrito pelo irmão mais novo de meu pai, Wayne Kiyosaki. Este tio passou o resto de sua carreira militar na Força Aérea Americana no Japão e nos Estados Unidos, trabalhando no Escritório de Investigações Especiais. Mais tarde, ele chegou a trabalhar com alguns de seus ex-captores, e os perdoou, dizendo: "A guerra agora é passado. Fazemos coisas terríveis durante a guerra."

IRMÃO RICO, IRMÃ RICA

Meu tio Wayne também serviu na Guerra da Coreia. Ele era fluente em um dialeto chinês e passou parte do tempo interpretando as mensagens que circulavam durante o conflito.

Embora eu tenha tido sete tios que foram para a guerra, eles não influenciaram minha decisão de lutar, já que raramente falavam sobre a guerra. Meu pai não serviu em nenhuma força militar. Ele se voluntariou, mas foi classificado como inapto para o serviço porque era muito alto, muito magro e muito míope. Em vez de ir para a guerra, ele aceitou um emprego de professor em uma cidade extremamente remota da Ilha Grande do Havaí. Lá, ele conheceu minha mãe, que era enfermeira em uma plantação de cana-de-açúcar. Se ele não tivesse ido para lá, talvez não tivesse encontrado minha mãe, nem tivesse quatro filhos, tampouco teríamos tido a vida que tivemos.

Quando me graduei no ensino médio, em 1965, o espectro da guerra afetou minha escolha acadêmica. Eu me candidatei e recebi duas indicações do congresso: uma para a Academia Naval dos Estados Unidos, em Annapolis, Maryland, e uma para a Marinha Mercante dos Estados Unidos, em Kings Point, Nova York.

Fui para Kings Point por quatro razões: primeira, meu pai não pagaria por minha educação. Ele achava que eu era mau aluno e que pagar pela faculdade seria um desperdício de dinheiro.

Segunda, descobri que os egressos de Kings Point estavam entre os graduados mais bem pagos do mundo, com salários muito maiores do que os graduados da Academia Naval, e mesmo tão jovem, o dinheiro já era importante para mim.

Terceira, eu sabia que precisava de um ambiente de disciplina rígida. A Universidade do Havaí, para onde muitos de meus amigos foram, teria sido um enorme erro. Eu teria sido expulso rapidamente.

E quarta, queria seguir os passos dos grandes navegadores, como Colombo, Cortez e Magellan. Consegui o que queria — mais ou menos. Um ano mais tarde, com dezenove anos, naveguei para a Baía de Cam Ranh, no Vietnã.

A Academia da Marinha Mercante dos Estados Unidos enviava estudantes para o mar por um ano, a bordo de navios-tanque, navios de passageiros ou navios de carga. Durante esse ano, os estudantes viajavam pelo mundo. Eu

CAPÍTULO 2

esperava que me escalassem para navios que viajassem para a Europa ou para a América do Sul, mas minha primeira missão foi trabalhar em um cargueiro que transportava bombas para o Vietnã; foi quando testemunhei a Guerra do Vietnã pela primeira vez.

Da esquerda para a direita: Robert, nossa mãe Marjorie, nosso pai Ralph e Beth, nossa irmã, na formatura de Robert, da Academia da Marinha Mercante, em 4 de Junho de 1969. Foi um momento de muito orgulho para a família. Emi gostaria de ter participado, mas estava em casa, preparando-se para o nascimento de Erika, no mês seguinte.

Vivenciar a guerra ao vivo, em vez de vê-la pela televisão ou nos cinemas, afetou profundamente minha perspectiva de mundo. Eu ficava imaginando por que nós, humanos, despendíamos quantidades gigantescas de dinheiro, tempo, esforços e tecnologia para matar uns aos outros.

Enquanto estava no Vietnã, em 1966, vi monges budistas pela primeira vez. Lá estavam eles, em seus robes, segurando uma tigela de arroz e recebendo comida das pessoas na rua. Dê comida aos monges e eles oram por você. Se a tigela de arroz se mantivesse abaixada, os monges não receberiam nada de você, e por sua vez, você não receberia a bênção deles. Foi o que nos contaram e isso me aborreceu.

Na escola dominical, havíamos aprendido que deveríamos amar o "próximo como a si mesmo". Não havia nada sobre o vizinho ter ou não de lhe dar comida. Eu não acreditava no que estava vendo e achei aquilo tudo uma hipocrisia, que me fez lembrar minhas experiências de infância na igreja, ocasião

IRMÃO RICO, IRMÃ RICA

em que eu via as pessoas serem piedosas no santuário e depois se insultarem quando estavam deixando o estacionamento.

Ao retornar do Vietnã, em 1966, vi meus primeiros hippies em São Francisco. Eu também não os entendi. Mal sabia que minha própria irmã, mais tarde, percorreria esses dois trajetos — o budismo e o movimento pela paz.

Em 1968, na época das ofensivas do Vietnã e dos protestos nas ruas dos Estados Unidos, o jantar em casa era algo interessante. Meus pais estavam trabalhando pela paz no Peace Corps, minha irmã era definitivamente contra a guerra e meu irmão e eu estávamos nos alistando. Ainda que respeitássemos os pontos de vista uns dos outros, havia muitas diferenças de opinião. Meus pais eram neutros; eu, nem tanto. Achava que minhas irmãs eram sonhadoras e traidoras. Pensava que os caras que elas namoravam eram desertores, covardes ou hippies — certamente não eram "homens de verdade".

Ainda que amasse minhas irmãs, eu não tinha muito a dizer a elas. A guerra me separou de minha família por muitos anos.

Dois anos mais tarde, em 1969, graduei-me em Kings Point como terceiro oficial e aceitei o emprego da *Standard Oil* em um de seus petroleiros. Era um bom emprego, com muita estabilidade, altos salários, justamente o que meu pai e minha mãe desejavam para mim.

Durou seis meses.

De volta a São Francisco, eu vi o verão de amor dos hippies evoluir para uma vida de drogas e protestos furiosos. Carrego vívida memória de ser ofendido, por duas vezes, apenas porque estava usando uniforme militar. Também me lembro de homens e mulheres, de cabelos longos e desgrenhados, dirigindo-se a mim, oferecendo flores e dizendo: "Paz, meu irmão!" Eu achava que todos eles eram covardes e perdedores. Achava que estavam errados. Sentindo a obrigação de tomar partido de algum dos lados, desisti de meu emprego muito bem-remunerado como oficial de um navio da *Standard Oil* e me voluntariei para servir meu país.

Com essa decisão, dirigi da Califórnia até Pensacola, na Flórida, e comecei a escola de aviação. Em 1971, eu estava de volta à Costa Leste dos Estados Unidos para treinamento avançado a bordo de helicópteros de combate. Em

CAPÍTULO 2

1972, com 21 anos, estava no Vietnã de novo. Dessa vez, eu era tenente da Marinha e piloto de helicópteros de ataque.

Eu me voluntariei por muitas razões. Ainda que eu fosse isento de alistamento, porque minha classificação era de Indústria Vital Não Defensiva — ou seja, petróleo —, decidi que era meu dever lutar pelo meu país. Também me voluntariei porque meu irmão mais novo, Jon, já havia se alistado. Meu lado negro queria lutar. Eu queria lutar. Queria saber qual era a sensação de "matar ou morrer" e queria voltar a sentir aquela carga emocional que vivenciei aos dezesseis anos. Essa era a guerra de minha geração — e eu não queria perdê-la.

Talvez isso tenha a ver com a origem samurai de minha família paterna, a classe de guerreiros na cultura japonesa, e eu acreditasse que precisava honrá-los. Fosse qual fosse a origem de meu engajamento, eu havia bebido o "suquinho" militar e senti que estava levando adiante as tradições familiares.

Não parei de pensar na razão pela qual despendíamos tantos esforços, dinheiro e tecnologia para matar, mas no fundo, entendia que matar é — e sempre será — parte da índole humana. A história é toda marcada por guerras e, infelizmente, assim também será no futuro.

Cada sociedade, na história, teve sua classe de guerreiros. As culturas mais fracas sempre foram conquistadas por aquelas que tivessem um exército mais forte. O trabalho de um guerreiro é, na verdade, manter a paz estando pronto para ir para a guerra.

Esse é meu jeito de dizer que não sou contra a guerra. Sou a favor da paz, e estou disposto a lutar por ela, por mais insano que isso possa parecer para algumas pessoas. Para sobreviver, para manter a paz e progredir, a civilização precisa de guerreiros. Em todas as cidades, sempre haverá a necessidade de policiais, bombeiros, médicos e enfermeiros, líderes civis, operários, professores e homens de negócios, que são guerreiros em essência. Pessoas que vão à luta e salvam vidas — mesmo à custa da própria vida —, enquanto outras fogem para se salvar.

Eu passei a acreditar que paz e prosperidade dependem não apenas de pacificadores, mas também de guerreiros fortes e corajosos. Isso, naturalmente, ia de encontro ao que pensavam meus pais e minhas irmãs.

IRMÃO RICO, IRMÃ RICA

No filme *O Resgate do Soldado Ryan*, o diretor Steven Spielberg mostra o horror e o heroísmo da guerra. Nada comparado aos filmes glamourosos de John Wayne. Nós não usamos chapéu branco na guerra. Se eu soubesse da realidade, talvez não tivesse me voluntariado.

Um veterano de guerra, altamente condecorado, me disse, pouco antes de eu partir para guerra, que um recruta deve estar preparado para atirar na face de um prisioneiro. Era uma regra do campo de batalha não divulgada. "Não faça prisioneiros", uma frase muitas vezes encarada de forma casual, na verdade significa "Atire no prisioneiro". É claro que isso vai contra todas as regras que nos ensinam sobre a guerra. Mas, na zona de guerra, quando ficamos frente a frente com a realidade da vida e morte, você faz o que tem de fazer para salvar a vida dos homens de seu esquadrão, e sua própria vida também.

Felizmente, nunca precisei apertar o gatilho, mas eu estava preparado para isso.

No filme de Spielberg, o personagem de Tom Hanks não consegue matar o prisioneiro alemão e acaba sendo morto por ele. De certa forma, isso acontece nos negócios e na vida, todos os dias. Além da realidade brutal da sobrevivência, a guerra me ensinou muitas coisas — mais do que eu poderia perceber na época. Ao longo dos anos, eu as resumi em três lições importantes.

Aprendi que a *ação fala mais do que mil palavras*. Eu sei, essas também são palavras que ouvimos tantas vezes que acabam não passando de palavras. Aprendi isso através da ação. Muitos jovens morreram porque as pessoas do nosso lado não cumpriram com a palavra. Lutamos por uma guerra em que não havia uma razão para lutar. Hoje, enquanto apoio nossas tropas, experimento o mesmo sentimento de traição de nossos líderes — que são da minha idade e da minha era — que não lutaram no Vietnã e não aprenderam as lições que aprendemos ao lutar na guerra de nossa geração. Parece que muitos daqueles que ordenaram a invasão do Iraque, convenientemente, não tomaram parte da Guerra do Vietnã. Teriam sido hippies em São Francisco ou burocratas em Washington?

De novo: não sou contra a guerra. Há um tempo para a guerra e um tempo para a paz. O que sou é contra deixar de aprender as lições — pelas quais muitos morreram décadas atrás — e que estão sendo ignoradas hoje, mais uma vez. George Bernard Shaw escreveu: "Se a história se repete, e o

CAPÍTULO 2

inesperado sempre acontece, quão incapaz precisa o Homem ser de aprender com a experiência?"

Outra lição que aprendi foi que a *guerra conduz à paz*. A Inglaterra já foi nossa inimiga, em inúmeras ocasiões, hoje os ingleses são nossos aliados mais importantes. O mesmo acontece com França, Itália, Alemanha, México e Japão. Mesmo os Estados Unidos já tiveram sua guerra civil entre o Norte e o Sul. Hoje, estamos em paz e somos parceiros comerciais. A guerra é, com frequência, precursora de trocas comerciais e isso traz a paz.

É ruim para os negócios matar seus clientes.

No entanto, quando uma guerra não é concluída — com um ganhador definitivo —, não há paz. Ao invés disso, a guerra prossegue por anos a fio, como ocorreu entre as duas Alemanhas, as duas Coreias e os dois Vietnãs. Hoje, a Alemanha e o Vietnã estão unidos e prosperando, enquanto a Coreia do Norte continua terrivelmente pobre e instável. Embora tenha um alto preço, a guerra — lutada até o fim — é o melhor caminho para a paz.

Infelizmente, a Guerra do Iraque não é uma guerra entre países. É uma guerra de nações, uma guerra contra tribos sob a bandeira religiosa. É um conflito de mil anos, que vai continuar, é uma reedição das cruzadas medievais, exceto pelo fato de que, dessa vez, é combatida com armas modernas. E não tem fim.

Minha terceira lição é: *a paz vem da prosperidade*. Apesar de a maioria das pessoas terem sido mortas em nome de Deus ou por patriotismo, a maioria de nós sabe que a causa real da guerra é dinheiro. A razão da Guerra do Iraque não é liberdade e democracia — é petróleo e lucro. A guerra é muito lucrativa. Muitas pessoas e empresas fazem fortunas com ela.

Foi por isso que deixei o Corpo de Fuzileiros Navais em 1974. Estava saturado da guerra e sabia que deveria haver um atalho melhor para a paz do que a guerra. Até 1974, havia passado minha vida estudando para ser guerreiro. O governo gastou muito dinheiro em meu treinamento e para me oferecer as ferramentas para a guerra. Era hora da paz, e minha busca começava.

Foi essa busca pela paz e por respostas para as perguntas espirituais, que me aproximou de minha irmã, muitos anos depois.

IRMÃO RICO, IRMÃ RICA

Hoje, continuo grato por ter ido para a guerra e pelas experiências adquiridas em combate. No Corpo de Fuzileiros, alcancei um nível de disciplina e maturidade que nunca tivera antes, mesmo na escola militar. Conheci algumas das pessoas mais maravilhosas, oficiais e alistados, de toda minha vida. Por causa da guerra, adquiri uma profunda compreensão do sentido das palavras honra, coragem, dever, respeito e integridade. Procuro essas mesmas qualidades nas pessoas com as quais trabalho hoje.

A guerra também me ensinou muito sobre o caráter das pessoas. Quando enfrentamos situações difíceis — na guerra e na vida —, nosso verdadeiro caráter surge e traz à tona o melhor — ou o pior — de cada um. Testemunhamos o verdadeiro caráter e as forças — ou fraquezas — quando passamos pela adversidade, pelo estresse ou pela probabilidade de uma batalha de vida ou morte.

A guerra é um verdadeiro teste de caráter.

Em 2007, conheci Shimon Peres, ganhador do prêmio Nobel da Paz, ex-primeiro ministro e, na época de nosso encontro, presidente de Israel. Ele me disse: "A guerra unifica. O preço que se tem de pagar pela paz divide." Explicando um pouco mais, ele disse: "Os governos só podem fazer a guerra. Não podemos fazer a paz." Ele então falou da privatização da paz, afirmando que era do interesse das empresas e dos negócios sua manutenção. Peres acreditava que, em um sistema militar forte, as empresas poderiam fortalecer o processo de paz via relacionamento negocial entre os países. Como ganhador do prêmio Nobel da Paz, ele estava falando da paz alcançada pela prosperidade.

Deixei o encontro com a impressão de que ele tinha poucas esperanças de que a paz pudesse ser conseguida pelos governos ou por esforços religiosos. Como ele disse: "A guerra unifica." Infelizmente, acredito que ele quis dizer que, ainda que as pessoas não queiram a guerra, elas se agrupam e se esforçam para levantar dinheiro e apoiá-la.

Quando o presidente Shimon Peres disse que o preço da paz divide, creio que ele quis dizer que manter a paz é caro. A questão é esta: ninguém quer pagar pela paz; queremos que outros paguem por ela. Então, mantemos a guerra por ser lucrativa. É fácil conseguir dinheiro para a guerra, pois ela gera empregos e traz prosperidade.

CAPÍTULO 2

A Guerra do Iraque é extremamente cara, como todos sabem. Nos Estados Unidos, cada estado tem pelo menos um negócio que lucra com essa guerra. Há empresas que fabricam as armas e fornecem os equipamentos e insumos de combate para as tropas. Empresas como a petrolífera Halliburton, a Boeing e a General Motors têm o governo como principal cliente, patrocinado com o dinheiro dos contribuintes.

Robert e sua esposa, Kim, com Shimon Peres — então presidente de Israel e ganhador do prêmio Nobel da Paz, junto com Yasser Arafat e Yitzhak Rabin, por seus esforços em trazer a paz ao Oriente Médio.

Isso significa, a meu ver, que as empresas que trabalham pela paz precisam trabalhar com mais afinco. Ao falar sobre a privatização da paz, o presidente Peres estava dizendo que, para que haja paz, é preciso que ela funcione como um negócio, porque a maioria das empresas quer seus consumidores prósperos, e não mortos.

Avançando para 11 de setembro de 2001.

Minha esposa, Kim, e eu estamos quase pousando no Aeroporto Leonardo da Vinci em Roma no exato momento em que o voo 11 da American Airlines atingia o World Trade Center.

Três dias depois, estávamos em Istambul, Turquia, palestrando para um grupo de executivos muçulmanos. Eu comecei a palestra da seguinte forma:

IRMÃO RICO, IRMÃ RICA

"Fui criado como cristão. Realmente não tenho qualquer conhecimento sobre o que prega a fé muçulmana. Acredito que isso seja parte do problema e peço desculpas pela minha falta de conhecimento sobre sua cultura e sua religião."

O título de minha palestra, que havia sido escrita muitos meses antes de 11 de setembro, era "A Paz Mundial Através dos Negócios". Era o melhor ou pior título possível para aquele momento da história. Comecei falando sobre a importância da educação financeira, da cooperação e do capitalismo. Tratei da necessidade de melhor preparar as pessoas através de educação financeira em vez de programas de ajuda do governo. Falei sobre a paz através da prosperidade. Minha palestra nada tinha a ver com religião ou guerra.

De pé no palco diante de centenas de muçulmanos, homens e mulheres, percebi três diferentes estilos de vestuário em três áreas separadas do recinto; o vestuário ocidental, as roupas alegres e coloridas do Oriente Médio moderno e as roupas pretas do movimento fundamentalista muçulmano. Notei que toda minha experiência de vida até então havia me preparado para aquele momento.

Eu não poderia falar como um guerreiro pela guerra, mas poderia falar como um guerreiro pela paz.

EMI: O MITO DO SAMURAI

Talvez eu tenha uma visão idealista da vida. Sempre reverenciei meus pais, minha família e meus professores. Sempre esperei que as pessoas fossem nobres, que lutassem o *bom* combate.

Assim como há guerra entre países, existem guerras diárias dentro de cada um de nós. Acredito que esses combates internos se formam a partir de nossas falhas e desilusões — as tais acrobacias mentais que nos impedem de encontrar a paz e de ter uma vida equilibrada, seja lá o nome que queira dar a isso.

Viver bem é viver de maneira simples e estar em paz consigo mesmo, algo que tenho buscado desde a adolescência. Estou sempre esperando que as pessoas reconheçam o valor uma das outras, que respeitem as diferenças, que trabalhem pelo bem comum e que consigam se transformar no melhor que realmente podem ser. Que outro desafio é melhor que este, seja qual for nosso estilo de vida ou cultura?

Tenho, ainda, muito a aprender, mas essas são as verdades em que acredito.

CAPÍTULO 2

Um dos primeiros ensinamentos de Buda é: "O ódio não se extingue pelo ódio, o ódio se extingue com o amor." Ainda que isso possa parecer simplista diante da complexidade das guerras, é aí que, a meu ver, reside a semente necessária para o entendimento e a coexistência pacífica entre os povos.

Acreditei, inocentemente, que meus pais nos protegeriam. Estava convencida de que nosso país era bom e que poderíamos realizar muitas coisas em benefício da humanidade. A guerra e a ameaça de conflito evocam o medo e criam suspeita em nossa mente. Polarizam e emocionam, para o bem e para o mal. Talvez, a guerra nos ajude a perceber que a vida *é* realmente transitória e pode desaparecer em um piscar de olhos.

E enquanto os líderes de nações determinam a estratégia na guerra, jovens cheios de ousadia e senso de propósito executam ordens por amor à pátria. Talvez para cada um de nós, a vida de todos nossos ancestrais seja uma preparação, às vezes de maneiras aparentemente tortuosas.

A família Kiyosaki vem de uma linhagem de samurais. Em agudo contraste com minhas crenças de não violência, eu me orgulhava disso. Meu orgulho veio do senso de retidão dos samurais, da forma como ajudavam os oprimidos e porque eram nobres mantenedores da paz. Isso era parte da tradição Samurai e, para mim, a espada representava *esse* poder, e não a violência, que vem da ganância e do ódio.

Nossos pais não falavam muito da Segunda Guerra, embora a presença militar estivesse em todos os cantos do Havaí. Cada ilha do arquipélago tinha bases militares estrategicamente posicionadas. As pessoas costumavam comentar que os militares eram donos dos melhores imóveis do Havaí.

Deve ter sido extremamente difícil para pessoas da geração de meus pais serem de ascendência japonesa em uma época como aquela. Ainda assim, nossos pais e amigos nos protegeram desse estigma ao serem cidadãos-modelo e líderes comunitários atuantes. Nós, japoneses, somos reservados, de uma maneira profundamente condicionada; ainda assim, um forte aspecto de nossa cultura é servir aos outros. Como muitas pessoas de minha idade, eu tinha uma admiração infantil por todos a minha volta e me orgulhava muito de minha família.

IRMÃO RICO, IRMÃ RICA

O último samurai. Essa foto, de cerca de 1860, é do pai de nosso tataravô. Foi o fim da era dos samurais como uma classe nobre e o começo da era das armas de fogo. O código dos samurais e a espada têm sido passados, por gerações, do primeiro filho para o primeiro filho homem. Nosso pai passou a espada para Robert, assim como seu pai passou para ele. O código do guerreiro sobrevive dentro de cada um de nós. Tudo que temos a fazer é convocá-lo.

Em Hilo, onde crescemos, uma grande porcentagem da população era japonesa, por isso, talvez, eu nunca tenha sentido discriminação ou preconceito. Ao longo do tempo, no entanto, com a mudança de tendência na imigração, os nipo-americanos, hoje tornaram-se minoria. Crescemos em um lugar em que todas as diferentes raças e pessoas se misturavam harmoniosamente. Com tal criação, nunca pude entender por que as pessoas tinham de lutar e se matar para resolver as diferenças.

De vez em quando, meus pais e meus irmãos caçavam com alguns amigos. Robert gostava muito mais disso do que meu pai ou Jon. Às vezes, ele empacotava arcos e flechas, material de pesca e arpões, e saía com seus amigos para caçar e pescar. As armas e os arpões eram o que mais me assustava. Eu

CAPÍTULO 2

tinha aversão a elas e achava ofensivo o cheiro da matança que eles traziam para dentro de casa.

Um dia, peguei uma das armas de pressão de meu irmão, e quando ninguém estava olhando, me sentei em frente de casa para brincar. Havia um terreno vazio do outro lado da rua, então eu mirei nos arbustos e atirei. Depois percebi um passarinho distraído pousado na fiação do telefone e disparei. O pássaro bateu as asas e caiu no chão. Aquilo me chocou tanto, corri até o arbusto onde achei que tinha caído, mas não encontrei. Esperava que não estivesse ferido e só estivesse brincando comigo.

Daquele momento em diante, nunca mais toquei na arma.

Não condeno a guerra, mas ainda assim acredito que precisamos de intermediadores da paz. O povo tibetano, com o qual venho estudando desde 1962, perdeu seu país para a China comunista em 1969 porque eles não tinham uma força militar e não estavam preparados para o extermínio de uma invasão. Eles queriam ser deixados em paz, sozinhos, em contemplação, o que mais tarde acabou por deixá-los vulneráveis.

Como disse meu irmão: "Tem de existir um caminho melhor para se conseguir a paz que não seja pela guerra." Mas para os tibetanos, isso requer o questionamento proposto em 2007, pelo ex-ministro tibetano Kalon Pema Chhinjor: "Terá sido o foco provinciano no isolamento e na prática espiritual que causou a perda do país?"

Aplicando essa premissa à minha própria vida, eu me faço a mesma pergunta: "É o meu foco na espiritualidade e na tentativa de evitar conflitos que está causando essa minha guerra interna? Será que nós, como indivíduos, como nações, nos tornamos tão envolvidos em uma direção que acabamos nos enfraquecendo?" Essas questões e suas inevitáveis respostas acabaram me aproximando do mundo de Robert.

Este livro começa com a citação de F. Scott Fitzgerald:

O teste de uma inteligência de primeira qualidade é a habilidade de manter, ao mesmo tempo, duas ideias opostas na mente e ainda conservar sua capacidade de funcionamento.

IRMÃO RICO, IRMÃ RICA

Este é o desafio de cada um de nós e de muitas comunidades e nações. Como podemos equilibrar nossas necessidades, aspirações e ações espirituais e mundanas? Ou será que a realidade está mais próxima do que Jacob Needleman aponta em *O dinheiro e o significado da vida*:

O livre-arbítrio é o poder de viver e de estar em dois mundos opostos ao mesmo tempo.

Será que podemos viver íntegros e livres dentro dessas duas forças opostas que aparentemente se atraem: guerra e paz, riqueza e espiritualidade?

Mencionei o orgulho que sentia em ser de linhagem samurai. Essa emoção vem de encarar essas tradições, em grande parte, como condizentes aos nobres mantenedores da paz. Sempre tivemos uma espada samurai linda em nossa casa. Meu pai, como primeiro filho do primeiro filho, deve ter herdado esse objeto de meus avós quando casou com minha mãe. Eu me lembro da ocasião em que nos reunimos e mamãe e papai deram a espada a Robert, porque ele também era o primeiro filho do primeiro filho.

O poder e a dignidade de sermos de linhagem samurai nos foram transmitidos de maneira informal, ainda que penetrante. Ainda assim, representa uma história com dois lados. Como podíamos nos orgulhar de ser guerreiros espadachins? Os samurais eram muito estimados como protetores e defensores da terra, da fé, das pessoas e dos líderes, mas também podiam ser predadores, ladrões e viver à custa de senhores da guerra corruptos. Essencialmente, eles mantinham a paz e desfrutavam de um status.

Meu avô deixou a Ilha de Kyushu com seu primo para estudar medicina em Tóquio. Quando eles chegaram ao porto, havia apenas um lugar no navio e meu avô encorajou seu primo a ir. Mais tarde, ele e sua família conseguiram passagens em um navio que ia para o Havaí. Robert costuma brincar que teria sido uma transição natural para um espadachim tornar-se cirurgião. Mas não foi o que aconteceu com meu avô.

Nossas raízes se desenvolveram no Havaí. Quando a espada foi transmitida para as mãos de Robert, ele também ganhou um espelho de metal para sua futura esposa, que fora feito antes da época da produção de vidro.

O que eu recebi?

CAPÍTULO 2

Nada. Eu era mulher. Na hierarquia tradicional, apenas o primeiro filho homem recebia a herança. A posição da mulher não era considerada e sendo uma jovem garota japonesa no Havaí, em foi ensinada essa visão ultrapassada do antigo Japão.

Com pouca ênfase para as atividades religiosas ou escolares, no entanto, a pouca atenção sobre nós nos permitiu muito tempo livre e liberdade na infância. Sofríamos mais o impacto dos eventos da época e do mundo a nosso redor do que propriamente a pressão para a realização de sonhos e objetivos.

Sempre me interessei por psicologia e ética, tendo me diplomado em psicologia com especialidade em gerontologia — o estudo do envelhecimento. No início de meus estudos, papai queria me encorajar a tomar outra direção: "Por que você não estuda ciências puras, em vez dessa pseudociência que é a psicologia?" Papai era matemático e cientista, e esses eram assuntos que ele ministrava antes de se tornar um administrador.

Lembro-me de meu pai fazendo as mesmas perguntas para Robert ao longo dos anos — por que ele queria ir para a guerra, por que ele *não* queria um dos cargos seguros do funcionalismo público que ele próprio tivera por quase toda a vida... Eu pouco entendia as razões políticas por trás da Guerra do Vietnã, mas era contra o uso da violência para a resolução de problemas. Meus colegas estavam sendo convocados ou alistados, mas a maioria fazia o que podia para evitar a convocação. Havia polarização e a vida de meus dois irmãos no meio da guerra me pareceu um mundo totalmente distante do meu.

A guerra e a paz para mim eram batalhas internas e conflitos que eu acreditava que *todos* enfrentavam.

Não protestei contra a Guerra do Vietnã porque me causou confusão e incerteza. A realidade da guerra dissemina o medo e nos engaja em atos abomináveis, justificados e encorajados pelo calor da batalha. Muitas pessoas cometeram atrocidades por causa da agressão, do ódio, da ganância e do lucro. A visão da guerra — morte, destruição e protestos violentos — foi despejada em nossas salas de estar pela televisão. Assumi a posição da resolução pacífica e me apeguei à crença de que o conflito poderia ser resolvido por meio da negociação e da não-agressão. "O ódio não se extingue pelo ódio, o ódio se extingue com o amor" (Buda).

IRMÃO RICO, IRMÃ RICA

Mas a guerra só acaba quando um dos lados reconhece a derrota ou quando há concessões e resoluções. Antes disso, no entanto, o caos reina e nos engajamos em atos odiosos. Eu me lembro dos comentários de Robert sobre a guerra: "A realidade é que muitos jovens morreram porque as pessoas do nosso lado não mantiveram sua palavra."

Ou, nas palavras do correspondente de guerra Chris Hedges:

A guerra expõe a natureza humana que é usualmente mascarada pela coerção não declarada e pelas restrições sociais que nos unem. Nossas convenções e pequenas mentiras de civilidade nos induzem a uma visão idealística de nós mesmos. Mas o negócio da indústria moderna da guerra pode estar nos conduzindo, com cada um dos avanços tecnológicos, a dar um passo a mais em direção à nossa própria aniquilação. Nós também estamos usando bombas ao redor de nossa cintura. Será que também estamos fazendo um pacto suicida?

Hedges diz em seu livro *War is a Force that Gives Meaning* ("A guerra é uma força que nos dá um senso de propósito", em tradução livre): "Não menos do que 62 milhões de civis foram assassinados no século XX e 43 milhões de militares foram mortos 'por causa da guerra'."

Fiquei espantada com o fato de que morreram muito mais civis — e isso não inclui aqueles que ficaram deficientes e aleijados por causa da guerra, nem aqueles que se viram emocionalmente arruinados pela dor, perda, expatriamento, doença, estupro, pobreza ou testemunho das atrocidades. Como foi alto o preço da ganância, do medo e do ódio aos outros! Cada combatente estava certo de que seu lado era mais importante, mais honrado, mais justo.

De acordo com o escritor e educador Willian James Durant: "Houve apenas 29 anos em toda a história humana em que não estava em andamento ao menos uma guerra." Essa é uma triste constatação para a humanidade, quando pensamos em tantas coisas que conseguimos e em todo o nosso potencial para conquistar ainda mais benefícios para o mundo. Será que ao longo de "toda a história da humanidade" não poderíamos ter resolvido tantos conflitos com algo menos grotesco do que a guerra?

A perspectiva não é boa e nos impele para a aniquilação da raça humana por nossas próprias mãos. Agressão e ódio, antigas feridas e pensamentos delirantes de que um pode dominar o outro construindo um arsenal e formando tropas através de forças políticas e militares, tudo isso perpetua a ilusão.

3

NOVAS RESPOSTAS PARA ANTIGAS PERGUNTAS

Guerra e desastres naturais permearam a vida de nossa família. As imagens e realidades influenciaram e definiram cada um de nós e, de muitas maneiras, a explosão nuclear que testemunhamos nos fez valorizar a vida. Sem o espectro da destruição global e a Guerra do Vietnã, provavelmente não teríamos iniciado nossa busca pessoal pela vida e por Deus... se é que há um deus.

Embora tenhamos sido batizados como cristãos, não havia muita conversa sobre religião em nossa casa. Dedicávamos alguns instantes para orar antes das refeições e em ocasiões especiais como o Dia de Ação de Graças, o Natal e a Páscoa.

Mamãe ia à igreja rotineiramente, mas mudou de igreja muitas vezes ao longo da vida. Embora ela fosse com frequência à igreja metodista de Hilo, na época do Natal gravitava entre as igrejas que tivessem o melhor coral e o melhor diretor. Ela adorava cantar Messias, de Handel. No mês inteiro anterior ao Natal, a casa dos Kiyosaki reverberava com a repetição incessante do disco de 33 rotações do "Coro de Aleluia".

Papai raramente ia à igreja, mas gostava de acompanhar os corais em que minha mãe cantava. Ele gostava de trabalhar no jardim, fazer trabalhos artesanais e ler. Ele parecia encontrar a paz na quietude e na solidão.

Nossos pais não enfatizavam a educação nem a religião. Ainda que meu pai um dia viesse a se tornar o secretário de educação do Estado do Havaí, não forçou nenhum dos filhos a estudar. Se viéssemos para casa com notas ruins, ele não dizia muita coisa. Ele sempre estava disponível para as lições de casa — mas apenas se solicitássemos. Nem

CAPÍTULO 3

ao menos tivemos as pressões normais para que fôssemos para a faculdade, para que nos tornássemos médicos ou advogados. Nossos pais deixaram que cada um de nós procurasse pelas próprias respostas de acordo com o próprio interesse.

Este foi o ambiente familiar que moldou o futuro dos quatro irmãos Kiyosaki.

Recorte de uma notícia do Honolulu Star-Bulletin, onde se comenta sobre as diversas conquistas de nossa mãe, Marjorie Ogawa Kiyosaki.

ROBERT: PERDA E TRAIÇÃO

Nosso pai, em 1970, já secretário de educação, resolveu dar o maior passo de sua vida: concorrer ao cargo de vice-governador do Estado do Havaí pelo Partido Republicano. Foi um passo suicida, porque o Havaí tem sido controlado pelo Partido Democrata e pelos sindicatos por décadas. Havia pouca chance de vitória.

Ele convocou a esposa e os filhos para explicar por que havia tomado essa decisão desastrosa, que, aliás, não havia sido fácil, porque ele concorria contra seu ex-chefe, o então governador do Havaí. Se perdesse a eleição, também ficaria sem o emprego, pelo qual havia batalhado a vida toda para conquistar. Ele apresentou seus motivos para a mulher e os quatro filhos:

"Há uma ocasião na vida em que ou defendemos aquilo que julgamos correto... ou não fazemos nada. Não posso continuar fazendo meu trabalho e não dizer nada. Essa máquina política que está aí é muito corrupta. Se eu ganhar, tenho a oportunidade de fazer mudanças. Se eu perder, ao menos posso me olhar no espelho e saber que defendi aquilo que julgo correto."

Ele explicou que essa era a razão pela qual desistia de seu emprego e arriscava tudo pelo que havia lutado para conquistar. Ele nos alertou para o fato de que a campanha seria difícil e que muitas coisas seriam ditas que não correspondiam à verdade. Ele antecipou tentativas de desacreditá-lo e talvez, até mesmo, a família inteira.

Apesar de tudo, ele perguntou: "Posso contar com o apoio de vocês?"

Recorte do Honolulu Star-Bulletin anunciando que Ralph Kiyosaki havia renunciado ao cargo de secretário de educação para concorrer a vice-governador — uma campanha praticamente impossível de ser ganha. Ele sempre quis dar o melhor de si para a comunidade. Esse evento mudou a vida de meu pai e de minha família para sempre.

Todos concordaram: estávamos com ele, ganhando ou perdendo.

CAPÍTULO 3

O Partido Republicano assegurou a meu pai que, se ele perdesse a eleição, eles lhe dariam um emprego bem-remunerado. Mas depois que ele perdeu, o tal emprego nunca se materializou. Com 51 anos, ele estava desempregado. Pouco depois da eleição, nossa mãe morreu, aos 49 anos. Ao que parece, ela sofreu muito mais com a derrota — e a queda de Ralph do cenário político — do que o próprio marido.

A perda da eleição e da esposa foi um trauma emocional maior do que ele poderia aguentar. Embora relativamente novo, ele nunca mais conseguiu retomar sua vida profissional.

Até a eleição, a vida de meu pai era um sucesso. Era um excelente estudante, presidente da classe e concluiu seu curso de graduação em apenas dois anos. À medida que avançava na carreira do sistema educacional, deu continuidade a seus estudos de pós-graduação na Universidade de Stanford, em Chicago, e também em Northwestern. Chegou perto, mas nunca concluiu seu doutorado.

A eleição foi a primeira derrota real em sua vida. Até então, tudo que ele havia conhecido era o sucesso. Depois da política, entrou para o mundo do empreendedorismo e, rapidamente, descobriu que o sucesso acadêmico não garante o sucesso nos negócios. Em poucos anos, todas as suas economias, inclusive as da aposentadoria, foram consumidas.

Ele morreu em 1991, aos 72 anos, tendo pago um alto preço por suas convicções. Pouco antes de morrer, meu pai recebeu o título de doutor *honoris causa* da Universidade do Havaí e foi reconhecido como um dos maiores educadores da história do Estado. Mesmo fraco, por causa da quimioterapia, insistiu em participar da cerimônia e chorou quando agradeceu a seus colegas por se lembrarem dele.

A tentativa política de meu pai e a morte de minha mãe ocorreram em 1971, justamente quando eu estava sendo mandado para o Vietnã. Eu queria muito estar em casa para ajudá-lo com a campanha e com meu apoio moral, mas a escola de aviação na Flórida não me dava muito tempo livre. Eu tirei apenas cinco dias de licença para acompanhar o funeral de minha mãe no Havaí.

A derrota política de meu pai lançou uma mensagem sombria sobre a família. Mais do que perder a eleição, foi um exemplo de quão pouco influen-

IRMÃO RICO, IRMÃ RICA

tes somos para mudar as coisas, de lutar contra o poder daqueles que *estão* no poder. Como muitos de nós sabemos, a política pode ser um sistema bastante corrupto. Quando nosso pai concorreu, sabíamos que ele era um bom homem que tentava mudar as coisas para melhor. Ele estava cansado da corrupção do Estado do Havaí. Sua derrota esmagadora mostrou que não basta ser um bom homem com boas intenções, especialmente quando se está contra as estruturas de poder ricas e muito bem arraigadas.

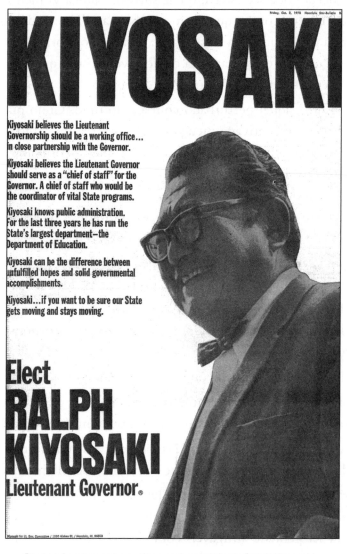

Poster da campanha política malsucedida de Ralph Kiyosaki.

CAPÍTULO 3

Em janeiro de 1972, fui enviado para o Mar do Sul da China em um porta-aviões. A escola acabara e minha educação real havia começado. Um ano mais tarde, em janeiro de 1973, eu era uma pessoa diferente. Após um ano de combate, retornei aos Estados Unidos profundamente perturbado com a experiência da guerra. Não fiquei traumatizado pela guerra, porque, embora eu soubesse que muitas pessoas haviam morrido por causa de minhas ações, nunca matei ninguém diretamente. Do ponto de vista de um piloto de helicóptero, a guerra pode ser estéril, quase surreal. Nunca vi meu inimigo face a face. Não via seus corpos quando o combate acabava. Todas as noites, eu voava de volta para o porta-aviões, tomava um banho morno, comia algo, via um filme e ia dormir em uma cama confortável em um quarto com ar-condicionado, no meio do mar, muito longe do perigo.

Mesmo assim, fiquei perturbado com aquilo tudo. Creio que as mesmas razões que haviam incentivado meu pai a concorrer a um cargo político estavam me aborrecendo no Vietnã. Na metade de meu período de alistamento, eu estava cansado das mentiras que nos eram contadas. Percebi que os Estados Unidos não eram os mocinhos, que nós não éramos inocentes. Os vietnamitas não nos recebiam de braços abertos. Eu não era John Wayne, não usava chapéu branco e nós não éramos heróis.

Senti que haviam tirado partido de meu patriotismo cego e estavam explorando meu desconhecimento da real situação. As dúvidas que me assaltavam eram perturbadoras.

Estava lutando pelos Estados Unidos ou por alguma corporação multinacional e seus investidores?

Estava lutando por liberdade ou estava matando por dinheiro?

Estava fazendo com os vietnamitas o mesmo que os soldados, antes de mim, haviam feito com os índios americanos ou com o povo do Havaí?

Éramos diferentes dos cruzados cristãos ou dos muçulmanos árabes da Idade Média, matando-se uns aos outros em nome do mesmo deus?

Nos jornais, os políticos diziam que lutávamos pelos corações e mentes do povo vietnamita, não por Deus ou dinheiro. Como combatentes, fazíamos o possível para ser gentis e amigáveis com os vietnamitas. Eram pessoas realmente maravilhosas. O problema é que nunca sabíamos quem era realmente

IRMÃO RICO, IRMÃ RICA

o inimigo. Aquilo não era a Segunda Guerra. O inimigo não usava uniforme nem lutava segundo as regras. Era difícil ser gentil com uma mulher ou criança e, ao mesmo tempo, estar pronto para matá-los.

Os norte-vietnamitas lutaram usando uniformes americanos. Muitas vezes, voando com vietnamitas a bordo, o chefe de minha tropa tinha de vigiar as pessoas que estávamos transportando, porque nunca sabíamos de que lado os soldados estavam de fato. Comecei a questionar: "Se somos os mocinhos, por que os vietnamitas nos odeiam? Será que eles não entendem que estamos lutando por sua liberdade?"

Um dia, após uma batalha particularmente desastrosa, perguntei a meu comandante: "Por que os vietnamitas deles lutam mais bravamente do que os nossos?" Em uma sala lotada com quarenta pilotos exaustos e desanimados por causa das baixas sofridas, a pergunta não foi muito bem recebida.

Poucos dias mais tarde, em uma reunião similar, um piloto disse: "Não se preocupe. Ganharemos essa guerra. Deus está do nosso lado."

Imediatamente, outro piloto contra-argumentou: "Bem, é melhor você correr e contar isso a Deus. Estamos perdendo feio por aqui."

Todos os pilotos riram nervosamente.

Além da filosofia patriótica que dizia que lutávamos por liberdade e democracia, sempre havia uma sugestiva referência à religião. Antes de chegarmos ao Vietnã, nos disseram que estávamos combatendo comunistas e que os comunistas não acreditavam em Deus. Muitos dos pilotos de fato acreditavam que lutávamos por Deus, e que Ele estava do nosso lado. Um piloto chegou a ponto de usar um adesivo com os seguintes dizeres: "Mate um Comunista por Cristo."

Nosso comandante o fez retirar o adesivo.

Pude constatar com meus próprios olhos que a maioria do povo vietnamita era bastante religiosa. Talvez não acreditassem no mesmo deus que nós, mas, definitivamente, aparentavam acreditar em um deus. Na maioria das casas, havia algum tipo de símbolo religioso. Havia catedrais católicas magníficas nas principais cidades.

Depois de algum tempo, passei a imaginar quem estaria controlando os fantoches. Quem estaria conseguindo que homens sãos matassem uns aos ou-

CAPÍTULO 3

tros? Quanto mais pensava nisso, menos odiava meus inimigos. Percebi que os soldados inimigos eram exatamente como eu, lutando por lorotas de patriotismo, sem jamais conhecer a verdade por inteiro. A maioria lutava contra mim, porque eu estava lá lutando contra eles. Eu achava que estava certo e eles achavam que estavam certos. Para mim, tornou-se óbvio que, para muitos, as guerras são provocadas pela necessidade de estarmos certos — e fazer alguém mais estar errado.

Sozinho no porta-aviões à noite, sem muito a fazer, me fazia pensar. Percebi quão errado *eu achava* que estavam meus colegas que não queriam se alistar. Percebi que julguei que meus pais estavam errados por se juntarem ao Peace Corps e minhas irmãs, por protestarem contra a guerra. Percebi o quanto eu achava que estava certo: por ser corajoso, patriota e lutar por meu país.

Uma noite, entendi que estávamos todos lutando pela mesma coisa: paz. Até mesmo meu inimigo. Quanto mais contemplava a questão da guerra, mais compreendia que ela faz parte da condição humana. Enquanto pensarmos em termos de certo e errado, haverá guerra, lutas, disputas e brigas. Guerras entre países, entre políticos, religiões e empresas. Até mesmo entre casais, amigos e famílias.

Naquela mesma noite escura, no deck do porta-aviões, a minha guerra contra os vietnamitas terminou e minha busca por minha paz pessoal começou. Naquela noite, eu soube que, para encontrar a paz, precisava controlar a guerra que rugia dentro de mim.

Em 1974, a Marinha me processou e me ameaçou com uma corte marcial. A essa altura, eu havia cansado de ser o bom moço. Usei um uniforme militar por quase dez anos — quatro na academia e seis no Corpo de Fuzileiros — e estava cansado de seguir ordens. Eu me tornara excessivamente destemido depois de voar em combate por um ano, ter acidentado meu helicóptero três vezes e sobrevivido.

O processo que estava enfrentando não me pareceu sério. Em vez do garoto quieto e polido que havia deixado Hilo em 1965, eu era um homem feito com meu lado negro totalmente à mostra. Eu ia para Waikiki, engatava alguma conversa com uma mulher atraente nos bares e perguntava se ela não gostaria de ir para uma ilha distante de helicóptero. A princípio, elas achavam

IRMÃO RICO, IRMÃ RICA

que eu estava brincando, mas não era difícil convencê-las de que eu falava sério, especialmente porque todos os outros caras, na época, usavam cabelos compridos e eu usava o corte "escovinha" do exército.

Nas sextas à noite, eu tirava um helicóptero do esquadrão, voava para uma praia próxima e enchia a aeronave de mulheres e cerveja. Quinze minutos depois — um curto voo sobre as águas até uma ilha remota —, eu e meu co-piloto aterrissávamos nas mais lindas praias desertas do mundo. Era o paraíso na Terra, o estilo de vida delirante dos jovens.

Retornávamos no domingo à noite.

Depois de deixar as garotas, em um domingo à noite, e voltar para o esquadrão, assim que desliguei os motores, três carros da polícia da marinha me cercaram. Eu abri a porta do helicóptero e a primeira coisa que saiu foram latas de cerveja rolando pela pista de aterrissagem. A próxima coisa que caiu fui eu — um piloto da Marinha americana usando sunga e sandálias de borracha, em vez de botas e o macacão à prova de fogo do uniforme.

Se as coisas já estavam ruins, ficaram piores quando os policiais descobriram um cooler cheio de lagostas, uma corça que eu matara do ar e lingerie no compartimento dos passageiros. Por algum motivo, eles não acharam graça da situação.

Fui removido imediatamente do status de piloto e colocado em prisão domiciliar — o que não foi tão ruim, porque eu morava em Waikiki, o que, a maioria há de concordar, é bem próximo do paraíso. Por cinco meses, os militares prepararam o caso contra mim, telefonando-me de vez em quando para fazer perguntas. O problema é que eu havia mentido tantas e tantas vezes para encobrir minhas primeiras mentiras que eu próprio já não conseguia mais ser coerente com minha história.

O Corpo de Fuzileiros me ensinou a estar disposto a dar minha própria vida por um propósito maior e a não ter medo. Deu-me força de caráter, mas o que era classificado como bravura no Vietnã foi considerado, na volta para casa, temerário. Minha força de caráter transformou-se em meu maior defeito. Minha situação financeira estava arruinada e eu vivia com total desrespeito aos outros e às leis.

Eu vivia assim simplesmente porque achava que podia.

CAPÍTULO 3

Dizem que caráter é destino, mas assim também são as falhas de caráter.

Naquele mesmo ano, as audiências do caso Watergate levaram à renúncia do presidente Nixon. O Congresso iniciara o processo de impeachment, acusando Nixon de obstrução da justiça, abuso de poder e descumprimento de intimações do Congresso. Em 5 de agosto de 1974, o presidente admitiu que havia ordenado ao FBI que paralisasse as investigações sobre o caso Watergate. Em 9 de agosto do mesmo ano, Nixon tornou-se o primeiro presidente a renunciar ao cargo.

O vice-presidente, Spiro Agnew, já havia renunciado antes, em 1973, depois de evidências de corrupção. Gerald Ford tornou-se vice-presidente em 1973 e presidente após a renúncia de Nixon. Uma das primeiras coisas que o presidente Ford fez foi conceder perdão incondicional ao ex-presidente Nixon, impossibilitando, assim, qualquer ação penal contra ele.

Ao mesmo tempo em que ocorreu o escândalo Watergate, eu estava sendo dispensado, com honras, da Marinha. Parecia que a corrupção que havia incentivado meu pai a concorrer a um cargo eletivo estava, finalmente, sendo exposta. Muito da corrupção que eu havia visto no Vietnã estava vindo à tona.

"Finalmente", pensei, "a integridade está se instalando no sistema político. Talvez *haja* pessoas honestas no governo."

Mas, quando o presidente Ford perdoou o ex-presidente Nixon, lhe garantindo imunidade contra todos seus crimes, minha fé no governo e no processo político foi destruída.

Fiquei desiludido.

Comecei a procurar por novas respostas para antigas perguntas, tais como: *Como indivíduo, não tenho poder para mudar as coisas?*

Pensei que fora para a escola para adquirir algum poder pessoal. Ainda jovem, havia escutado o presidente e general Eisenhower advertir o mundo sobre o poder crescente da indústria bélica. No Vietnã, testemunhei a preocupação do presidente Eisenhower. O poder da indústria bélica *havia* assumido o controle. Eu havia treinado e estudado para ser um soldado e um empregado da indústria militar.

Após presenciar uma guerra sem sentido, fiquei imaginando se algum de nós tinha algum poder para trazer a paz ao mundo.

IRMÃO RICO, IRMÃ RICA

Por que as pessoas desonestas ganham?

Pareceu-me que, se eu fosse poderoso, poderia estar acima da lei. Não teria de obedecer a regras. Poderia planejar e jogar conforme as minhas próprias regras.

O presidente Nixon foi perdoado e o presidente Kennedy, assassinado. Passei a duvidar se a honestidade *era* a melhor política. Comecei a achar que o crime *compensa*. Perguntas produzem perguntas. Por que coisas ruins acontecem com pessoas boas?

Posso fazer a diferença?

Meus pais sempre trabalharam com afinco para ajudar aos outros. Para isso, voluntariaram-se na Cruz Vermelha, na Defesa Civil e no Peace Corps, além de trabalharem em seus empregos em tempo integral. Eles acreditavam que sua vida havia feito diferença, ainda que de pequenas maneiras.

Deus existe?

Por que Deus não era justo? Por que algumas pessoas eram ricas e tantas outras eram pobres? Por que algumas nasciam saudáveis e outras não? Por que Deus parece ser tão cruel com algumas pessoas e tão benevolente com outras?

Por que tantas pessoas matavam em nome de Deus?

Por que eu era um cidadão tão comum?

Aos 25 anos, percebi que não tinha qualquer talento especial. Eu era uma pessoa bem comum. Não fui brilhante na escola, não era do tipo atlético, nem era especialmente talentoso em coisa alguma. Como eu poderia ser bem-sucedido sendo tão mediano?

Será que eu precisava encontrar minhas próprias respostas?

Até 1974, eu fizera o que meus pais e a sociedade recomendavam. Fui para a escola, participei da igreja, fui militar, votei e consegui um emprego. Mas não encontrei nenhuma das respostas que buscava em nenhuma dessas instituições.

Estive no Vietnã de janeiro de 1972 até janeiro de 1973, quando fui designado para servir no esquadrão dos fuzileiros na Baía de Kaneohe, no Havaí.

Em junho de 1974, fui dispensado com honras.

CAPÍTULO 3

Em 1975, os Estados Unidos perderam a guerra. Mas embora a Guerra do Vietnã houvesse terminado, a batalha dentro de mim persistia. Naquela época, eu ainda não percebera o quão profundamente a guerra havia me marcado.

EMI: A ESPADA SANGRA

Quando Robert partiu para Nova York, para estudar na academia da Marinha Mercante em 1965, a dinâmica estável da família começou a mudar. A bolha protetora da família, supervisionada por papai, estava se desintegrando.

Em 1966, após terminar o ensino médio, era minha vez de deixar a pequena e pacata cidade de Hilo. Meu destino era os dormitórios da Universidade do Havaí e a grande cidade de Honolulu. Apesar de ser apenas uma mudança para uma ilha próxima, foi um grande passo para mim. Mesmo assim, eu me adaptei e fiz muitos amigos por lá. Não mantive contato com muitos de meus amigos de Hilo; não tínhamos muito em comum, ao que pareceu depois que mudei.

Em 1967, com a nomeação de papai como secretário de educação do Estado do Havaí, a família toda se mudou para Honolulu. Foi uma mudança difícil para minha mãe, que tinha de supervisionar tudo. Minha avó materna estava muito doente e tivemos de voar muitas vezes para Maui, para ajudá-la. Lembro-me claramente de meu pai dizendo que assumiria o posto por apenas três anos.

Ele conquistou muitas coisas nesse período, estava constantemente na mídia, introduzindo novas estruturas e tentando novas ideias para as escolas. Em Kona, as aulas começavam em dezembro, porque o trabalho infantil era utilizado na colheita de café nos meses de outono. Papai convenceu os fazendeiros locais a permitirem que seus filhos acompanhassem os outros alunos e conseguiu que as aulas começassem em setembro junto com as outras escolas. Ele também foi para a Ilha de Niihau, encorajar os líderes locais a mandarem as crianças para a escola de Kamehameha, em Honolulu, aumentando suas oportunidades educacionais e ajudando a romper as tendências de casamentos interfamiliares que vinham enfraquecendo a genética local.

Honolulu era uma cidade plena de oportunidade e quando estudava lá costumava assistir peças de teatro e filmes alternativos e lia livros de autores e roteiristas interessantes. Era como se um novo mundo se abrisse para mim.

IRMÃO RICO, IRMÃ RICA

Em meu primeiro ano na universidade, conheci um rapaz de Long Island, Nova York. Ele vinha de uma cidade próxima da academia onde meu irmão estava. Bob Murphy era um jovem bonito de origem irlandesa e italiana e tinha olhos lindos. Depois de um tempo, ele voltou para Nova York e trocamos correspondência durante o verão.

Encontrei minhas paixões e meu despertar para a religiosidade *fora* das estruturas de salas da universidade, por meio de amigos e interesses externos. Minhas notas mostraram isso. Ao final de meu segundo ano na faculdade, estava em recuperação acadêmica em várias matérias. Decidi que precisava trancar a matrícula.

Fiquei envergonhada de contar à minha família sobre minha situação acadêmica. Afinal, meu pai era secretário de educação. Contei a eles e, como esperava, ninguém ficou feliz. Mas como sempre, permitiram que escolhesse o caminho que eu queria percorrer.

Essa pausa me deu a oportunidade de sair e fazer o que eu realmente queria em vez do que eu achava que esperavam de mim. A nova contracultura hippie e São Francisco me chamavam. Assim, no verão de 1968, agarrei minha primeira oportunidade de sair do Havaí e viajar. Passei o outono e o inverno em Berkeley, Califórnia, e sofri com a mudança de clima.

Um dia, recebi um telefonema surpresa de Robert, dizendo que estava em São Francisco. Ele queria me levar para almoçar e, sendo eu uma hippie pobre, estava pronta para entrar no primeiro lugar que visse. Mas Robert, como um apreciador da boa gastronomia, sugeriu que andássemos um pouco mais até achar um bom lugar. Ele estava usando o uniforme branco da Marinha Mercante e nós nos dirigimos ao Fisherman's Wharf para almoçar.

Quando nos aproximávamos do lugar, três hippies de cabelos longos aproximaram-se de nós. O surpreendente contraste do visual de um militar asseado, de cabelos curtos, e os hippies foi chocante. Após a conversa entre eles, Robert me contou que dois deles eram graduados na mesma academia que ele, que haviam desistido do serviço para viver em São Francisco.

Era uma época fantástica para se estar na Costa Oeste. Os Beatles haviam retornado da Índia e estavam popularizando a música oriental na cultura ocidental. Novas ideias e uma nova filosofia estavam florescendo. Eu buscava o lugar e as pessoas que permitiriam que eu me desenvolvesse.

CAPÍTULO 3

A contracultura estava florescendo e também havia uma cultura emergente de espiritualidade. Ainda que eu estivesse no epicentro do amor livre e da maconha, percebi que precisaria de mais do que apenas uma mudança de cidade para transformar minha mentalidade de uma garota tímida nascida em uma ilha. Sentia falta de meus amigos de Honolulu e saudades de casa. Estava cansada do frio e da banalidade das terras continentais. Após alguns meses em São Francisco, meu dinheiro acabou e também minha paixão de estar por lá. Percebi que ali não era meu lugar.

Assim, retornei para minhas ilhas.

Ao voltar para o Havaí, continuei a sair com meus amigos da universidade, mas não voltei a estudar. Voltei a sair com um antigo namorado, Bob Murphy, e, em 1968, fiquei grávida. A ideia de despejar essa bomba em cima de meus pais me apavorou ainda mais do que contar a eles sobre minha situação acadêmica.

"Ele vai casar com você?"

Essas foram as primeiras palavras que papai me disse. Aos olhos de meus pais, havia apenas uma escolha nesse caso. Mas eu enfrentava um turbilhão de sentimentos por saber que seria mãe, sem mencionar os enjoos matinais e as mudanças do meu corpo. Contar ao restante da família e aos meus amigos também foi difícil. Era um tremendo salto pensar em casar com uma pessoa que conhecia desde o ensino médio, mas que estava namorando havia apenas três semanas.

Ainda assim, minha própria escolha ou minha liberdade não eram opções para eles. Assim, fiz o que senti que era respeitoso para com meus familiares e me casei em fevereiro de 1969. Minha filha, Erika, nasceu naquele mesmo ano. E, ainda que eu amasse o pai dela, não *queria* estar casada. Ainda assim, fiz o que esperavam de mim, como já fizera muitas vezes antes.

Quando papai anunciou que concorreria nas eleições, fiquei nervosa e confusa. Não entendia a política da época, por isso, por mais que amasse meu pai e respeitasse seu trabalho e aspirações, eu não queria fazer campanha para ele. Além disso, tinha um bebê e uma vida de casada à qual ainda estava tentando me ajustar.

IRMÃO RICO, IRMÃ RICA

Erika era um bebê lindo e tranquilo. Todos a amavam. Eu queria que nosso relacionamento fosse de amor e amizade, não de obrigação e infelicidade. Eu precisava descobrir o que desejava fazer de minha vida e como fazer isso sendo uma jovem mãe. Mas mesmo que alguns aspectos de minha vida ainda não estivessem definidos, um deles estava claro para mim: eu não poderia permanecer casada.

Embora eu não soubesse exatamente o que fazer, sabia que aquele não era meu lugar. Ainda estava buscando meu lugar no mundo. Por dois anos, meu marido e eu tentamos fazer as coisas funcionarem, mas acabamos nos divorciando.

Quando penso em meu breve casamento, me recordo que foi uma época difícil e dolorosa pois havia me casado com Bob por obrigação e por me preocupar com Erika e tentar fazer o que achavam que era o certo, e não por amor e felicidade. Lembro-me dessa época como um período de confusão e incerteza pontuada por meses devastadores para meu pai. Houve momentos que ele foi obrigado a suportar mais do que uma pessoa é capaz.

Meu pai perdeu as eleições em novembro de 1970 e em dezembro meus pais enviaram cartões de Natal agradecendo a todos os amigos pelo apoio. Os meses seguintes foram muito turbulentos e dolorosos e mudaram a vida de meu pai para sempre.

Em janeiro de 1971, voltei para casa só com meu bebê.

Em fevereiro de 1971, o pai de meu pai, que vivia conosco, faleceu.

Um mês depois, minha mãe faleceu repentinamente.

Três perdas devastadoras, em rápida sucessão, aliadas ao fato de ter dois filhos lutando na Guerra do Vietnã, foram excessivas. Papai nunca mais foi o mesmo.

Tenho lembranças vívidas do dia em que mamãe faleceu. Ela estava em casa fazendo sanduíches de atum. Ela me disse que sentia o coração bater erraticamente e foi para o sofá se deitar um pouco. Ela me pediu que pegasse um papel-toalha molhado e chamasse meu pai.

Na época, papai trabalhava para o sindicato dos professores. Ele chegou em casa rapidamente e mamãe repetia sem parar que não queria morrer. Papai tentou confortá-la dizendo: "Você não vai morrer... não se preocupe." Ele

CAPÍTULO 3

chamou um médico, que disse para levá-la para o hospital Saint Francis, onde ele estava trabalhando no momento.

Mamãe morreu na mesa de cirurgia e papai me ligou pedindo para eu ir até lá. Quando cheguei, ele me agarrou pelo braço e me levou para vê-la. Ele estava tão emocionado e exausto que deitou seu braço em meu ombro como se fosse um peso morto. Mamãe estava em uma mesa cirúrgica de metal e já havia uma espuma branca saindo de sua boca. O evento todo foi atordoante, dado que aconteceu tão depressa.

Foram vários dias até que Robert e Jon pudessem vir, respectivamente, do Vietnã e da Tailândia para o funeral. Beth veio da Califórnia. Havia mais de mil pessoas no funeral de mamãe, resultado do papel ativo de Ralph e Marjorie na comunidade. Após alguns dias, Robert, Jon e Beth tiveram de retornar. Posso apenas imaginar o tipo de tensão que esses dois homens, meus irmãos, estavam enfrentando na guerra.

O retrato da família Kiyosaki tirado depois da morte inesperada de nossa mãe. Papai quis tirar essa foto, já que Robert e Jon teriam de voltar para seus postos na Guerra do Vietnã. A família se esforçou para sorrir, mas, internamente, havia muita dor. Em pé, da esquerda para a direita: Jon, Ralph e Robert. Embaixo: Emi, sua filha, Erika, e Beth. O estresse é visível no rosto de papai.

IRMÃO RICO, IRMÃ RICA

De repente, todos haviam partido novamente, e fiquei sozinha com papai e Erika.

Na época, eu estava muito traumatizada pelas minhas próprias experiências para considerar — e temer — a possível perda de meus irmãos. Após o interminável movimento de pessoas e montanhas de cartas, a ausência de mamãe e vovô ecoou pela casa. Senti a pressão das obrigações familiares sobre mim novamente.

Meu pai havia perdido tanto em tão pouco tempo. De repente, mamãe não estava lá para cozinhar, fazer as tarefas domésticas, pagar as contas, e papai perdera o cargo de secretário de educação.

Ali estava eu, sozinha com Erika, vivendo com meu pai em uma casa cheia de memórias e amontoada de coisas de minha mãe e de meu avô. Papai assumiu as finanças, tarefa que era da mamãe. Eu me lembro que ele comentou que, apenas um mês antes, fizera uma apólice de seguro e pagara US$1 a mais para incluir minha mãe, por um adicional de US$1 mil em caso de morte, quando ele se tornou o presidente do sindicato dos professores. Também compartilhou comigo sua surpresa ao descobrir que mamãe usara o limite integral dos cartões de crédito e vinha fazendo apenas os pagamentos mínimos todos os meses.

Na cozinha, papai começou a remexer os livros de culinária da mamãe e rapidamente se tornou um chef fantástico. Ele fazia muitas experiências, da mesma forma que fazia com sua arte. Papai era um artista criativo e talentoso, tanto na pintura quanto nas esculturas de madeira.

Ralph Kiyosaki era fruto de seu tempo — nascido para aquela época, como diria Robert. Ele e minha mãe, a geração da Segunda Guerra, viveram em uma época em que a ética exaltava o trabalho árduo, os empregados ficavam na mesma empresa por toda a vida, para depois se aposentar com o apoio do governo. Meu pai era um homem extraordinário. Suas atitudes éticas, sua mente brilhante para as artes, as ciências, a matemática, a natureza e a literatura, assim como seu interesse pelas pessoas do Havaí, são agora parte da história de nosso povo.

Ele se preocupava com o futuro e com as consequências das ações tomadas no Departamento de Educação e como elas afetariam as futuras gerações.

CAPÍTULO 3

Era um liberal e buscava implementar novos programas e participou da reconstrução da cidade de Hilo depois da onda gigantesca. Meu pai era um homem generoso.

Ele também tinha um temperamento esquentado e podia ser impaciente. Quando via a necessidade de alguma coisa, ele não podia esperar que a mudança ocorresse.

Quando as pessoas que o encorajaram a deixar seu cargo como secretário de educação e concorrer ao cargo de vice-governador o abandonaram, a derrota, as promessas não cumpridas e a polarização imposta pela máquina política causaram a ruptura com antigas alianças e destruíram o mundo que lhe era familiar. Às vezes, meu pai falava em se mudar para o continente e recomeçar, mas amava o Havaí e nunca partiu.

Foram tempos difíceis e obviamente meu pai precisava de apoio emocional. Muitas pessoas e amigos me diziam: "Agora você pode tomar conta de seu pai."

Embora isso parecesse lógico, não era uma opção para mim. Eu não podia assumir o papel de filha dedicada. Papai estava de luto, é verdade, mas tinha apenas 51 anos e ainda tinha muito para viver. Eu estava lidando com um divórcio e a criação de uma filha pequena, ao mesmo tempo em que estava procurando respostas para as perguntas que me atormentavam.

Durante meu curto matrimônio e o período na casa de meu pai, questionei o propósito da vida. Qual era meu destino? Em apenas poucos anos, eu havia passado pela juventude, minha formação, casamento, maternidade e divórcio. O que restava? Envelhecer e morrer? Eu estava no meio disso também, vivendo na casa do meu pai.

O processo todo parecia uma trágica realidade com pouca liberdade de escolha. Talvez por causa do casamento e da maternidade inesperada, sentia como se as circunstâncias tivessem me roubado a juventude e a liberdade. Eu precisava romper com as obrigações familiares. Tenho certeza de que minha presença física — e a de Erika — teriam trazido algum conforto para meu pai, mas ele tinha muitas coisas para lidar entre o sindicato dos professores, o departamento de educação, as consequências da política e das eleições e com o fato de estar viúvo. E nessas coisas eu não poderia lhe ajudar.

IRMÃO RICO, IRMÃ RICA

Nesta época, não conversávamos muito nem discutíamos as coisas em profundidade, e eu sabia que precisava seguir em frente. Papai e eu nos tornamos mais próximos em seus últimos anos de vida e, ainda que eu tivesse forte devoção e intenso amor por ele, mesmo durante aqueles dias negros, ambos sabíamos que era meu momento de explorar novos horizontes.

Desde que Erika completou dois anos, criei uma rotina de passarmos pelo menos um dia por mês juntas como "amigas" em vez de mãe e filha. Íamos ao cinema ou à praia ou sentávamos em um lugar agradável e conversávamos. Nestes dias, eu propositalmente esquecia meu papel de mãe e disciplinadora, conversávamos sobre tudo e simplesmente desfrutávamos da companhia uma da outra. Passei a conhecê-la como pessoa e não como alguém que estava sob minha responsabilidade. Decidi criar uma relação onde poderíamos falar sobre qualquer coisa e procurava oferecer a ela amor e apoio incondicionais.

Presenciar a morte sempre teve um impacto profundo em mim, quando era criança e ainda hoje. A guerra e a paz são necessárias para nos encararmos o fato de que todos — um dia — vamos morrer. E consciente disso, eu me questionei: "Por que vivemos?"

Entre 1971 e 1973, todas as minhas decisões sobre amigos e relacionamentos eram feitas em função de Erika — inclusive sobre a questão de permanecer onde estava ou mudar. Muitas de minhas decisões pareceram tolas para os outros, naquela época, mas eu estava tentando equilibrar minhas responsabilidades de mãe com minhas buscas pessoais.

O pai de Erika tentou ser compreensivo e me dar apoio, mas não suportou minhas perambulações. Eu gastava cada centavo meu em seminários e palestras. Poucos podiam compreender as razões para isso. Em um evento com Werner Erhard, fundador da EST — Erhard Seminars Training — não pude acreditar em quanto as pessoas pareciam alegres, gentis e competentes. Imaginava se a vida deles era assim também, ou se era apenas representação.

O seminário de duas semanas na EST me ajudou a vencer minha timidez e a me comunicar melhor com Erika.

Em 1973, enquanto Robert estava aterrissando em ilhas remotas e o país tentava o impeachment do presidente Nixon, eu e Erika voltamos para as belas paisagens da Ilha Grande. Lá, encontrei os novos horizontes e o tipo de

CAPÍTULO 3

pessoas que procurava: gente que vivia da terra, estudando novas tecnologias alternativas e práticas espirituais, alimentação vegetariana, jejum, meditação e Tai Chi.

Meus amigos viviam perto dos vulcões de Kilauea e construíam casas geodésicas projetadas por R. Buckminster Fuller. Viver nestas casas era fantástico. No clima temperado do Havaí, os domos eram feitos de plástico transparente pregado em pilares de madeira. Imagine morar em uma casa praticamente transparente no meio da floresta em meio a gigantescas árvores. Às vezes, o céu da noite brilhava em tons de vermelho incandescente das lavas escorrendo das crateras do Kilauea a apenas alguns quilômetros.

O domo em que morávamos era uma pequena casa de dois andares com uma cobertura transparente e uma sala hexagonal no piso inferior. Havia enormes barris de madeira na plataforma do segundo andar que coletava água da chuva, e a gravidade proporcionava água corrente para as pias no andar de baixo. Meu amigo Joe construiu um guarda-chuva sobre a cobertura plástica que girava para que nos raros dias de sol pudéssemos abrir o teto e contemplar o céu.

A área do Parque Nacional dos Vulcões, onde morávamos, ficava a mais de mil metros acima do mar. O clima era frio e úmido, e a área estava constantemente envolvida em nuvens. As árvores eram muito altas e a vegetação era densa, úmida e de difícil acesso. Eventualmente, dirigíamos até as crateras próximas dos vulcões e nadávamos nas lagoas de água quente e vapor.

Ter uma vida alternativa foi fantástico e com a crescente tendência ao ascetismo, eu tinha uma forte necessidade de incorporar o caminho das práticas espirituais à minha vida.

Durante uma de nossas inocentes aventuras, vários de nós marcamos encontro com um mestre zen. Deveríamos encontrar um de seus discípulos, chamado Ananda, em uma área vulcânica de Puna. A altitude era menor, o clima, mais quente e seco, e a vegetação, bastante diferente. Encontramos Ananda no lugar combinado e viajamos alguns quilômetros em estradas secundárias, sem saber para onde estávamos indo. No caminho, dava para ouvir som do capim seco embaixo do carro e um dos participantes disse: "É sua última chance de desistir, é agora ou nunca!"

IRMÃO RICO, IRMÃ RICA

Finalmente chegamos a uma clareira, onde havia duas construções de estilo do Pacífico Sul, com chão de madeira, teto de folhas de palmeira e nenhuma parede. O mestre zen vivia em um dos bangalôs, e Ananda e sua esposa, no outro prédio. O professor havia ido para a cidade, de modo que nossa espera foi longa. Quando ele finalmente voltou, Ananda foi conversar com ele e pediu que retornássemos na semana seguinte, já que o professor estava bêbado.

Sentimos que estávamos sendo testados e que precisávamos perseverar.

Finalmente, conseguimos vê-lo. Com frequência, ele falava por parábolas. A coisa mais desconcertante era quando ele parava para chamar os gatos para comer. De todos os cantos, de sob os arbustos e árvores, dúzias de gatos acorriam para a cabana, enchendo todo o lugar.

Ele salvava gatos sempre que os encontrava. Muitos estavam doentes e mutilados, com feridas abertas e cancerosas. Havia gatos gordos, cegos, sarnentos, esqueléticos, vira-latas de todos os tamanhos e cores. O abrigo ficava imundo; era nojento sentar em qualquer cadeira, dada a quantidade enorme de pelos, rastros das feridas e pedaços de comida.

Mesmo assim, não desistíamos do aprendizado do mestre zen. Uma vez, encontramo-nos em um parque na montanha e, como estava frio e chuvoso, fizemos uma fogueira. O mestre falou do treinamento restritivo que ele havia experimentado em seu monastério, no Japão, e do extenuante teste final enfrentado por aspirantes escolhidos dentre os muitos que haviam batalhado anos para se qualificar. Todas as manhãs, eles tinham de quebrar o gelo dos barris em que se banhavam e depois lavar-se em água congelante, antes de se sentarem em meditação por horas.

Uma vez, quando estávamos absortos em suas palavras, ele tirou um pedaço grosso de carne, pingando sangue, que estava embrulhado em papel de açougueiro, e jogou diretamente na fogueira. Aquilo causou completa repulsa em Joe, que era vegetariano radical. Depois disso, ele não mais pôde escutar as palavras do mestre.

Passamos por testes mentais rigorosos e embarcamos em aventuras diversas, encontrando gurus e professores e revivendo tradições espirituais. Devorei livros que explicavam os diversos caminhos, biografias de iogues fantásticos, praticantes e professores, lutando para encontrar a comunidade espiritual em que eu pudesse meditar e desenvolver uma vida dedicada a práticas espirituais.

CAPÍTULO 3

Durante uma visita a Honolulu para ver meu pai, encontrei Ward, um jovem que retornara para casa após quatro anos na Índia e no Nepal. Seus pais lhe haviam dado uma viagem ao redor do mundo como presente pelo término do ensino médio. Fiquei fascinada com as histórias de seu mestre, o décimo sexto Gyalwa Karmapa, de seus estudos com os mestres tibetanos que estabeleceram vidas de exílio no Himalaia indiano, depois de terem escapado da retomada do Tibete pela China comunista. Eu quis aprender tudo que era possível sobre seus ensinamentos, mas, naquela época, havia muito pouco sobre esse assunto nos Estados Unidos.

Quando deixei a vida no domo, me mudei para o templo de Wood Valley, em Pahala, uma pequena cidade na Ilha Grande, a cerca de 80 quilômetros de Hilo, curiosamente o mesmo lugar onde meus pais se conheceram depois da Segunda Guerra Mundial, quando meu pai era professor supervisor e minha mãe, enfermeira. Eu me lembro de ir ao templo com meu pai quando era pequena e sentir muito medo porque era imenso e tinha a reputação de ser assombrado.

Anos mais tarde, eu me vi vivendo nesse mesmo templo, que, de fato, era um pouco fantasmagórico. Logo depois que cheguei lá, meus amigos tiveram de se afastar por um tempo e eu me vi sozinha, vivendo em uma floresta isolada, misteriosa, por duas semanas. Não havia eletricidade, apenas lamparinas de querosene que quase não iluminavam a escuridão.

E ficou pior.

A água, que geralmente era poluída, nos deixou doentes e precisávamos nos virar com o que tínhamos. Isso tudo aconteceu na época de crise de energia de meados da década de 1970, e a gasolina era racionada. Assim, sair do templo — que ficava a cerca de 10km de qualquer cidade, rodeado por uma plantação de cana-de-açúcar — não era uma opção, pois tínhamos de reduzir o consumo de gasolina do caminhão do templo.

Assim que os outros retornaram e estabelecemos uma rotina, as coisas melhoraram. Durante o racionamento de gasolina, nos dias específicos de compra, um de nós saía às quatro horas da manhã e passava o dia todo na fila para aquisição de combustível. Foram esses tempos de crise que reforçaram meu desejo por uma vida mais simples, de harmonia com a natureza.

IRMÃO RICO, IRMÃ RICA

Tínhamos um horário para consertar, preparar e pintar o templo. Eu assistia às aulas duas vezes por dia. Havia poucos de nós lá, um período que foi claramente um dos melhores de minha vida. Os ensinamentos do budismo tibetano eram tão lógicos e as ideias de carma, consciência, renascimento e natureza das coisas me serviram perfeitamente. Por estar isolada em um vale remoto, longe da cidade, eu me sentia leve, focada e capaz de levar uma vida simples sem as distrações de uma cidade grande.

Erika tinha quatro anos e não ia à escola. Havia outro casal vivendo no templo que tinha duas crianças pequenas. O dia deles era preenchido com brincadeiras e líamos muitos livros juntos. Vivíamos em harmonia com a natureza, acordando com o sol e indo dormir quando a noite caía. Sentia que havia encontrado meu lar.

Por ter sido criada na cultura japonesa, fui exposta ao budismo muito cedo. A vida de Buda era bastante familiar. Meu irmão, Robert, nasceu no dia do aniversário de Buda.

Eu me lembro, ainda criança, de visitar o templo budista japonês e perguntar a meu pai o que estavam cantando. Ele me dizia que não era japonês, portanto, ele não fazia a menor ideia. Mais tarde, aprendi que era uma recitação em sânscrito, tradição comum entre os budistas Mahayana. Anos mais tarde, em Wood Valley, os ensinamentos foram traduzidos, assim tornaram-se claros e tangíveis. Eram extraordinários.

Eu havia encontrado minha família espiritual, minha casa e meu caminho.

Em 1974, após viver por um ano no templo de Wood Valley, ouvimos que o décimo sexto Karmapa, chefe da linhagem budista tibetana de Kagyupa, faria sua primeira viagem histórica aos Estados Unidos. Muitos viajaram para São Francisco, inclusive Erika e eu. Depois de viver no isolamento do vale no Havaí com amigos, ir a uma cerimônia da Coroa Negra com milhares de pessoas era atordoante. O evento foi lindo, magnífico e, de certa forma, divino.

A Coroa Negra histórica foi uma oferta ancestral feita por seres celestiais femininos a Karmapa. Durante a cerimônia, o chapéu é suspenso e dizem que as pessoas que possuem uma ligação cármica com Karmapa são capazes de enxergar os seres femininos celestiais fazendo a oferta. Em minha inocência, esperava que um ano de estudos devotados e ajudando no reparo do templo me permitiria o mérito da visão.

CAPÍTULO 3

Seguimos o Karmapa até Vancouver, no Canadá, de carro. Foi lá que assumi meus votos de refúgio pela primeira vez, para me tornar budista. Desse modo, jurei não matar, não roubar, não mentir, não cometer desvios sexuais e não usar drogas.

Assumi os votos budistas com seriedade e estava convicta de que os manteria. Havia tantas pessoas para fazer os votos de refúgio que foi preciso criar grupos de 75 pessoas de cada vez. Pedi a meus amigos que cuidassem de Erika enquanto eu entrei com meu grupo e, quando saí, não consegui encontrá-la por alguns bons minutos.

Fiquei apavorada, claro, mas, quando um grupo saiu de sua cerimônia de refúgio, pude ver a pequena Erika entre eles. Nós duas havíamos feito nossos votos no mesmo dia.

Do Canadá, Erika e eu deixamos nosso grupo de amigos. Eu planejava ir para Boulder, no Colorado, estudar com Chogyam Trungpa Rinpoche. Quando o encontrei, brevemente, em São Francisco, ele sugeriu que eu me mudasse para a Marpa House, em Boulder, perto da Universidade do Colorado.

Uma vez lá, marquei entrevista pessoal com ele em busca de orientação e de sugestões para minhas decisões futuras. Participei de seminários no centro budista da cidade, em Karma Dzong, e também de meditações e atividades diárias na Marpa House.

Tentando criar uma vida em Boulder, matriculei Erika na escola e procurei emprego. Isso se provou imensamente difícil, porque, sendo Boulder uma cidade universitária, talento não faltava e eu tinha poucas habilidades a oferecer. Além disso, havia a questão de ter uma filha pequena, não ter um automóvel e possuir pouquíssimas roupas de inverno.

Em geral, achei a comunidade de lá um tanto confusa. Eu era uma nova budista, recém-saída de um austero templo no meio da floresta. De repente, me vi em meio a uma atmosfera universitária festiva, em que havia uso excessivo de álcool. Minhas responsabilidades de mãe e o juramento que fizera mantiveram-me longe de problemas, mas esse não era o tipo de experiência espiritual que eu havia imaginado.

Por outro lado, para a tradição budista tibetana, estudar com mestres qualificados é algo muito importante e eu, finalmente, estava travando contato

IRMÃO RICO, IRMÃ RICA

com professores verdadeiros, participando das palestras de Trungpa Rinpoche e também tendo aulas de linguagem tibetana com um tibetano que vivia na Marpa House. Quatro meses depois de chegar ao Colorado, finalmente consegui uma entrevista pessoal de dez minutos com Trungpa Rinpoche; assim, Erika e eu marchamos pela neve para encontrá-lo.

Compartilhei com ele minhas indecisões e minhas dúvidas: devo continuar meus estudos em Boulder, juntar-me a meus amigos na Índia ou viajar para o Alasca para ganhar algum dinheiro durante a corrida da construção do oleoduto de petróleo em Alyeska? Ele sugeriu que eu fizesse um retiro solitário de dez dias e a meditação shamatha, que consiste em sentar e se concentrar na respiração. Esse período de meditação me ajudaria a tomar minha decisão.

Fiz arranjos para ir para o então chamado Centro de Dharma das Montanhas Rochosas, agora Centro Shambhala da Montanha, e deixei Erika com amigos, na Marpa House. Era janeiro de 1975, estava muito frio e havia neve por todos os lados. O dinheiro era escasso, mas eu levei arroz integral, cenouras e um ou outro petisco, tomei emprestado o carro de um amigo e fui para o lugar do meu retiro.

Dois zeladores eram as únicas pessoas no local além de mim. Eles me acompanharam até uma das cabanas solitárias do outro lado do Marpa Point, o ponto mais alto da propriedade. A cabana isolada era, em verdade, apenas um quarto com um fogão à lenha, que ocupava quase todo o espaço. Havia janelas dos dois lados e a cama era uma tábua de madeira em um dos cantos. A vista era deslumbrante, vasta e tranquila.

Não vi ninguém por dez dias. Os zeladores vieram até mim apenas uma vez, para checar se estava tudo bem. Houve nevasca por três dias e, já que a sala de banho ficava bem abaixo no morro, eu me "banhei" um dia rolando na neve.

Era a oportunidade de confrontar minha própria mente, sem qualquer tipo de distração. Como era boa em seguir direções (e excelente em me esconder atrás de máscaras), não foi difícil manter meu compromisso de sentar por oito horas, ler apenas um livro e permanecer em retiro. Mas ainda que eu pudesse me sentar por tantas horas seguidas, minha mente não era treinada para isso e vagava por todos os lugares. Enfrentar a situação e vencer o desafio era muito importante, porque dela dependiam meu futuro e o de Erika.

CAPÍTULO 3

Robert costuma mencionar o fato de "o inimigo estar dentro dele" e como ele aprimorou suas falhas de caráter. Meus desafios foram superar minhas próprias mentiras, também, para me manter trabalhando no interior sutil e no exterior ganancioso, intolerante e impaciente. Tive de aprender a ser mais amorosa comigo e a ser mais sincera em meu amor pelos outros. Ainda que eu pudesse me esconder atrás de minhas máscaras externas de doce paciência, essa era minha lição — e ainda é.

O livro que li foi *Jewel Ornament of Liberation* (*A Joia do Ornamento da Libertação,* em tradução livre), de Gampopa, que explica os estágios do budismo para seus praticantes. O livro me ajudou a analisar os passos de meu próprio caminho, enquanto mantinha em mente meus princípios, minha promessa de cuidar de Erika e meu desejo por iluminação ao estudar com professores que encontrei ao longo do caminho.

No confinamento de meu pequeno quarto e diante da vastidão de meu futuro, decidi que precisava ir muito além. Eu manteria minha palavra em relação às pessoas que me circundavam — e a promessa em relação a mim mesma. Esse esclarecimento me ajudou a ver como as coisas poderiam ser difíceis em Boulder, em subempregos, enquanto criava Erika na Marpa House. Pesando todas as minhas opções, decidi ir para o Alasca a fim de enriquecer. O dinheiro que eu ganhasse permitiria que eu, mais tarde, viajasse com amigos para estudar na Índia.

Foi um salto de fé, eu estava pronta e certa de minha escolha.

4

PARAÍSO NA TERRA

Em 1973, era difícil enxergar o lado positivo da vida, dada a traição que levou à derrota de nosso pai, às desilusões em relação à guerra e à corrupção em Washington.

O vice-presidente Agnew fora forçado a renunciar o cargo e fora substituído por Gerald R. Ford. Em 1974, o Congresso dos Estados Unidos iniciou o processo de impeachment contra o presidente Richard M. Nixon. O escândalo de Watergate estava no noticiário do amanhecer até a noite.

Promessas haviam sido feitas ao meu pai por pessoas que sabiam o quanto era difícil que se tornasse vice-governador, e ele havia confiado nelas, no entanto, essas promessas evaporaram assim que as eleições acabaram. Isso era algo sem precedentes em sua vida e ele aprendeu uma difícil lição sobre confiança e honra.

Enquanto a Guerra do Vietnã havia deixado muitos jovens soldados fisicamente feridos e emocionalmente traumatizados, ela teve um efeito oposto nas outras pessoas, as encorajou. Depois de enfrentar a morte na zona de guerra, alguns se sentem invencíveis, super-homens, superconfiantes em suas capacidades e convencidos de que podem escapar de tudo. Em combate, as regras (como as conhecemos) normalmente são jogadas pela janela. O que contava no calor de uma batalha era sua capacidade de executar o trabalho — e sobreviver.

Essa atitude arrogante e invencível fez com que alguns perdessem o controle e, em suas mentes, fossem à prova de balas. Assim como o presidente Nixon, eles pensavam

CAPÍTULO 4

que estavam acima da lei. Então, quando a realidade os atingiu, eles foram deixados vagando em busca de respostas. Alguns procuraram em suas igrejas.

A questão é que Deus não pode ser encontrado em todas as igrejas. Embora entendamos a ideia de ser uma boa pessoa, a igreja trata, em geral, de regras, de questionamentos sobre o certo e o errado, sobre quem vai para o paraíso e quem vai para o inferno.

Uma coisa particularmente perturbadora é quando uma igreja diz que a outra religião está errada, afirmando que seus adeptos seguem os ensinamentos de um deus errado e, por isso, vão para o inferno. Ao ser indagado sobre a diferença entre a igreja católica e a metodista, um professor de escola dominical respondeu: "Os metodistas vão para o paraíso, os católicos não."

Quando lhe perguntaram a razão disso, sua resposta foi bem simples:

"Porque em nossa cruz, Jesus não aparece pendurado. Os católicos ainda têm Jesus na cruz, o que significa que eles não acreditam na ressurreição, portanto, eles não vão para o paraíso."

ROBERT: A BUSCA DO PARAÍSO

Embora a família Kyiosaki passasse muito tempo reunida, religião e igreja não eram uma parte significativa de sua rotina. Nos fins de semana, empacotávamos o almoço e saíamos para explorar nossa ilha: praias desertas, neve no topo da montanha e o Parque Nacional dos Vulcões, que ficava a uma hora de nossa casa. Lá, poderíamos explorar as piscinas de lava, investigar as crateras ou procurar por pegadas ancestrais deixadas na lava vulcânica, centenas de anos antes. Quando um vulcão entrava em erupção, a família inteira ia para lá, para admirar, por horas seguidas, o poder da natureza.

De muitas maneiras, as maravilhas da natureza serviam como uma igreja, um lugar de adoração, para a família.

Dinheiro sempre foi um problema, mas nunca ficamos sem o mínimo necessário. Itens como bicicletas, por exemplo, eram de segunda mão, sempre precisando de algum reparo. As roupas eram remendadas e usadas até acabar. Comíamos alimentos baratos, básicos, e sempre havia o suficiente.

IRMÃO RICO, IRMÃ RICA

Passávamos boa parte do tempo com três famílias cujos filhos eram mais ou menos de nossa idade. Quando meu pai foi promovido a secretário de educação, em 1967, tivemos de nos mudar para Honolulu, a capital da Ilha de Oahu. Nessa época, já havíamos saído de casa e a conexão com uma cidade pequena e tranquila, uma vida simples e amigos íntimos acabou, e o contato com a natureza bruta foi interrompido.

A família se espalhou e nunca mais voltamos a conviver.

Deixar a remota Hilo para estudar em Nova York mudou minha vida para sempre. Em 1965 cheguei à cidade como um autêntico caipira. Ainda recordo das roupas que usei para a viagem: um casaco preto esportivo comprado em um bazar de igreja, uma camisa branca, uma gravata vermelha, calças cáqui e sapatos de couro preto. Queria ter certeza de chegar parecendo um legítimo nova iorquino. Não queria me destacar na multidão.

E não me destaquei, estava esquisito.

Se não fosse pelos meus tios que moravam em Manhattan, estaria perdido na área de coleta de bagagens até agora. Meu tio, que na verdade era o tio de meu pai, o irmão mais novo de minha avó, era um artista e minha tia era uma escultora famosa por seus trabalhos em madeira, pedra e metais. Antes de se tornar escultora, havia sido *prima ballerina* em Paris, durante a Primeira Guerra Mundial. Eles se conheceram em Nova York depois da guerra e viveram uma vida empolgante no cenário artístico.

Minha tia, originária da Romênia, falava sete idiomas fluentemente. Ela era bonita, divertida, dinâmica, amorosa e gentil, e se tornou meu exemplo de mulher.

Depois que minhas malas chegaram, o motorista deles as levou até a limusine e nos levou até um apartamento em Upper East Side. Hilo havia ficado para trás.

Demorei dois anos para me ajustar à cidade. Houve vezes em que pensei em desistir e voltar para o Havaí. Sentia falta de meus amigos e da vida que deixara para trás. Então, de repente, com cerca de 20 anos, Nova York tornou-se meu novo lar.

Eu me encaixei. Estava sincronizado com o ritmo da cidade.

85

CAPÍTULO 4

Nessa época, a escola me mandava para vários lugares ao redor do mundo, como estudante, em seus navios mercantes. Eu não apenas amadurecia em Nova York: eu estava crescendo em muitas das maiores cidades do mundo. Não demorou muito para que Hilo ficasse pequena demais para mim. Eu não poderia mais voltar para casa.

Hoje, continuo a viajar muito. Amo esse maravilhoso planeta, sua beleza e sua gente. Tenho negócios em várias cidades porque isso me dá as desculpas necessárias para visitar esta casa incrível que chamamos de planeta Terra.

Não importa onde esteja, carrego em mim o deslumbramento de um menininho assistindo a erupções vulcânicas, ondas magníficas, em praias desertas de areias brancas e imaculadas. A visão do topo de uma montanha nevada ou a solidão de uma floresta — a natureza pode, de fato, ser uma espécie de paraíso. Acredito que ter crescido tão próximo à natureza afetou profundamente minhas ideias sobre Deus e as possibilidades do paraíso na Terra.

Mesmo percorrendo Nova York em um táxi, sinto a natureza em mim. Vez ou outra, senti o espírito de Deus em algumas igrejas. Todos os Natais, quando o coral de minha mãe cantava o *Messias*, de Handel, eu podia sentir o espírito de Deus preenchendo a sala. Mais tarde, quando passei a viajar muito, eu me maravilhei com esse mesmo espírito presente na arquitetura de grandes catedrais, como Notre Dame, e alguns templos antigos das religiões asiáticas. Eu me senti profundamente movido pelo espírito de Deus quando visitei o Vaticano, em Roma, e a cidade de Jerusalém. Nas duas cidades, ficou óbvio para mim que, anos atrás, os seres humanos haviam sido inspirados por um poder além desta Terra que lhes permitiu construir esses monumentos.

Na igreja que minha mãe frequentava, geralmente achava os sermões muito voltados para os dogmas de certo e de errado e para a excessiva necessidade de doação de dinheiro. Lá, não havia muito do espírito de Deus. Era mais o *medo* de Deus. E, se há algo que a guerra me ensinou, é: o medo de morrer transforma a vida em uma jornada inútil e vazia. Aqueles que temem a morte ainda não encontraram algo pelo qual vale a pena morrer.

Como eu poderia reconciliar esse "medo de Deus" e a fé cega com minhas crenças de que havia muitas formas de servir ao mundo?

IRMÃO RICO, IRMÃ RICA

As amigas de minha mãe, as Defensoras da Igreja, eram pessoas ótimas, desde que não estivessem na igreja nem falando de Deus, inferno e danação. Conquanto estivessem agindo apenas como mães, estava tudo bem. Eram pessoas gentis, amorosas e sempre nos ofereciam boa comida. Mas no momento em que o nome Jesus era citado, elas se transformavam. Todas as vezes que começavam a falar de Jesus, eu dava um jeito de me retirar da sala.

Minha mãe tinha muitas amigas Defensoras da Igreja.

Havia muitas coisas que uma Defensora da Igreja e suas amigas faziam que me incomodava. Uma delas era tentar me *obrigar* a acreditar nas histórias sobre Jesus. Por exemplo, quando eu já tinha idade suficiente para saber de onde vinham os bebês e questionei a ideia de que Jesus nascera de uma virgem, a Defensora da Igreja ficou muito irritada e praticamente me condenou a danação eterna por duvidar.

Obviamente, eu tinha problema com outras histórias como o poder de caminhar sobre as águas e levantar dos mortos; mas as histórias não me aborreciam tanto quanto ser perseguido por ousar questioná-las.

Eu tinha um acordo com meu pai em relação à religião: concordei em frequentar a igreja até os treze anos. Ele queria que eu tivesse alguma educação religiosa, mas não exigiu que eu fosse para uma igreja específica, nem que fosse a apenas *uma* delas. Eu tinha liberdade para escolher qual igreja frequentar e entre as diferentes denominações. Na juventude, frequentei as igrejas protestante, luterana, católica, metodista, budista e pentecostal. Eu teria ido a um templo judaico ou a uma mesquita, mas não tínhamos essas religiões em nossa pequena cidade, nos anos 1960, ao menos até onde eu saiba.

Em cada uma dessas religiões, encontrei mensagens e significados que mereciam ser incorporados à minha vida. Tive algum problema com o templo budista porque as preces eram quase sempre em japonês e eu não falo japonês. Na igreja católica, o problema foi o latim. A igreja da qual mais gostei foi a pentecostal, porque os cultos eram vibrantes, com muitos cantos, palmas e pregação em diferentes idiomas. Foi lá que pude sentir o espírito de Deus se movendo pela igreja e aprendi muito sobre a Bíblia, a história de Jesus e a importância da religião na vida das pessoas.

CAPÍTULO 4

Mas quando completei 13 anos, disse a meu pai que já estava saturado de educação religiosa e ia passar a surfar aos domingos.

O problema que enfrentava com as amigas de minha mãe era como elas se transtornavam quando eu me recusava a aceitar sua fé cegamente. No momento que me recusei a acreditar nas histórias, elas se transformavam em beatas. Em um momento, eram mães gentis e amorosas, mas se a Bíblia fosse questionada, surgia uma impiedosa Defensora da Igreja, exigindo que eu aceitasse sua fé sem questionar.

Eu não sou contra aceitar os dogmas da igreja ou beber o suquinho como mencionei antes. A vida é repleta de diferentes sabores de suco. Por exemplo, no Corpo de Fuzileiros, tive que beber o suco sabor "fuzileiros". Se me tornasse um republicano, deveria beber o suco sabor "republicano". Se quisesse ser aceito entre os ambientalistas, teria que beber o suquinho sabor "ambientalista". Sendo assim, entendo que aceitar dogmas faça parte da vida. Apenas quero poder escolher o sabor de minha preferência — e não quero que ninguém o empurre goela abaixo.

Quando estava com aproximadamente 17 anos tive uma discussão com a Defensora da Igreja. Era um domingo e seu filho havia ido surfar comigo em vez de ir à igreja. Era inverno, e o surfe foi fantástico. Assim que cheguei em casa, no entanto, a Defensora me ligou e me disse que esperasse por ela. Ela estava tão nervosa que dava para sentir pelo telefone. Em dez minutos ela apareceu em minha casa, balançando o dedo em minha cara em fúria, me dizia para que *não* corrompesse o filho dela o tirando da igreja e o afastando de Deus.

"Você não vai para o céu. Mas não quero que destrua as chances de meu filho. Ele vai à igreja aos domingos. Você entendeu?"

"Eu não liguei para ele", respondi. "Ele que ligou para mim."

"Não quero saber", gritou a mulher. "Eu quero que ele passe o domingo com Deus."

"Nós passamos", respondi, calmamente.

Meu relacionamento com a Defensora da Igreja continuou tolerável. Eu vejo o filho dela vez ou outra. Ela é hoje uma avó e bisavó muito carinhosa. Conseguimos conversar, mas não falamos de Deus. Ela encontra Deus na igreja; eu vejo Deus em todos os lugares — em uma onda, na igreja, nas florestas, quando estou sobrevoando o país e até mesmo em Nova York.

O suquinho para mim simboliza o dogma, as regras, os rituais, as crenças, as estruturas mentais em torno de um grupo, como religiões, escolas, os militares e diversas outras organizações. Ele é a cola que mantém o grupo unido. É o elemento que mantém os demais fora dele.

Robert (esquerda) e seus colegas surfistas, faltando às aulas para surfar em seu lugar favorito. Para Emi, parecia que os homens sempre se divertiam mais.

Muitos vegetarianos acreditam que comer proteína animal faz mal à saúde e alguns creem que é pecado. Os amantes de um bom filé acham que um bife grosso e suculento é um presente divino. Muitos religiosos acham que beber álcool é pecado; mesmo assim, na Bíblia fala-se em transformação de água em vinho, e eu adoro um bom vinho, com filé *e vegetais*. Para mim, tudo isso é divino — o paraíso na Terra. Ao menos, é esse meu dogma, meu "suquinho", quando se trata de comida e bebida. Meu cardiologista acha que eu deveria cortar a carne vermelha e o vinho, mas ele também tem os próprios dogmas.

Uma das crenças das quais me desfiz é a ideia de que a pessoa precisa morrer para chegar ao paraíso. A amiga religiosa de minha mãe costumava dizer que eu não iria para o paraíso se não frequentasse a igreja. Um dia, escutei ela dizendo, quando passava pela cozinha, algo sobre ir para o paraíso e sentar-se ao lado de Deus.

CAPÍTULO 4

Interrompendo-a, eu disse: "Por que não sentar-se ao lado de Deus agora?"

Ela levou uns momentos para se recompor e disse: "Porque, quando eu morrer, irei para o paraíso. Muitas pessoas não irão. Quando eu for para o céu, voltarei para o lado de Jesus e de Deus."

"E que tal o paraíso na Terra?", perguntei. "Por que você tem de morrer para ir para o paraíso? O Jardim do Éden não era aqui na Terra?"

Minha mãe se levantou e me disse que era para eu fazer a lição de casa. Empurrando-me pela porta giratória, cozinha afora, ela me disse: "Você e eu vamos ter uma conversa quando seu pai chegar."

Em 1974, quando fui dispensado com honras da Marinha, precisava encontrar minhas próprias respostas para as antigas perguntas. Como disse antes, não encontrei as respostas que procurava na escola tradicional, igrejas, corporações ou mesmo nas forças armadas. Em 1974, acreditei que muitas de nossas escolas, igrejas, corporações, organizações políticas, bancos e as forças armadas tinham inconscientemente se tornado parte da máquina corporativa quase invisível por trás da indústria bélica e militar que controlava o mundo. Suspeitava de tudo que haviam me ensinado e me dito.

Eu estava desiludido.

Uma das boas coisas sobre ir para a guerra foi o fato de entrar em contato com o poder do espírito humano. Houve inúmeras vezes em que testemunhei amigos que deveriam ter morrido, mas, ainda assim, sobreviveram miraculosamente. Dois de meus amigos que lutaram na Guerra do Vietnã juraram que viram balas atravessando o corpo de um soldado sem machucá-lo. Eles acreditavam que seu amigo estava em tal estado espiritual de superação do medo que as balas não o feriram. Nunca presenciei nada tão milagroso, mas sentia a fé de meus companheiros.

Com frequência, fico pensando em por que sobrevivi e dois pilotos, colegas de classe no Havaí, não. Meu helicóptero caiu três vezes e eu sobrevivi a todos os acidentes. Meus amigos passaram por um único acidente que lhes foi fatal. Após meus acidentes, examinei cuidadosamente a questão da vontade de viver. Fico imaginando quanto do fator da vontade humana de sobreviver influencia esse aspecto.

IRMÃO RICO, IRMÃ RICA

No Vietnã, vi uma nação do terceiro mundo derrotar a nação mais poderosa e rica do planeta, os Estados Unidos. Sobrevoar o campo de batalha deixava claro qual lado tinha maior força de vontade para viver e para ganhar. Um dia, minha aeronave foi chamada para socorrer um soldado ferido. Quando vi o corpo sendo colocado no helicóptero, pude jurar que ele não teria chance alguma de sobrevivência. O corpo estava em pedaços — eu pude enxergar através dele. Mesmo achando que não havia esperanças para ele, voei tão rápido quanto pude, de volta para o porta-aviões, onde a equipe médica o transportou imediatamente para a sala de cirurgia.

Três semanas depois, vivo, o soldado foi levado para os Estados Unidos. Sua vontade de viver era muito mais poderosa do que minha falta de fé.

Até 1974, minha fé foi duramente testada, pensava sobre a existência de Deus, imaginando por que Deus permitiria que tanta crueldade e corrupção existissem no mundo. Ao mesmo tempo, testemunhei o poder de Deus e o poder espiritual dentro de cada um de nós... quando precisamos.

Eu já vira muita coisa. Fui para a escola e fui para a guerra, eu não queria mais lutar uma guerra quase santa em nome de Deus. Eu não queria "matar um comunista por Cristo". Eu não queria mais lutar por petróleo, bancos, corporações multinacionais, políticos, ganância e poder. Eu definitivamente não queria acreditar que teria de morrer ou matar um infiel para ir para o céu.

Em vez disso, decidi começar a procurar e a trabalhar pelo paraíso na Terra, meu próprio Jardim do Éden. Isso fazia mais sentido para mim do que beber mais do velho "suquinho", viver com medo de Deus e esperar morrer para começar a viver.

Assim, calmamente, comecei a cortar meus laços com escolas, igrejas e políticas tradicionais. Hoje, se vou a uma igreja, comporto-me tal como quando vou votar. Em vez de ir pela sua denominação, vou pelo respeito que tenho pelo pastor, que deve agir segundo suas pregações. Quando voto, faço o mesmo — voto em partidos, voto no candidato que acredito viver de acordo com o que fala.

Também deixei de ouvir os conselhos de meu pai pobre: "Volte para a escola, faça um mestrado e um doutorado e consiga um emprego no governo ou em uma grande empresa." Em vez disso, fui visitar meu pai rico e disse que

CAPÍTULO 4

queria seguir seus passos para me tornar empreendedor e investir no mercado imobiliário. Para mim, o caminho seguido por meu pai rico me oferecia plena liberdade da tirania de uma grande empresa ou do governo, e uma chance para me encontrar e definir meu próprio Jardim do Éden, meu próprio paraíso na Terra.

Eu tinha 27 anos. Antes de deixar a Marinha, percebi que precisava definir o que paraíso na Terra significava para mim, como meu Jardim do Éden deveria parecer. Foi quando comecei a olhar além dos muros tradicionais das instituições tradicionais. Ao definir meu próprio jardim, meu próprio paraíso, percebi que precisava criar meu próprio "suco" — do sabor que melhor me apetecesse. Um dos ingredientes que eu queria em meu suco era a ideia de que dinheiro é algo bom. Estava cansado da ideia de que dinheiro era a raiz de todos os males.

Em Nova York, entrei em contato com a ideia e o jogo de fazer dinheiro. Hoje, Nova York é minha Terra Santa. Quando digo a meus amigos que encontrei o espírito de Deus na cidade de Nova York, muitos deles abaixam a cabeça e oram por mim. Para muitos de meus amigos religiosos, Nova York é o epicentro do pecado, a Sodoma e Gomorra moderna. Quando pensava no paraíso na Terra, também achava que precisava encontrar a mulher dos meus sonhos, minha alma gêmea. Minha mãe e meu pai tiveram um casamento de muito amor. Eu queria a mesma coisa. Como via muitos de meus amigos em casamentos ruins, cheguei à conclusão de que ser casado com a pessoa errada poderia ser o inferno na Terra. Percebi que, se eu quisesse encontrar o paraíso, precisava encontrar uma mulher que compartilhasse da minha ideia de tal paraíso.

Por dez anos, me diverti muito, com todas as mulheres que pude. *Nenhuma* era para mim. Não que elas fossem más pessoas; apenas não nos entendíamos. A química era ruim. Fico feliz em tê-las encontrado, porque assim descobri o que eu *não* queria em um relacionamento. Ao menos, eu soube o que era um relacionamento ruim antes de me casar.

No geral, fico feliz em afirmar que o mundo está cheio de mulheres fabulosas. Muitas me ajudaram a amadurecer e, Deus sabe, eu precisava amadurecer. Uma ou duas poderiam ter se tornado minha esposa. Mesmo que isso não tenha acontecido, até hoje guardo com carinho esses relacionamentos. Mas

O Melhor Livro sobre o Futuro

Possivelmente, o melhor livro que li sobre o futuro econômico foi *O indivíduo soberano*, de James Dale Davidson e Lord Rees-Mogg. Eles previram com exatidão o colapso do mercado de ações de 1987, o fim da União Soviética e o ataque de Osama Bin Laden. Eles dizem muitas coisas em comum com dr. Fuller, especialmente sobre o final das nações como as conhecemos. Um dos pontos interessantes apresentados sobre o final de qualquer era é o aumento da corrupção conforme nos aproximamos do final.

Eles afirmaram que antes do final da Era Agrícola e o início da Era Industrial, havia uma corrupção desenfreada nas igrejas e ordens religiosas. Eles apontaram que conforme o fim da Era Industrial se aproximasse, haveria crescente corrupção no governo. Todos nós testemunhamos isso.

Rees-Mogg e Davidson demonstraram que o mundo muda a cada quinhentos anos. As mudanças foram:

500 A.C.	Surge a democracia grega
0	Nascimento de Cristo
500 D.C.	Início da Idade Medieval
1000 D.C.	Advento do feudalismo
1500 D.C.	Renascença da Era Industrial
2000 D.C.	Era da Informação

Assim como Fuller, Rees-Mogg e Davidson mostram que a riqueza gerada pela tecnologia não mais será controlada por poucas pessoas. O poder da tecnologia será suficientemente barato para que todos, pobres ou ricos, possam ter acesso a ele. Isso trará boas e más notícias.

A boa notícia é que a Era da Informação libertará os indivíduos como nunca antes. As pessoas serão capazes de se autoeducar: "Aqueles que podem educar a si próprios serão quase inteiramente livres para inventar o próprio trabalho e receber todos os benefícios da própria produtividade. Talentos serão liberados, livres tanto da opressão do governo quanto dos obstáculos dos preconceitos raciais e étnicos. Na Sociedade da Informação, ninguém que seja verdadeiramente capaz será detido pela opinião distorcida dos outros."

"Nessa nova era, os políticos não mais serão capazes de dominar, restringir ou regular boa parte do comércio." Em outras palavras, pouco importa quem esteja no poder. Na Era da Informação, o poder está com você, o indivíduo.

O dr. Fuller previu que estamos entrando na Era da Integridade. É por isso que nossa profecia pessoal e visão de futuro são tão importantes.

CAPÍTULO 4

quando conheci Kim, soube que havia encontrado a mulher dos meus sonhos, minha alma gêmea, minha companheira para toda a vida

Em 1984, após seis meses de tentativas para levá-la para sair, ela finalmente concordou. Desde então, estamos juntos quase todos os dias. Em mais de vinte anos, estivemos separados por menos de cinquenta dias. Ela é minha melhor amiga, minha companheira de negócios e minha esposa.

O "paraíso na Terra" também se aplicou a meus negócios. Eu sabia que queria ser um empreendedor rico e viajar pelo mundo. Eu queria ser um empreendedor cujos negócios fossem ao encontro dos negócios de minha alma. E o mais importante de tudo: queria estar certo de que meu trabalho fizesse a diferença, que tornasse o mundo um lugar melhor para viver.

Quando me preparava para deixar o Corpo de Fuzileiros, quis recuperar meu poder, aquele que pensava que tinha sido destruído ou extraído de mim nas escolas tradicionais, igrejas e negócios. Eu não queria voltar para a escola apenas para me sentir burro novamente. Não queria ir à igreja para que me dissessem que eu era um pecador e que teria que morrer antes de começar a viver. Não queria ser um empregado de uma empresa, permitir que os negócios me dissessem o quanto eu havia conquistado, com quem eu teria que trabalhar, quem seria meu chefe e se seria ou não promovido.

Queria reconquistar meu poder, o poder de viver em meus próprios termos, encontrar meu paraíso na Terra.

Na escola dominical, aprendi que Noé teve de resistir a uma tempestade por quarenta dias e quarenta noites. Também aprendi que Moisés perambulou pelo deserto por quarenta anos antes de encontrar a Terra Prometida. Em 1974, eu esperava encontrar o paraíso na Terra em quarenta dias, mas também estava preparado para uma trajetória errante de quarenta anos.

EMI: TESTANDO AS ÁGUAS

Quando estávamos na escola, eu ficava intrigada com as crianças que sempre comiam peixe nas sextas-feiras e que saíam mais cedo da escola para ir às aulas de catecismo. Eu desejava muito me juntar a elas e ficava profundamente curiosa para saber o que eles aprendiam.

IRMÃO RICO, IRMÃ RICA

Na escola dominical metodista, ou outras que frequentávamos, os professores eram realmente formidáveis com os jovens. Eu gostava das aulas e esperava ansiosamente pelos retiros de verão. Nesses acampamentos, percebi que era uma pessoa muito tímida e que me faltavam certas habilidades sociais. Mas ainda assim, eu adorava as interações, as discussões, as fogueiras e os cantos, que me permitiam conhecer novas pessoas. Eu admirava as meninas e os meninos extrovertidos, que se engajavam rapidamente e que sempre eram os primeiros a se voluntariar e liderar as atividades.

No Havaí, assim como aconteceu com Robert, participei de cultos das mais variadas denominações, com amigos e colegas de classe. Era nosso jeito havaiano de apreciar todas as diferentes tradições. Eu não questionava Deus ou as tradições religiosas quando era criança; as aceitava e respeitava. Eu não tinha um espírito inquisidor e desafiador como o de Robert — ao menos não na infância.

Mas assim que fiquei adulta, meus questionamentos e estudos se intensificaram. O Alasca se transformou em um lugar para ganhar dinheiro rapidamente. Trabalhei em dois empregos diferentes, um em uma empresa de materiais de escritório e outro como garçonete. Meu objetivo era ganhar o dinheiro de que eu precisava para minha viagem à Índia.

A viagem para o Alasca foi uma tortura. Meu amigo e eu dirigimos a partir de Boulder, Colorado, até Fairbanks em uma caminhonete GMC 1953 cuja porta não saía voando por que não tinha vontade. Sem cinto de segurança e sem aviso, a porta da caminhonete foi motivo de preocupação por toda a viagem. A caminhonete não tinha aquecimento, então o frio de janeiro nos castigava. Em certo ponto deslizamos da estrada direto para uma pilha de neve e não tínhamos uma pá, foi preciso usar nossa criatividade para sair do atoleiro. Usamos uma frigideira.

Trabalhar como garçonete significava servir uma quantidade enorme de turistas no verão e, nos meses frios, os trabalhadores do oleoduto e alguns moradores locais que sabiam ser corajosos no inverno. Era um lugar de passagem: todos queriam partir para o oleoduto tão rapidamente quanto pudessem, para fazer fortuna nessa corrida do petróleo do século XX. A maioria era pouco generosa com as gorjetas.

CAPÍTULO 4

Ainda que eu estivesse trabalhando arduamente, a situação era libertadora. Fiz um acordo com o pai de Erika para que ele tomasse conta dela no Havaí enquanto eu estivesse trabalhando no Alasca e na Índia, o que permitiu que eu me dedicasse intensamente ao meu objetivo de chegar à Índia. Eu tinha uma vida muito simples com amigos do Havaí e do Colorado, em um lugar que poderia ser considerado o faroeste americano moderno. O sonho de todos era conseguir emprego sindicalizado no oleoduto, porque os salários eram muito maiores. Um amigo trabalhou como carpinteiro sindicalizado e, devido aos bons salários e às horas extras, conseguiu acumular rapidamente o dinheiro necessário para o mestrado.

De minha parte, eu queria sair do Alasca o mais rápido possível, pois, assim, poderia viajar para a Índia no outono. Muitas pessoas viam o Alasca como um lugar no qual era possível conquistar riqueza com facilidade. Meu objetivo era chegar à Índia, estudar com mestres tibetanos autênticos. O Alasca era um meio para um fim.

Robert passara algum tempo em Valdez, em 1969, como comandante de um navio. Ele ganhava US$48 mil por ano, trabalhando sete dos doze meses. Ele não tinha despesa alguma e teve condições de poupar muito mais do que eu. Parece que esse é um padrão em nossa vida.

Em contraste, meus nove meses no Alasca, guardando cada centavo que podia, me renderam US$4 mil. Foi o suficiente para comprar uma passagem para o Havaí — para ver Erika —, uma passagem para a Índia e lá viver com frugalidade por seis meses.

Meus amigos e eu partimos para a Índia em setembro de 1975. Sentimentos intensos de alegria tomaram conta de mim com a oportunidade de estudar com o venerável Geshe Ngawang Dhargyey. A cidade de Dharamsala era surpreendente. Era como uma pequena Tibete nas montanhas da Índia. Sua Santidade, o Dalai Lama, estabelecera o governo tibetano no exílio em Dharamsala e todos os escritórios importantes do governo haviam sido restabelecidos. A comunidade tibetana era muito pobre então; muitas vezes, vi pessoas caminhando na neve com os pés descalços. Mas essas mesmas pessoas eram incrivelmente felizes, unidas, caridosas e assistencialistas; sempre dispostas a ajudar. Elas viviam o que pregavam e sentiam-se felizes por estarem vivas e perto de Sua Santidade, o Dalai Lama.

IRMÃO RICO, IRMÃ RICA

Foi nessa época que o venerável Geshe Dhargyey me surpreendeu sugerindo que eu me tornasse monja. Fiquei atônita. Nunca me passara pela cabeça tornar-me monja. Erika estava vivendo com o pai, portanto, era compreensível que aqueles a meu redor desconhecessem minha situação familiar ou minha vida no Havaí. Fiquei imaginando como poderia viver no Oriente, como monja, tendo uma filha pequena.

"Seria difícil", respondi. "Tenho uma filha pequena." Ele pareceu não se surpreender, mas a conversa ficou por aí.

Durante as seis semanas de férias, meus amigos e eu fomos visitar os quatro mais importantes lugares sagrados do budismo: Lumbini, no Nepal, onde Buda nasceu; Sarnath, onde ensinou pela primeira vez; Kushinagar, onde morreu; e Bodhgaya, onde Buda se iluminou. Também fomos a Rajgir, chamado o Pico do Abutre, onde Buda ensinou o Sutra do Coração.

A viagem foi difícil. Os trens a carvão eram sujos e muito lotados. Pegamos riquixás puxados por bicicletas para Lumbini pois não existia ônibus. Era uma evolução dos riquixás de Calcutá, que eram puxados por homens raquíticos em estradas esburacadas.

Em Bodhgaya, passei semanas em uma tenda com outros cinco tibetanos para assistir aos ensinamentos de Sua Santidade, o Ling Rinpoche, o tutor sênior do Dalai Lama. Ao mesmo tempo, pensava sobre o que Geshe Dhargyey havia me dito sobre me tornar monja. E apesar de não saber o que *significava* me tornar monja naquele momento, a ideia começou a me atrair. Quando retomei as aulas na primavera de 1976, perguntei a Geshe Dhargyey sobre me tornar monja. Ele me repetiu minha resposta anterior: "Seria difícil. Tenho uma filha pequena." Sua reposta me surpreendeu e ri de nervoso. Mas então ele me disse: "E seria maravilhoso se fizesse isso."

Levei dez anos para finalmente fazer meus votos e me tornar monástica. Após retornar ao Havaí ainda uma vez, voltar a Los Angeles e estudar com outro mestre maravilhoso, o venerável Geshe Tsultim Gyeltsen, tive a oportunidade de voltar à Índia e ser ordenada por Sua Santidade, o Dalai Lama, em 1985. Raríssimas vezes, me arrependi dessa decisão.

Houve, claro, momentos de muito esforço e questionamento, mas ser monja, estudar e praticar o budismo tem sido muito gratificante. O que me

CAPÍTULO 4

atraiu para os ensinamentos foi o desejo de que meu sofrimento terminasse, queria respostas. Sentia como se tivesse questões mal resolvidas, e minha mãe e avós já haviam partido antes que eu pudesse valorizá-los e reconhecer a herança e a história que carregavam.

À medida que as pessoas morreram, o refúgio na família se tornou instável; aprendi que eles *não* estariam lá para sempre. Até a terra sob meus pés era instável, especialmente na Ilha Grande, que ainda passava pelas "dores do crescimento". Isolados lá no meio do Oceano Pacífico, estava se formando uma nova superfície, apesar de dizerem que o Havaí em algum momento acabará desparecendo com a elevação das marés e seu quase imperceptível afundamento.

Emi, ao centro, com duas amigas aspirantes a tradutoras, no Havaí, em 1983, antes de se tornar monja budista.

A morte me levou a buscar a compreensão da vida e da morte. Considerando que todos nós morreremos, eu quis aprender como viver e como lidar com minhas muitas perguntas. Por que as pessoas que amamos passam por tantas tragédias na vida? Por que morremos?

Para onde vamos depois que morremos?

Precisamos morrer?

Por que existem pessoas cruéis e desonestas com outras que depois sentem remorso e relutam quando perdem seus amigos, família, reputação e posição?

IRMÃO RICO, IRMÃ RICA

Por que as pessoas acham que podem escapar ilesas da mentira, do roubo, da traição?

Por que meu pai, que era um homem bom, teve de sofrer tanta traição e falsidade?

Não existem consequências, tanto óbvias quanto sutis, para nossas ações? Não há consequências se não formos pegos? As consequências não importam agora ou depois — se é que há um depois?

Meus estudos budistas ofereceram respostas a todas essas perguntas. Encontrei um caminho excelente e uma comunidade espiritual maravilhosa — minha família espiritual. Mas enquanto meus estudos e práticas dos ensinamentos budistas preenchiam minhas necessidades espirituais, descobri que muitos de meus amigos budistas lutavam para cumprir suas promessas, assim como pessoas de outras crenças. E eu lutei também.

Há dez não-virtudes a serem evitadas: matar, roubar, má conduta sexual, mentir, fofocar, difamar, usar palavreado ríspido, invejar, machucar intencionalmente e ter concepções erradas. Coisas objetivas, mas, às vezes, é difícil segui-las. É difícil ser fiel a nossos votos quando apego, raiva, inveja ou competitividade estão no caminho.

Amigos que admiro, que parecem diligentes e praticantes brilhantes do budismo, às vezes cometem erros. Eu própria, muitas vezes, me pego fazendo intrigas e fofocas.

Mesmo quando eu sentia que estava me tornando uma pessoa melhor, ajudando outras pessoas, os conflitos surgiam. Minha filha reclamava mais minha presença, meu ex-marido achava que eu era excêntrica, que precisava arrumar um emprego, pois alegava que meus amigos tinham uma carreira, enquanto eu ganhava dinheiro apenas para pagar o aluguel e comprar comida.

Esse estilo de vida, apesar de tudo, funcionou por décadas. Consegui dar continuidade aos meus estudos, fazer viagens à Índia, terminar duas faculdades, palestrar no Tibete e passar um bom tempo ensinando ou em retiro. Ainda assim, dois fortes padrões se repetiam em minha vida e estavam prejudicando minha prática espiritual. Um era a busca da aprovação das pessoas que considerava importantes, e minha vida girava em torno disso. Primeiro, busquei a aprovação de meu pai, e depois a de meus professores.

CAPÍTULO 4

O outro padrão era me esconder em minha timidez, sempre me contendo, nunca falando aquilo que pensava. Ao fazer isso, evitava me expor ou revelar o que considerava minhas fraquezas: a falta de conhecimento, raiva, confusão, inveja e medo, embora eles provavelmente ficassem evidentes de outras maneiras.

Às vezes ao cultivar nosso caminho espiritual, podemos aparentar ser diligente, sereno, devotado e sábio. Mas na verdade, no meu caso, um hábito sutil de procurar aprovação por minhas escolhas estava gerando aflição em minha vida. Impedindo meu aprendizado e meu crescimento. Enquanto buscava paz interior, descobria em mim um sutil arsenal de delírios ilusórios que batalhavam pelo poder.

Em seus primeiros ensinamentos depois da iluminação, Buda ensinou as Quatro Nobres Verdades. Basicamente, são:

- A verdade do sofrimento
- A verdade da origem do sofrimento
- A verdade da cessação do sofrimento
- A verdade do caminho que leva à cessação do sofrimento.

Elas servem para o praticante purificar as obscuridades e ilusões que bloqueiam sua compreensão de que sua verdadeira natureza é vazia de existência inerente. Como não entendemos a natureza da realidade, desenvolvemos visões equivocadas sobre tudo. Compreendemos a importância de sermos gentis, de seguir princípios étnicos, não provocar dor nos outros e estender essa visão para muito além de nossos entes queridos e amigos. Mas quando o apego excessivo ou a aversão se estabelecem, agimos de maneira pouco saudável, praticamos atos descorteses do corpo, da fala e da mente.

Em meu antigo padrão de buscar aprovação, especialmente de meus mestres, eu me peguei fazendo coisas que não eram boas para mim. Como monja, eu podia ocultar essa tendência ao ser tão boa para os outros quanto possível, ao custo de perder o contato comigo mesma; uma sutil ilusão que me tirou do equilíbrio. Esse era meu sofrimento.

Talvez seja inevitável que, por que minha visão e minhas ações eram exageradas, como o pêndulo de um relógio eu oscilava para o lado oposto: queria, precisava e tinha que parar. Minha condição médica era um sinal físico de meu desequilíbrio interior. A partir daquele momento, preciso permanecer

IRMÃO RICO, IRMÃ RICA

atenta a como me reequilibrar. Por causa de meus padrões arraigados, quando surge uma oportunidade, facilmente entro no modo "automático", me voluntariando para novos projetos, lidando com novos afazeres ou qualquer coisa que esteja precisando de mim naquele momento. A parte "salvadora" de minha herança Samurai entra em ação, e eu me lanço para salvar o dia.

É fácil, para mim, voltar ao padrão de "supercompensação". A prática da meditação, prestar atenção a minhas palavras, segurar minha língua, tudo isso me ajuda a fazer uma pausa e pensar sobre o que está acontecendo, ficar atenta aos velhos padrões e cuidadosamente escolher onde devo me envolver para que não me veja presa novamente em outro projeto "urgente". Para minha prática e meu bem-estar, tenho que trabalhar conscientemente para criar tranquilidade física e mental e tentar equilibrar minha habitual busca por aprovação. Romper com hábitos antigos e nocivos é um processo de purificação das ilusões e concepções equivocadas e nos dá mais clareza para evoluir em nossa jornada.

Focar na atenção, no amor, atitude correta e na sabedoria para romper essa velha e arraigada tendência e trazer o equilíbrio e adequação para minha vida e minhas ações se tornou um compromisso interno pessoal. Esta é uma batalha benéfica, que desafio percepções e hábitos nocivos.

Buda disse:

"Seja a luz dentro de si mesmo."

"Depois de minha morte, os ensinamentos serão seu mestre."

"O ódio não se extingue pelo ódio. O ódio se extingue com o amor."

Esses são os desafios de todas as pessoas. Em contraste a história de Robert, chamo esse conflito de guerra, mas na verdade o trabalho exige amor e atenção, não uma batalha de forma dura e implacável. Com cuidado habilidoso e dedicação podemos aliviar comportamentos persistentes, insidiosos e dolorosos. A confusão, percepção equivocada e hábitos errados geralmente têm início pela ausência da experiência de amor, sabedoria, atenção adequada ou orientação e entramos em desequilíbrio.

Todos reagimos ao amor. Nós compensamos e nos escondemos quando há uma força desagradável. É impressionante que como seres que precisam e reagem ao amor, nos envolvamos tanto em guerras, tantos conflitos em casa e no

CAPÍTULO 4

trabalho, jogos de enganação, competição nociva, inveja, ganância, negação e recusa a estender a mão.

O comentário de Robert, "Apesar de querermos a paz, a guerra sempre fez parte da condição humana", é tão sensato quanto a análise de Will Durant, sobre ter havido apenas 29 anos, em toda a história da humanidade, sem qualquer guerra em algum canto do planeta. Para onde vamos? Será essa a única possibilidade?

Buda falou de três venenos:

- Desejo/apego
- Ódio/raiva
- Ignorância/ilusão

Até que consigamos vencer essas condições, sucumbiremos às iniquidades desses venenos. Os ensinamentos dizem que é possível libertar-se das ilusões, mas precisamos fazer a lição de casa. Não há ninguém fora do nosso corpo que possa nos livrar de nossas crenças ou ilusões. Apesar de eu estar sendo "uma boa monja", na verdade, eu estava cheia de neuroses. Algo tinha de mudar. Ao contemplar antigas questões, eu me vi procurando por novas respostas.

Será que, como indivíduo, sou impotente? E como monja?

Eu me juntei a uma comunidade maior do que poderia imaginar quando me tornei monja. Estudei com mestres tibetanos, e há comunidades budistas na Índia, no Sri Lanka, Tailândia, China, Burma, Camboja, Japão, Mongólia, Taiwan, Cingapura, Malásia, Coreia e, historicamente, na Indonésia, Grécia, Afeganistão e em outros países.

Ao procurar o poder de trazer paz ao mundo, foquei em nosso potencial humano na figura de Sua Santidade, o Dalai Lama. Mas mesmo ele, com frequência, diz: "Sou apenas um simples monge", para nos lembrar de não enxergá-lo como diferente ou separado do resto.

Sua capacidade para aquecer o coração das pessoas ao redor do mundo, para unir pessoas das mais diferentes tradições, mostra a possibilidade de viver um ideal mais elevado, de ser uma pessoa melhor.

Eu me sinto impotente em relação à guerra e aos conflitos — global e localmente e isso reflete em minhas preocupações e tristeza, minhas perguntas estão relacionadas à inércia, ou confusão ao tomar uma atitude. Mas como o

IRMÃO RICO, IRMÃ RICA

poder da caneta é assombroso e o poder da palavra pode beneficiar incontáveis pessoas, ensino e escrevo sobre como amenizar os três venenos — raiva, ganância e ignorância; assim, podemos fazer cessar a agressão e o conflito internos e externos.

Por que os agressores vencem?

O governo e o povo chinês ocupam, hoje, o Tibete. Eles dizem que o Dalai Lama é um separatista, que quer dividir as pessoas e a nação; dizem que ele deveria permanecer quieto e manter-se fora das questões políticas. Alegam que libertaram o povo tibetano da servidão e levaram a eles prosperidade e estabilidade econômica. Mas eles tomaram o Tibete em busca de vantagem econômica, pelos recursos naturais, levando chineses para se estabelecerem em terras tibetanas, dando-lhes trabalho e impedindo os tibetanos de estudar, trabalhar e usufruir de outras oportunidades.

Temos de reconhecer que também os Estados Unidos fizeram a mesma coisa com os povos nativos.

Fiz uma viagem, em 1986, acompanhando alguns viajantes tibetanos, de Dharamsala a Katmandu, no Nepal. Um amigo me pediu para ajudá-los durante a viagem. Passamos por quatro pontos de fronteiras e pude perceber como os tibetanos eram segregados e levados para áreas diferentes durante a inspeção da alfândega. Embora todos os pontos de fronteira fossem livres para os poucos ocidentais e numerosos nepaleses, os guardas arrancaram enormes quantias dos tibetanos, ignorando a cobrança de outros passageiros. Esse tratamento grosseiro era pouco se comparado com o que ocorre dentro do Tibete ou quando eles tentam escapar, a pé, cruzando as fronteiras do Nepal e da Índia. Muitos são aprisionados, torturados e devolvidos aos chineses por dinheiro. Eles enfrentaram a neve e a fome em busca de liberdade, para escapar da opressão chinesa.

Como disse Robert: "Parece que o crime compensa" e "Por que coisas ruins acontecem para pessoas boas?".

"Posso mudar alguma coisa?"

Muito cedo na vida, fiz a promessa de evoluir e de ter um propósito, como no poema de Dylan Thomas: "Não entre docilmente nessa noite. Odeia, odeia a luz que começa a morrer." Eu não o interpreto como raivoso ou abu-

CAPÍTULO 4

sivo, mas que devemos viver com intensidade, esgotando as possibilidades, aprendendo com a vida e explorando todas as possibilidades.

É possível ter uma vida honesta, proveitosa e cheia de energia, ajudando os outros e a nós mesmos sem comprometer as esperanças ou a ética? Podemos ficar acima da opressão e do ódio, de perturbadas atitudes mentais e da depressão, das distrações e dos projetos inúteis, e ainda assim desfrutar imensamente da vida?

Esse é o desafio.

"Podemos viver na diversidade?"

Com tantos anos de estudo, eventos ecumênicos e trabalho com ministros e praticantes de outras fés, a questão para mim é: como poderemos viver harmoniosamente com tantos grupos religiosos distintos, em um mundo cada vez menor?

Temos um longo caminho a percorrer para aprofundar a tolerância e a gentileza com pessoas de fés diferentes das nossas. Quando menosprezamos os outros, mostramos intolerância e visão estreita do mundo. Esta frase de Dave Barry é lúcida e, muitas vezes, verdadeira: "As pessoas que querem compartilhar seus pontos de vista religiosos com você raramente querem que você compartilhe os seus com elas."

Em boa parte das cidades e comunidades, convivem culturas e fés religiosas diversas. Devemos aprender sobre cada uma delas, assim como apreciamos comida, bebida, roupas e música de outros países. Não há inteligência e sabedoria na habilidade de se apreciar pontos de vista distintos, até mesmo opostos?

Será que uma pessoa tão comum como eu pode ser bem-sucedida?

Aqui tenho mais perguntas do que respostas. Como posso ser bem-sucedida se sou uma pessoa normal? Se sou uma aspirante à espiritualidade? Eu não tenho qualquer talento especial. O que posso fazer? A resposta é sim, podemos ser bem-sucedidos. É para isso que serve nossa inteligência! Cultive boas qualidades.

Preciso encontrar minhas próprias respostas?

A resposta correta para mim não era casar e ter uma família. Fico fascinada quando vejo pessoas casadas e felizes há décadas. Hoje, é mais a exceção do que a regra. Quando passamos por tantas mudanças ao longo dos anos, é elogiável, notável e maravilhoso que duas pessoas juntas possam se desenvolver e mudar em harmonia e visão compartilhada. Eu tive de fazer minha busca sozinha.

Buda nos mostrou o caminho para a iluminação. Mas nós temos de trilhá-lo e encontrar nossas próprias formas de fazê-lo. Perguntas e lições servem para o entendimento individual.

As pessoas podem falar até ficar sem fôlego, mas nós precisamos descobrir e experimentar nossas próprias lições. Às vezes, tenho de aprender e reaprender a mesma coisa seguidamente; outras vezes, aprendo logo de primeira. Nós fazemos o que queremos de qualquer forma; e às vezes a resposta não é clara porque não estávamos prestando atenção. O universo se encarrega de nos mostrar o resultado de nossos esforços.

5

CAMINHOS DE TRANSFORMAÇÃO

Às vezes conseguimos o que pedimos na vida.

O problema é que podemos não gostar de como chega até nós. Podemos não gostar de como se apresenta. E podemos, até mesmo, não reconhecer o que está nos sendo oferecido como aquilo que pedimos.

Nossas buscas nos levaram a direções radicalmente distintas, ainda que certo paralelismo começasse a transparecer em algum momento. Para um de nós, uma questão fundamental era permanecer fora da prisão.

ROBERT: UMA VIDA TRANSFORMADA

Enquanto minha irmã buscava por espiritualidade nos recantos remotos da Ilha Grande, eu procurava por sexo em Waikiki. Depois de meu helicóptero ter sido tirado de mim, ficou mais difícil manter aquele estilo de vida de festas nas ilhas desertas.

Mesmo assim, no início de 1974, encontrei uma bela jovem em um bar. O nome dela era Jennifer e ela era uma espécie de hippie. Não sei se era meu cabelo escovinha de militar ou apenas eu mesmo, a verdade é que, cada vez que eu a convidava para sair, ela arrumava uma desculpa para dizer "Não".

CAPÍTULO 5

Finalmente, após muita insistência, ela disse: "Sim, mas com uma condição." Eu teria de participar de um seminário gratuito, como convidado. Louco para sair com ela, concordei. Era um seminário EST (Erhard Seminars Training), do tipo que minha irmã Emi participara no ano anterior. Havia quinhentos participantes e eu fiquei impressionado com a quantidade de lindas mulheres jovens. Como ficara trancado, desde o ensino médio, em uma escola militar masculina, estar em um ambiente com tantas mulheres atraentes, todas sorrindo para mim, foi uma experiência e tanto.

Pensei que havia encontrado o paraíso em Waikiki.

Assim que me sentei ao lado de Jennifer, as luzes se reduziram e uma jovem mulher, em um vestido branco espetacular, subiu no palco. Ela disse algumas palavras e apresentou Werner Erhard. As pessoas que estavam no auditório se levantaram e aplaudiram efusivamente.

Werner também estava todo de branco. Ele estava em fantástica forma física e muito elegante e se mostrava extremamente confiante. Ele era um orador fabuloso, mas, quanto mais ele falava, menos eu entendia. Tudo que compreendi foi alguma coisa sobre "fazer a vida funcionar melhor".

Não demorou muito e eu estava entediado e pronto para ir embora. Eu não tinha a menor intenção de me inscrever nesse treinamento, especialmente porque custava US$200 e durava dois finais de semana inteiros. Houve um intervalo e eu perguntei a Jennifer se ela gostaria de sair e tomar um drinque. Respondendo com um não, ela me fez a pergunta que eu não estava esperando: "Bem, você está pronto para se inscrever no treinamento?"

"Não!", respondi, enfaticamente. "Eu não preciso disso. Essa porcaria é para perdedores. Por favor, vamos para um bar tomar alguma coisa."

Jennifer balançou a cabeça, dirigindo-me um olhar de desprezo.

"O quê?", perguntei. "Você acha que preciso dessa porcaria?" Isso a fez sorrir maliciosamente.

"Você é a pessoa, de todas neste auditório, que mais precisa do treinamento."

"Eu?", perguntei, indignado, sentindo-me como se tivesse sido esbofeteado. "Por que eu?"

"Por que você acha que eu não saio com você?", perguntou ela.

IRMÃO RICO, IRMÃ RICA

"Eu não sei", repliquei. "Fala!"

"A razão pela qual não saio com você é porque você é um cara extremamente carente. Falta confiança, inclusive com as mulheres. Você fica aterrorizado com a ideia de rejeição. Além do mais, você está tão centrado em sexo que seu desespero transparece facilmente. Só de olhar para você, sei exatamente o que você quer. Mas por que eu iria querer ir para a cama com um homem tão carente?"

"O quê?", gritei como um cachorro que foi chutado.

"E mais", continuou ela. "Você finge ser tão macho, mas eu consigo enxergar através de você. Tudo que faz é pose de piloto e fuzileiro durão e dirigir seu Corvette por aí com cara de valentão."

"Ok", falei, agora me sentindo magoado. "Se é isso que você pensa, então eu vou embora."

"Veja", disse Jennifer, agora mais suavemente, "escute o que estou dizendo. Eu não gosto de ficar falando essas coisas. Na verdade, gosto de você, porque você tem boas qualidades. Mas você perguntou."

A área do *coffee break* estava lotada. O barulho era intenso, assim ninguém ouviu os comentários de Jennifer. E mesmo que tivessem ouvido, não creio que tivessem se importado.

Tocando meu ombro levemente, ela sorriu e falou, agora gentilmente: "Foi por isso que convidei você. Eu fiz o treinamento e é notável como minha vida mudou para melhor."

Dito isso, ela me conduziu para a mesa de matrícula. Eu ainda estava atormentado com o que ela dissera. Eu não sabia exatamente o que fazer. Vagarosamente, peguei a caneta e me inscrevi, sem estar muito certo se deveria correr ou ficar. Até que finalmente fiz o depósito da reserva de inscrição, saí do salão e fui direto para o bar do hotel.

Jennifer ficou para a segunda parte do evento.

Em março de 1974, comecei meu treinamento e, duas semanas depois, como previra Jennifer, minha vida havia mudado.

CAPÍTULO 5

Boa parte do treinamento referia-se a acordos. Em outras palavras, você mantém sua *palavra*? Acordos tratam de manter sua palavra. Quando alguém diz: "Ele é um homem de palavra", isso representa um dos mais altos elogios.

Durante o treinamento, ficou claro que a maior parte de nossos problemas pessoais começa com o fato de não cumprirmos nossos acordos, não mantermos nossa palavra, dizermos uma coisa e fazermos outra. Aquele primeiro dia de uma simples aula sobre acordos foi dolorosamente esclarecedora. Percebi que muito do sofrimento humano é causado por acordos quebrados — quando descumprimos com nossa palavra ou alguém não mantém sua palavra conosco.

Pelo menos percebi que meu sofrimento era causado pela minha falta de integridade e não cumprir com minha palavra. Permaneci no treinamento EST por cerca de dois anos mais e aprendi muito sobre mim. Logo depois que terminei meu treinamento, a organização enfrentou problemas e atribulações, e hoje é conhecida por Landmark. Não estou recomendando o programa; apenas afirmo que, para mim, foi uma experiência transformadora.

Na semana seguinte ao término do treinamento de duas semanas, juntei coragem suficiente para ligar para o comandante de meu esquadrão e pedir uma reunião. Praticamente paralisado pelo medo, entrei em seu escritório e disse: "Senhor, antes de deixar o serviço militar, eu gostaria que soubesse as regras que quebrei em seu esquadrão."

O coronel sentou-se e escutou enquanto eu contava sobre o helicóptero, as praias remotas, as mulheres, as cervejas. Também admiti que havia transportado equipamento de mergulho — o que é estritamente proibido, porque a altitude pode provocar a explosão dos tanques pressurizados — e que havia pilotado embriagado.

Balançando a cabeça, ele permaneceu imóvel por alguns instantes e, finalmente, disse: "Obrigado por me contar. Há outros pilotos fazendo a mesma coisa?"

"Prefiro não dizer. Estou aqui para contar o que eu fiz", respondi.

"Entendo", disse o coronel, "farei minhas próprias investigações. Você está preparado para ir a julgamento se assim for decidido?"

"Sim", respondi.

IRMÃO RICO, IRMÃ RICA

"Você percebe o quão sérias são essas acusações e que você poderá acabar na prisão?"

"Sim", falei.

"Está bem, então", retrucou o coronel. "As autoridades militares entrarão em contato com você."

Duas semanas depois, um advogado militar — um capitão da Marinha — telefonou e pediu que eu fosse a seu escritório. Uma vez lá, ele me informou sobre meus direitos e perguntou se eu queria um advogado.

"Não", respondi. "Estou aqui para confessar tudo e enfrentar as consequências de minhas ações, mesmo que isso signifique ir para a cadeia."

O capitão chamou, então, um escrevente e deu início a um interrogatório, de três horas, sobre todas as minhas atividades que haviam quebrado as regras. Ao final, eu estava exausto, enfraquecido e cambaleante. Eu lhe disse tudo, cada pequeno detalhe de todas as vezes em que eu havia transgredido o sistema. Não escondi absolutamente nada.

Sentado em silêncio, observei quando o capitão dispensou as pessoas da corte militar e colocou suas anotações de lado.

"Vou para a cadeia?", perguntei.

A resposta foi: "Não. Você está livre. Você será dispensado em um mês e eu garantirei que seja dispensado com honras. Obrigado por seus serviços prestados ao país."

As semanas de pressão e a surpresa da decisão tiveram forte impacto em mim. Explodindo em lágrimas, disse: "Não consigo entender."

"Aceite o presente, tenente", sugeriu o capitão. "Obrigado por dizer a verdade. Agora, caia fora daqui antes que eu me arrependa da decisão."

Incapaz de me mover, permaneci ali de pé, confuso. Finalmente, o capitão disse, sorrindo: "Nós sabíamos de tudo. Ouvi falar das lagostas gigantes que vocês pescavam e das festas de nudismo. Caramba, até eu queria ser convidado. Afinal, tudo isso parecia puro divertimento."

"O senhor sabia de tudo?", perguntei, espantado.

"Claro! Sempre se fica sabendo dessas coisas. Havia um grande número de pilotos fazendo exatamente o mesmo. Eu até fui convidado uma vez, mas

CAPÍTULO 5

não fui. Sabia que vocês seriam pegos mais cedo ou mais tarde. Dessa forma, fico feliz de não ter ido."

"Quem mais estava fazendo isso?", perguntei.

"Muitos estavam fazendo mau uso das propriedades do governo. Alguns até mesmo mais graduados do que nós dois. Fico satisfeito que você tenha tido a coragem de contar a verdade. Não estou atrás de você, mas sim daqueles que não tiveram a mesma coragem. Levar mulheres para ilhas desertas e pilotar embriagado, tudo isso é crime, mas não ter a coragem de admitir ou mentir é um crime ainda pior. Mostra falta de caráter."

"Todos nós cometemos erros", continuou ele. "Todos já quebramos regras, fizemos coisas estúpidas e pensamos que daremos um jeito de escapar. Cometer erros e fazer coisas estúpidas não é o crime, mentir sim!"

Dito isso, fui embora.

Ele cumpriu sua palavra. Em junho de 1974, saí da base como um homem livre.

Para mim, a liberdade significou muito mais do que não enfrentar a corte marcial. Parecia que a transformação em minha vida iria muito além das duas semanas de treinamento do EST. Percebi que o poder de criar o melhor — ou o pior — destino possível para minha vida era minha escolha.

Eu tinha de parar de pensar que estava sempre certo. Tinha de enfrentar meu lado negro e trazê-lo para a luz. O inimigo estava dentro de mim, e não "lá fora", em algum lugar.

A essa altura, decidi que eu teria um trabalho permanente de focar em mim mesmo e desenvolver um caráter moral, ético e legal. A palavra "mandamentos", que eu escutara tanto na escola dominical quanto de minha mãe e de suas amigas da igreja, retornou, dessa vez traduzida em uma linguagem que era compreensível para mim. Eu sabia que seria uma missão para toda a vida; por isso tinha muito trabalho a fazer por mim mesmo. As lições que aprendera na escola foram valiosas. Elas eram simples e faziam muito sentido. E por serem simples, passei a imaginar qual seria a razão de as pessoas terem tanta dificuldade em entendê-las. Por que ir à igreja se as lições não farão parte de sua vida?

Meus pais fizeram o possível para nos proteger da realidade cruel do mundo. Mas por mais que tentassem, o lado negro da vida sempre chegava até nós. Por exemplo, quando tínhamos cerca de seis anos, um casal de amigos de meus pais se separou. Nós não sabíamos o que era um divórcio ou a razão de um pai e uma mãe se separarem. Nossos pais fizeram o possível para explicar a razão, sem que a palavra adultério aparecesse, mas acabamos descobrindo, de qualquer maneira.

Alguns anos mais tarde, o pai de um colega foi preso por causa de um desfalque e foi para a cadeia. Isso também exigiu uma explicação delicada. Outro amigo — também um homem de família — era alcoólatra. Também fez-se o possível para esconder esse fato. Mas um dia, dirigindo embriagado, ele atingiu um pedestre e também foi para a cadeia. A família se desfez e a mulher dele casou-se novamente.

A parte difícil das explicações é que as famílias eram religiosas, assíduas nas igrejas. O que intrigava as crianças era: "Por que ir à igreja se não se obedece às leis de Deus?"

Não digo isso para afirmar que eu esteja acima do pecado e do erro de julgamento. Asseguro a você que quase tudo que me disseram, na igreja, para não fazer, eu fiz. Minha defesa é que nunca fingi que era um bom cristão, seguidor das regras. O que me chateava era o número imenso de pessoas que agiam como seguidores, iam à igreja, falavam de um Deus amoroso, clamavam que seguiam as regras, mas, na vida privada, estavam longe de ser o que fingiam ser.

Com o passar do tempo, comecei a imaginar por que as pessoas fingiam ser santas, quando de fato não passavam de pecadoras. Se as regras para uma boa vida eram tão fáceis de seguir, por que tantas pessoas não as seguem? Alguns exemplos específicos que me perturbam:

Todos sabemos que não devemos mentir.

Todos sabem que devemos dizer a verdade. Então, minha pergunta é: se essa é uma lição tão simples de ser colocada em prática, por que tantos mentem? Senti-me particularmente atônito quando o presidente Nixon, o líder mais poderoso do mundo, foi pego mentindo. Ele frequentava a igreja; era um bom cristão.

Por que ele mentiu então?

Todos sabemos que não se deve cometer adultério.

CAPÍTULO 5

Então, por que tantas pessoas enganam seus parceiros? Há uma foto do presidente Clinton em que ele aparece deixando a igreja com uma Bíblia na mão, pouco depois de descobrirmos que ele estava indo para um encontro com Monica.

Todos sabemos que não devemos matar.

Ainda assim, os governos gastam fortunas, tempo e tecnologia para construir armas que matam. Por que os Estados Unidos — supostamente uma nação religiosa — gastam uma enorme porcentagem do PIB em armamentos? Por que a "Terra Sagrada" é uma das regiões mais violentas do mundo?

Todos sabemos que devemos "amar ao próximo".

Todos sabemos que devemos ser amáveis com o próximo; ainda assim, porque tantas pessoas falam pelas costas, fofocam? Por que tantos indivíduos gastam tempo, criatividade e esforços na internet para difamar os outros?

Mais uma vez em minha vida, eu me encontrei buscando novas respostas para antigas perguntas. Para mim, se seguíssemos a velha máxima de "fazer aos outros o que gostaria que fizessem por você", a vida seria muito melhor. Mas ainda que a regra pareça simples, é bem difícil de ser seguida. Eu me perguntava por quê.

Também notei que os seres humanos passam por intensas batalhas interiores. Parecia que muitas pessoas iam à igreja a fim de orar, genuinamente, por uma vida melhor. Mas uma vida melhor não se concretiza para elas. Por exemplo:

- Muitos querem ser ricos; ainda assim, milhões dos que são espiritualmente ricos permanecem financeiramente pobres.
- Milhões gostariam de ser mais magros ou mais saudáveis; ainda assim, milhões estão acima do peso.
- Milhões oram por mais amor e felicidade com seus parceiros; ainda assim, as brigas mais terríveis são travadas justamente com aqueles que mais se ama.
- Milhões de famílias vão à igreja para estabelecer um exemplo moral para seus familiares; mas é fato que os filhos de famílias religiosas costumam ser os mais problemáticos de todos.

Fico imaginando *por quê...*

IRMÃO RICO, IRMÃ RICA

EMI: EXPERIMENTANDO

Todos nós, os quatro filhos, nascemos em Honolulu, no Havaí, no Hospital Saint Francis (São Francisco). Quando eu era criança, minha mãe era enfermeira lá e, em minhas raras visitas ao hospital, já que crianças pequenas não eram permitidas, eu via as freiras correndo de um lado para o outro, cuidando das pessoas.

Sou do tipo fiel às pessoas. Tenho grande amor e respeito pelos mestres e santos de diferentes religiões e quando viajava para diferentes lugares para trabalhar ou eventos familiares, sempre visitava os lugares sagrados de todas as religiões.

Talvez por causa dessas primeiras associações com São Francisco, sempre me senti atraída por sua história. Quando participei, em 1999, de um seminário budista em Pomaia, na Itália, tive a oportunidade de visitar Assis, onde São Francisco viveu. Foi maravilhoso estar no mesmo lugar em que ele e Santa Clara estiveram e onde suas tradições monásticas começaram. Mesmo que as pessoas aleguem estar fazendo apenas "turismo", Assis emana o poder das orações ardorosas dos fiéis que visitam a cidade há séculos. Quase chorei quando descobri que as pessoas mantiveram o corpo de São Francisco na catedral. Eles demonstram determinação, proteção e fé ao manter o local sagrado e os restos mortais de São Francisco protegido ao longo dos séculos, mesmo durante conflitos, guerras, fome e tempos de descaso e falta de zelo.

Outro lugar que visitei foi Lourdes, na França. Fui a Toulouse dar assistência à minha filha, durante o nascimento de meu segundo neto. Um dia, antes de sair da França, peguei um trem e fui a Lourdes. Como cheguei no horário do almoço, resolvi parar em um café e comer alguma coisa. Nesse lugar, notei um frade católico que também estava almoçando. Depois do almoço, quando já estava na catedral, voltei a encontrá-lo. Então, ele me perguntou: "O que você está fazendo aqui?"

CAPÍTULO 5

Tenzin e sua filha adulta, Erika, em dezembro de 1994, no Aeroporto Internacional de Los Angeles. Tenzin estava a caminho da Índia novamente.

Respondi que amava a história dos santos e, quando tinha alguma chance, procurava visitar os lugares sagrados.

"Mas por que você está no sul da França?", perguntou ele.

Quando respondi que era pelo fato de minha filha ter dado à luz, ele ficou chocado e perguntou: "Você quer dizer que vocês, monásticos, podem se casar?"

"Não", falei. "Isso já faz algum tempo."

"Mas o que aconteceu com seu marido?", perguntou ele.

"Nós nos separamos há muitos anos", respondi.

"O quê? Você quer dizer que budistas podem se divorciar?", perguntou ele

"Foi antes de me tornar budista", informei.

"Bem", falou ele, "você sabe que não pode ser abençoada aqui se não foi batizada."

"Mas eu fui batizada quando era criança", respondi.

"O quê! Você quer dizer que desistiu de tudo?", perguntou ele, sem acreditar.

IRMÃO RICO, IRMÃ RICA

"Não é que tenha desistido de tudo; apenas achei meu caminho no budismo", falei. Expliquei que não sentia que deveria largar uma fé para adotar outra.

Depois disso, ele gentilmente me acompanhou até onde as pessoas estavam enchendo garrafas com águas da fonte e nos sentamos perto da gruta onde Bernadette Soubirous teve a visão de Nossa Senhora de Lourdes e rezamos durante algum tempo. Depois fui para as barracas das mulheres, nas quais pessoas eram abençoadas pela água da fonte. Sem falar francês, eu não percebi, até o último instante, que tínhamos de estar completamente nuas para ser mergulhadas na água.

Encontros entre religiosos de outras tradições e pessoas de outras fés são importantes porque criam amizade e harmonia. Não mais vivemos em um mundo isolado, onde podemos nos manter intocados pela modernidade, por culturas e visões diferentes. Nos séculos anteriores, as limitações de viagem e tecnologia nos mantinham isolados. É sempre importante estudar profundamente nossas tradições e comunidades escolhidas, mas hoje precisamos ter maior nível de diálogo e desenvolver tolerância e apreciação por diferentes grupos de fé. Isso nos leva a uma vida com mais amizade, paz e harmonia.

Em 1998, aceitei um posto no Colorado para ser professora residente de um pequeno grupo budista. Um ano mais tarde, um dos capelães da Força Aérea Americana me pediu para me encontrar com cadetes que estavam interessados no budismo e acabei ficando por seis anos. Nesse período, também completei meu mestrado, me voluntariei em um asilo para doentes terminais e participei de grupos ecumênicos.

Em 2005 e 2006, fiz um treinamento para capelã no UCLA Santa Monica Hospital, na Califórnia. Depois de meus anos em Colorado Springs — que é conhecido por ser um centro de grupos cristãos conservadores e fundamentalistas — estava ansiosa para o treinamento para capelã na moderna e liberal Santa Monica onde poderia ficar mais à vontade em um ambiente muito mais tranquilo e amistoso. Nosso grupo era composto de cristãos de diferentes denominações e por mim, budista. Nosso supervisor dizia que preferia um grupo com diversidade de fé, dado que o processo de aprendizagem se tornava mais interessante e nos daria uma experiência de diferentes fés.

CAPÍTULO 5

Fiquei surpresa durante o treinamento com o fato de os capelães terem visões mais conservadoras do que qualquer pessoa que tivesse encontrado antes. No treinamento, tínhamos de compor e compartilhar uma declaração de missão pessoal sobre o que esperávamos ganhar com o treinamento. Em minha declaração, comecei um parágrafo com as seguintes palavras: "Espero trabalhar e aprender com os outros capelães no espírito ecumênico."

Um capelão me confrontou dizendo: "Por que você está usando a palavra ecumênico? Isso é apenas para cristãos. E por que está usando a palavra espírito? Isso representa o Espírito Santo de Cristo."

Fui para casa naquela noite e procurei a palavra "ecumênico" no dicionário. Descobri que ambos estávamos certos. Uma definição significa um encontro de várias tradições cristãs, mas a primeira definição é "geral em extensão, em influência e aplicação".

Mudei a frase para "espírito entre fés" para que funcionasse em um sentido mais amplo e não ofendesse aos outros. Entretanto, quando o budismo é estudado e praticado no Ocidente, precisamos estar atentos às palavras que estamos usando e nos lembrar que a tradição tem base judaico-cristã. Culturalmente, enfrentaremos preconceitos e tradição e precisaremos exercitar tolerância e bondade para encontrar um senso comum.

Em geral encontro um ponto de atrito com pessoas de outra cultura que se convertem a uma fé diferente. Algumas vezes elas são mais inflexíveis, mais rígidas e mais fundamentalistas em suas atitudes do que as famílias que cultivam determinada fé ao longo de gerações. Em geral, essas pessoas são menos tolerantes em relação a uma fé diferente da adotada por elas. No entanto, um resultado maravilhoso quando alguém se converte ou adota uma nova fé diferente de sua tradição cultural é sua tendência a uma maior prática, ao estudo devotado, ao questionamento e ao amor na adoção de suas novas crenças.

Sua Santidade, o Dalai Lama, diz que, em geral, é melhor para alguém que está estudando o budismo permanecer em sua fé original enquanto estuda. Só, então, se encontrar algo que valha a pena no budismo ou em qualquer outra fé, passar a adotá-la, mas não deve se sentir obrigado a se converter. Uma coisa importante a se considerar é que a filosofia budista não professa um deus criador divino e independente. Assim, quando alguém se depara com uma

IRMÃO RICO, IRMÃ RICA

importante conjuntura na vida — particularmente perto da morte ou após uma experiência de quase-morte —, as crenças mais arraigadas desde a infância de que existe um deus criador que protege sua vida em geral oferecem mais consolo.

Na tradição do budismo, uma pessoa é responsável pelos próprios atos e o que acontece na morte, ou após, se baseia no mérito acumulado e no carma. Esse é um ponto importante, mas sutil, que não é examinado pelos crentes. Ainda que nossos mestres sejam indispensáveis para nos guiar e ensinar, nós devemos, por nosso próprio esforço e compreensão, conquistar os estágios de iluminação, acumulando méritos e virtudes e purificando as negatividades e as ilusões.

Por fazer parte de uma fé estabelecida, tenho a oportunidade de frequentar diversos eventos relacionados a fé e reuniões de diferentes religiões. Eu frequento e às vezes organizo Congressos Anuais Monásticos de Budismo Ocidental nos Estados Unidos. Por sermos uma população pequena espalhada por todo o continente, é mais comum que os monásticos ocidentais permaneçam sozinhos ou associados a centros budistas que são predominantemente compostos por leigos, assim nossa intenção é oferecer uma oportunidade para que os monásticos budistas possam se reunir.

Nesta era materialista, os monastérios serão cada vez mais raros e pouco atrativos para a maioria. Os monges trabalham, com frequência, por muitas horas nos deveres de ensinamento ou de administração. Nossos encontros se tornam eventos pelos quais ansiamos, porque nos permitem uma folga e, também, compartilhar e discutir nossas tradições, nossas práticas e preocupações. Em uma das primeiras conferências que fizemos, discutimos sobre os "trajes religiosos do mundo", o que nos permitiu entender a história e o significado das vestimentas na China, no Japão, no Tibete e na Tailândia, as quais, aliás, eram bem diferentes entre si.

Como ocidentais praticantes do budismo, é preciso haver alguma adaptação e seleção quando questionamos o que é a prática efetiva e o que é expressão cultural, o que é essencial que seja mantido e o que podemos deixar de lado. Ainda que os votos tenham se mantido essencialmente os mesmos, as formas de se exercer o monastério evoluíram em virtude das diferenças culturais. Agora, quando nos encontramos no Ocidente, as culturas e as tra-

CAPÍTULO 5

dições convergem. À medida que aprendemos uns com os outros, precisamos ser mais tolerantes e estar abertos para aceitar as diferenças. Na tradição tibetana, na qual fui treinada, os monges frequentemente fazem três refeições diárias, comem carne, preparam a própria comida, usam sapatos de couro e não matam nem mesmo um mosquito. Nossos templos usam cores vibrantes e imagens magníficas.

Isso contrasta com as tradições chinesas, coreanas e vietnamitas, em que os monges são vegetarianos, muitas vezes comem apenas uma vez por dia e não usam couro. Os templos zens do Japão são calmos, com colorido escasso e monótono. Na tradição Theravada, os monges não tocam em dinheiro, não dirigem veículos, não preparam refeições e apenas comem o que lhe é oferecido, inclusive carne. Algumas tradições aderem aos princípios da pobreza, enquanto no Ocidente muitos monásticos proveem a própria subsistência; alguns trabalham e têm carro e casa.

Pense a respeito disso. Muitos templos tibetanos foram estabelecidos em altas altitudes. O monastério de meu mestre, em Gaden, por exemplo, fica em uma montanha, distante e solitária, a quase cinco mil metros acima do nível do mar, acima do cume das árvores, em terra rochosa e árida. Não há possibilidade de se ter uma horta que possa alimentar milhares de monges. Lá, os monges vivem à base de uma dieta de aveia e chá de manteiga, às vezes com um pouco de carne-seca. (Muitos dos monastérios na Índia agora servem refeições vegetarianas.) Ao entrar no templo, o praticante pode desfrutar de um ambiente aconchegante de cores e imagens de Buda.

Nas viçosas terras dos países de baixa elevação, os discípulos e simpatizantes dos templos podem cultivar a terra e levar vegetais e comida fresca para os monastérios. Uma dieta vegetariana diversificada e balanceada permite aos templos zens um contraste de serenidade em relação ao mundo exterior.

Essas são apenas algumas das diferenças externas. Somam-se a elas as diferenças filosóficas e interpretativas. Como, aliás, ocorre com outras crenças.

Em algumas tradições, as mulheres ocupam posição de destaque e podem ser ordenadas nos mais altos cargos; em outras, essas possibilidades não existem.

IRMÃO RICO, IRMÃ RICA

Muitas dessas diferenças são decorrentes das culturas. Mudanças econômicas e políticas dentro de cada país ao longo do milênio e o clima e a vegetação também são fatores contribuintes. Mesmo dentro das tradições monásticas budistas, precisamos continuar a nos dedicar ao diálogo e valorizar e aprender as tradições de outras fés ao mesmo tempo que nos aprofundamos na sabedoria, convicção e fé em nossas próprias tradições.

Quando eu vivia em Colorado Springs, tive a sorte de assistir a uma palestra do bispo John Spong, que costuma ter uma visão honesta sobre algumas das hipóteses e visões de sua própria tradição cristã. Embora ele venha recebendo críticas, por ter uma postura radical, o que faz é analisar e questionar com profundo amor sua fé. Nos ensinamentos budistas, o próprio Buda disse que não devemos aceitar cegamente os ensinamentos, mas testá-los, como faríamos com o ouro — derretendo, atritando e batendo — para checar sua autenticidade e qualidade antes de aceitar as coisas como verdadeiras.

O bispo Spong fala com humor e amor quando diz que, se o paraíso está além do céu e Jesus subiu aos céus, então, pelo que sabemos do espaço hoje, Jesus está orbitando em volta da Terra. De acordo com a ciência e os cristãos do primeiro século, Maria teve uma concepção imaculada de Jesus e seu útero foi emprestado para sustentar e dar à luz o menino Jesus. Mas o bispo diz e eu parafraseio: "Com o que sabemos de genética hoje e da reprodução humana, uma mulher contribui com um óvulo para gerar uma criança, então não foi apenas o útero de Maria que foi emprestado para produzir Jesus. Isso significa, então, que Jesus é metade humano e metade divino?"

O monge cristão David Steindl-Rast também questiona como é possível atingir a alegria em nossas práticas espirituais e romper com dogmas arraigados e rituais enfadonhos que não fazem sentido. Ele escreve que, quando alguém tem uma experiência espiritual marcada pelo êxtase, isso é lembrado nos escritos, nos ensinamentos e na pureza moral e é celebrado em ritual. Mas com o passar do tempo, os escritos se tornam dogmáticos e podem se desconectar daquele êxtase. As exigências éticas se tornam imutáveis e restritivas, e a celebração se torna formal e vazia. A gratidão é esquecida. Voltar a sentir aquela alegria extasiante com frequência exige que "o fogo do misticismo" rompa a crosta de formalidade e que haja homens e mulheres que possam

CAPÍTULO 5

"distinguir entre a fé na vida e a fé nas estruturas criadas no passado, e que consigam colocar as prioridades em ordem correta novamente".

Ele diz que o que pode parecer traição às estruturas é na verdade fé, e é uma jornada corajosa em que o herói encontra o êxtase em um nível ainda mais elevado.

O caminho para o Jardim do Éden é uma vida ética, correta e os bons pensamentos.

No entanto, me escondi por tanto tempo, buscando aprovação, fazendo o que os outros queriam em vez de explorar o que eu poderia ou desejaria fazer, que eu me perdi. Mesmo como budista, passei a vida atendendo aos desejos e sugestões dos outros. Perdi meu poder e minha energia de viver. Eu me lancei no trabalho tentando encontrar meu equilíbrio nas atividades do centro.

Quando morei no convento na Índia, tentei ser uma "boa monja", buscava ajudar, ensinar e ser um bom exemplo para as mais jovens. Isso foi muito gratificante por anos. Mesmo assim, sempre tomei o caminho mais fácil para evitar o conflito; isso me permitiu preservar minhas forças e me trouxe novas oportunidades, mas também aumentou sutilmente minha habilidade de me esconder, de não ter que me mostrar. Na maioria das situações, essa era uma atitude benéfica, mas eu precisava aprender algumas lições tomando uma posição ou enfrentando o conflito para recuperar o poder e assumir a responsabilidade pela minha vida.

Precisamos lidar com nossos demônios que muitas vezes são discretos e sorrateiros, aparecendo como uma habilidade, um apoio ou um amigo. Os antídotos precisam ser ainda melhores. Tenho bebido minha porção de "suco" também, especializando-me em buscar aprovação a qualquer custo. Usei meu hábito de monja para me esconder.

Isso não é iluminação espiritual.

Mesmo que mergulhemos profundamente em orações, treinamentos, estudos, condutas e disciplinas, temos de ser autênticos em nossa jornada pessoal. Em minha caminhada, muitas visões erradas e falsas me fizeram desistir. Meu sorriso para o mundo escondia uma tristeza interna. A questão de buscar aprovação persistentemente colocou parte de mim em exílio mental. O resultado é que meu trabalho e minha vida pareciam valorosos, mas havia uma

IRMÃO RICO, IRMÃ RICA

sutil deterioração no desempenho de minhas funções, e isso estava me ferindo. Às vezes, vivemos por muito tempo comprometidos com nossas crenças e cativos a elas. Estruturas religiosas externas, disciplina e trabalho ético nos fornecem as diretrizes, cujo objetivo é melhorar nossos relacionamentos e habilidades de viver em harmonia com os demais. Aqueles que adotamos e escolhemos praticar em nossa vida refletem e direcionam nossas motivações internas.

Mas precisamos de vigilância para nos corrigir e nos redirecionar quando as coisas saem do curso. A rota pode ser válida, mas nossas interpretações e conduta podem ser falhas; por isso precisamos de mestres e amigos espirituais.

Os ensinamentos budistas dizem que devemos avaliar, cuidadosamente, nossos mestres e seus ensinamentos antes de aceitá-los, esperando até doze anos antes de adotá-los em nossas vidas. Mas eu acho que devemos sempre avaliar, sempre ser responsáveis e não cair em aceitação passível. Somos facilmente influenciados pela época em que vivemos, pelos outros e por nossas ilusões. Nossas aspirações e condutas precisam ser claras, verdadeiras, benéficas e devem conduzir a resultados que beneficiam a nós e aos outros. Podemos sustentar a aspiração de iluminação enquanto realizamos todas as atividades diárias? Minha vida como monja tem sido uma surpreendente aventura. Eu não poderia chamar de "paraíso na Terra", mas certamente tem sido mais do que eu poderia esperar.

Passei um ano viajando com monges tibetanos pelos Estados Unidos e pela América do Sul. Foi um tour de compartilhamento das tradições do Tibete e dos monastérios e também serviu para levantar fundos para a construção de um novo saguão para o monastério de Gaden — um imenso monastério no sul da Índia, restabelecido no exílio. Conhecemos muitas pessoas entusiasmadas por conhecer a vida dos monges e dispostas a saber como poderiam ajudar o povo do Tibete.

Ficamos em todo tipo de alojamento, de casas modestas a mansões. Ficamos até mesmo em um mortuário chamado Nirvana, em El Salvador. E fizemos a cerimônia de cura entre caixões vazios e um imenso crucifixo pendurado na parede. O povo de El Salvador acabara de sair de uma guerra civil de doze anos e o país estava se recuperando. Não podíamos acreditar na imensa multidão que veio ver os monges em Caracas, na Venezuela.

Em Santiago, Chile, ficamos em um edifício novo, construído com a terra do próprio lugar em que ficava. Até mesmo os painéis de vidro foram feitos ali mesmo. No passado, ocorrera uma sangrenta batalha naquele local e os donos quiseram construir um centro de cura para as pessoas. Em Buenos Aires, o encontro foi em um complexo que era um clube de tênis, com as quadras construídas no topo dos velhos edifícios. Na Colômbia, o governador e o prefeito de Medelim nos convidaram para um encontro e desfrutamos de uma vista maravilhosa da cidade e do vale das janelas do escritório. Um de nossos tradutores comentou que, apenas um ano antes, as ruas viviam banhos de sangue em confrontos entre a polícia e o cartel de drogas. E ainda assim o povo era gentil e hospitaleiro e buscava nos monges paz e cura.

Alguns podem achar que isso seja o paraíso na Terra: ver e encontrar pessoas nesse nível de sinceridade — de confiança, interesse e boa vontade. Estar com os budistas monásticos em nossas conferências, ir para retiros com mestres excelentes e sábios em países lindos e urbanos. Encontrar pessoas notáveis que compartilham seus conhecimentos é extremamente gratificante. Ir para a Academia da Força Aérea Americana e encontrar cadetes dispostos a fazer treinamento espiritual. Viver no Himalaia e estudar com Sua Santidade, o Dalai Lama, e com seus mestres, viver entre o povo tibetano. É uma vida muito rica!

6

PROMESSAS QUEBRADAS

Entre os seminários EST e os estudos budistas, muitos de nossos amigos e familiares — talvez nossos amigos cristãos em particular — não entenderam os caminhos que estávamos seguindo. Eles chamavam o EST, especialmente, de culto da nova era. Mas de muitas maneiras, ele é um programa ancestral, uma mistura de ensinamentos antigos da cultura Oriental e Ocidental, com princípios atemporais que valem a pena ser seguidos.

Ele também era uma nova forma de educação que ia muito além da educação tradicional. Foi um programa poderoso o suficiente para provocar mudanças e nos abrir portas para um mundo que nunca havíamos visto. Não se tratava de ser prisioneiro do certo e do errado, tradicional versus o novo e do que é aceitável ou não. O programa nos mostrou que uma visão mais ampla — ver as coisas sob múltiplos pontos de vistas — pode ser muito valiosa.

O budismo trouxe à tona novas ideias e abriu a mente para novos conceitos. Mas de novo, o que as pessoas assimilam das lições depende muito do quanto estão dispostas a se tornar melhores.

Em ambos os casos, nem todas as pessoas estavam de fato interessadas.

CAPÍTULO 6

ROBERT: DESPERTANDO O PODER ESPIRITUAL

Convidei meu pai para um encontro do EST. No momento em que ele entrou na sala de conferências, saiu correndo e foi para o bar.

Tal pai, tal filho.

O encontro do EST tornou-se uma barreira entre nós. Não fui capaz de voltar a falar sobre o evento sem que ele ficasse bravo comigo. Mas com relação às minhas duas irmãs, que também fizeram o programa, ele serviu para nos aproximar. Ainda que nossas diferenças permaneçam, ao menos somos capazes de nos compreender melhor. Começamos a nos aproximar depois de termos nos afastado por causa da guerra.

Ao longo dos anos, percorri muitos caminhos da educação não tradicional, percebi que havia ouvido as mesmas palavras de sabedoria em casa, na igreja, na escola e no Corpo de Fuzileiros. Em casa, eu era severamente punido se mentisse ou roubasse. Ouvi palavras semelhantes na igreja, na escola e no Corpo de Fuzileiros. O problema era que ouvia as palavras, mas não entendia a mensagem.

Em março de 1974, o primeiro dia de meu treinamento EST foi sobre os termos do contrato das aulas. Dez ou doze termos do contrato foram examinados de maneira deliberadamente lenta pelo líder do seminário. Ele, então, perguntava a cada pessoa da sala: "Você concorda? Está disposto a manter esse acordo?"

Quando eu achava que todos os trezentos participantes tinham concordado em um ponto, alguém levantava a mão e argumentava ou queria ser uma exceção à regra ou, ainda, queria mais detalhes sobre o acordo. Uma hora depois, a sala ainda estava discutindo sobre o mesmo tópico — uma discussão que parecia já ter sido encerrada.

Eu nunca vira essas neuroses humanas aparecerem em torno da questão de se manter a palavra. Após onze horas, finalmente foi permitido um intervalo para que fôssemos ao banheiro, e eu estava prestes a fazer nas calças. Naquele momento, acredito que estávamos apenas no termo de número cinco, no primeiro dia de treinamento, e ainda tínhamos três dias pela frente.

Eu quis sair correndo.

Mas antes tinha de ir ao banheiro.

IRMÃO RICO, IRMÃ RICA

Como disse, eu já havia ouvido aquelas palavras antes, mas nunca entendi a mensagem. Eu sabia da importância de manter minha palavra. Sabia que não devia mentir, não devia enganar; sabia que precisava seguir regras. Eu escutara tudo isso na Marinha e lá recebia a mensagem com um chute no traseiro.

No treinamento do EST, eu tinha de entender essa mensagem sentando-me em uma sala com centenas de outras pessoas, que não paravam de discutir a esse respeito. Não posso dizer que aprendi tudo no EST e que minha vida hoje é perfeita. O que *posso* dizer é que continuo escutando a mesma mensagem repetidamente. Toda vez que a escuto, adquiro melhor entendimento de seu significado, incorporando-a um pouco mais em minha vida, que por sua vez ficava cada vez melhor.

Após quatro dias de treinamento, compreendi que eu era uma farsa, um mentiroso, enganador, preguiçoso, ladrão, viciado em sexo e tudo mais que eu fingia não ser. Pior de tudo: ao fingir que não era nenhuma dessas pessoas, eu estava enganando apenas a mim mesmo.

Jennifer e muitas outras pessoas sabiam exatamente quem eu era.

De volta aos Estados Unidos, eu estava muito decepcionado com a qualidade de nossos líderes governamentais. E também percebi que não estava me comportando de modo muito diferente do que eles. Tudo que aprendi na escola dominical tinha sido deixado de lado, a começar com "não matarás". Eu tinha enfrentado a morte no Vietnã, repetidamente, e sobrevivi. Depois de passar por tudo isso, que tipo de outras consequências poderiam me atemorizar?

Minha experiência de guerra me ajudou a desenvolver um talento especial para usar meu lado sombrio — e emitiu uma autorização para utilizá-lo — em nome da bravura e patriotismo. Meu lado sombrio tinha seu valor, ele me manteve vivo. Mas fora do campo de batalha, essas tendências não tinham lugar, mas desligá-las era impossível. Eu continuei a usar meu lado obscuro sempre que queria, sempre para meu próprio benefício, em vez de controlá-lo e reestruturá-lo.

Os fuzileiros me deram força de caráter, mas o que era considerado bravura no Vietnã era encarado como irresponsabilidade em casa. Como disse anteriormente, meu caráter tinha se tornado minha falha de caráter. Meu

CAPÍTULO 6

sistema de freios e contrapesos não existia mais, e vivia com total desconsideração pelos outros e pela lei.

Não fiz a conexão na época, mas hoje vejo líderes políticos — de Richard Nixon a Bill Clinton e Eliot Spitzer — caírem diante da pretensão de invencibilidade. Eles, como eu, desenvolveram fortes traços de personalidade, mas os traços de caráter deles também apresentavam falhas. É o lado reverso da moeda, e eles permitiram que seus lados sombrios viessem à tona... porque podiam.

Na verdade, foi essa a resposta que Bill Clinton deu ao repórter que lhe perguntou por que ele tivera um relacionamento com Monica Lewinsky: "Porque eu podia", respondeu ele humildemente.

E acrescentou que não havia desculpa para seus atos.

Eu vivia de modo irresponsável porque achava que podia.

Hoje, entendo por que o amigo de meu pai destruiu uma grande família por causa de uma mulher mais jovem, ou porque o outro amigo da família foi para a cadeia por desfalque. Eles provavelmente conheciam a mensagem, mas foi necessário perder a família ou ir para a cadeia para entendê-la — se é que entenderam.

E o alcoólatra que fingia não ser um alcoólatra? Sua falha foi enganar a si mesmo e não pedir ajuda. Ele provavelmente ainda não entendeu a mensagem. Provavelmente ainda esteja mentido para si próprio.

Hoje, entendo melhor por que Nixon mentiu sobre o desvio de dinheiro ou por que Clinton achou que podia se dar bem tendo relações com Monica. Dois homens inteligentes que sabiam das regras, mas foi necessário um impeachment ou uma ameaça de impeachment antes que entendessem a mensagem — embora eu duvide que eles tenham de fato entendido alguma coisa.

"Eu não sou bandido", foi a famosa frase de Nixon, e Clinton disse: "Eu não tive sexo com essa mulher", ao tentar explicar que o que ele e Monica haviam feito não era sexo. Fico imaginando se ele entendeu a mensagem. Não é a definição de sexo que é o pecado, mas a falha em manter seu acordo de homem casado, desrespeitando os votos do casamento e depois mentindo para o mundo. Quebrar uma promessa — especialmente um juramento feito diante de Deus — e mentir a esse respeito são atitudes que refletem uma falha trágica no caráter de uma pessoa.

Após quatro dias de EST, compreendi que eu compartilhava esses mesmos defeitos de caráter. Entendi o ladrão e o vigarista. Eles conhecem as regras também, mas, ainda assim, nossas cadeias estão cheias de gente "inocente", que ainda não compreendeu a mensagem. Sinto pelos líderes religiosos que condenam os outros e depois são pegos em atos sexuais infames. Ou os políticos e ministros que condenam os gays e depois são obrigados a admitir que buscaram sexo homossexual com jovens estagiários, nos corredores do Congresso.

Eles ouviram as palavras, mas não entenderam a mensagem.

Também acabei compreendendo por que tantas pessoas são pobres quando querem ser ricas. Elas também ouviram as palavras. *Dizem* que querem ser ricas, mas quando examinamos suas finanças, percebemos que não entenderam a mensagem.

O mesmo vale para as pessoas que estão acima do peso ou sofrendo de certas doenças quando o que querem é ser saudáveis; elas sabem as regras, mas cada vez que sobem na balança ou recebem um alerta de seus médicos sobre seu estado de saúde, a balança do banheiro ou os resultados dos exames trazem a mensagem. Com frequência, é uma mensagem que elas não querem ouvir.

O mundo está repleto de pessoas que buscam o amor. Todos conhecem a frase "Eu te amo", mas estar sozinho, machucado, zangado é a mensagem. Em nossa busca por nossas famílias espirituais, a combinação da mensagem e das ações é que nos conecta e une — não apenas as palavras.

Quando atravessei o portão da Base Área dos Fuzileiros Navais, na Baía de Kaneohe, no Havaí, em 1974, entrei em uma nova vida. Deixei a Marinha apreciando ainda mais as lições que havia aprendido em casa, na igreja, na escola e na própria Marinha. As palavras eram as mesmas, mas eu estava, finalmente, aprendendo a mensagem.

Saí da Marinha com uma compreensão melhor de ética, moral, legalidade, amor, coragem e integridade, e com a percepção de que havia muito entendimento ainda pela frente. Sabia que, se trabalhasse diligentemente na questão de vivenciar de fato esses valores — e não apenas repetir as palavras —, estaria

CAPÍTULO 6

muito mais perto de Deus, estabelecendo conexão com um poder espiritual que está disponível a todos nós, se quisermos.

Mas antes eu tinha algumas coisas para resolver. Foi por isso que, em 1974, após completar o treinamento EST, decidi que deveria resolver as questões dos acordos quebrados. Comecei pelos grandes, resolvendo os pequenos em seguida.

Minha principal questão envolvia as muitas regras que eu violara como piloto da Marinha. Mesmo à beira de ser dispensado, eu sabia que não poderia sair sem colocar em ordem a confusão que havia criado. E foi o que fiz. Como resultado, deixei a Marinha com uma melhor compreensão das palavras: "E a verdade o libertará." Ouvi a mensagem antes, mas, dessa vez, eu a compreendia. Confessei tudo que eu fizera e, um mês depois, fui dispensado com honras. O capitão manteve sua palavra.

Uma das razões para minha busca e minha sede por desenvolvimento pessoal permanente é que, em boa parte da vida, escutei a mesma coisa: "Você tem tanto potencial, mas não sabe usá-lo."

O tempo inteiro, eu buscava ideias e treinamento que pudessem me ajudar a descobrir meus dons e usá-los da melhor maneira possível. Eu queria despertar o potencial que sabia ter. Mal sabia que uma das mais importantes lições seria a mais simples, como me seria revelado.

Palavras. Toda a minha vida havia sido moldada por palavras. Quando menti — e menti de novo — para evitar o processo jurídico da Marinha, foram as minhas palavras que refletiam quem eu era. E, quando disse a verdade, as palavras revelavam a pessoa em que eu estava me transformando. No EST, minha busca me ensinou o valor de cumprir meus acordos, de manter a palavra.

Em minha busca, consegui me conectar mais e mais com a espiritualidade e, inadvertidamente, me aproximar ainda mais de Deus.

EMI: TESTANDO AS ÁGUAS

Certo domingo, quando tinha 6 ou 7 anos, acordei, olhei em volta e vi que todos ainda estavam dormindo. Mas curiosamente, a mesa estava posta e o

IRMÃO RICO, IRMÃ RICA

café da manhã, pronto. Isso era trabalho da mamãe, mas ela ainda estava dormindo.

Então, percebi que Robert não estava por lá. Ele acordou cedo, fez ovos mexidos com cebolinhas colhidas em nosso quintal, preparou as torradas e pôs uma linda mesa para nós. Em seguida, pegou o ônibus e foi à igreja.

Isso me pareceu muito adulto e corajoso. Ele tinha, no máximo, 8 anos. Ainda levaria muitos anos até que eu aprendesse a quebrar um ovo, quanto mais tomar um ônibus e ir sozinha à igreja.

É verdade que papai e mamãe tentaram esconder de nós o lado escuro da vida. Como resultado, minha visão das pessoas e da vida era meio ingênua, meio Poliana. Meu pai sendo secretário de educação e minha mãe enfermeira, eles devem ter encontrado toda forma de sofrimento humano — e de felicidade também. Mas nós definitivamente éramos protegidos das dificuldades da vida que nossas pais e outros nipo-americanos devem ter encontrado.

Só com o passar do tempo — e um maior entendimento das coisas — é que as notícias de violência doméstica, abuso de álcool ou de professores demitidos por assédio sexual passaram a romper o escudo criado por meus pais. As poucas garotas que ficavam grávidas desapareciam da escola. Era um tabu falar a esse respeito. Não sei se é melhor ou não permitir que as jovens mães levem suas crianças para a escola, como se faz hoje. É difícil manter-se focada nos estudos quando, ao mesmo tempo, tem-se de cuidar de uma criança.

É muito melhor que a educação sexual esteja disponível, tanto na escola quanto em casa. Mamãe e papai nunca abordaram essa questão comigo — provavelmente com nenhum de nós.

As religiões do mundo pregam sólidos padrões éticos como diretrizes para vivermos em harmonia. A igreja e outros tipos de encontros religiosos servem para nos ajudar a encontrar pessoas com pensamentos similares aos nossos e manter padrões éticos de relacionamento, além do aprendizado e da tolerância em relação à filosofia e às orações de suas respectivas tradições. É no momento em que nos desiludimos ou somos influenciados por ideias ou pessoas negativas que sucumbimos a um comportamento errado ou perigoso.

CAPÍTULO 6

Na tradição budista, existem dez virtudes a serem cultivadas e dez não-virtudes a serem abandonadas. Como monja, ainda tenho de seguir muitas outras, mas o básico para qualquer um são as premissas a seguir.

Existem três não-virtudes relativas ao corpo:

- Matar
- Roubar
- Má conduta sexual

Quatro da linguagem:

- Mentir
- Difamação
- Usar linguagem áspera e abusiva
- Fofocar

E três relativas à mente:

- Inveja
- Malícia
- Agarrar-se a falsas visões

As dez virtudes contrastam com as não-virtudes e começam com as três do corpo:

- Proteger a vida
- Respeitar as coisas alheias
- Usar a sexualidade com sabedoria e delicadeza

  (Como monja, fiz voto de celibato absoluto.)

Existem quatro virtudes da linguagem:

- Falar a verdade
- Reconciliar-se com os outros
- Usar linguagem gentil
- Falar somente sobre coisas que valham a pena

As três virtudes da mente são:

- Ser feliz
- Agir em benefício do próximo
- Ser justo

Tudo parece evidente demais, mas quando observamos cuidadosamente nossa vida diária, percebemos que agimos no calor da raiva ou por ciúmes,

IRMÃO RICO, IRMÃ RICA

ódio, luxúria e ganância. Essas desilusões sobrepujam nossas melhores intenções e nos causam problemas. Nossa mente racional pode funcionar bem para vislumbrar a razão de nos abstermos de uma não-virtude, mas quando nossa mente imaginária e enganosa prevalece, necessitamos de todos os antídotos que possamos conseguir.

No período em que fui capelã na Força Aérea Americana, havia um cadete que fazia perguntas excepcionalmente boas sobre ética, particularmente sobre injúria e mentira. Eu apreciava esses questionamentos porque eles nos ajudavam a examinar com maior profundidade a maneira como funcionamos.

Algum tempo depois, ele parou de frequentar o grupo e eu acabei descobrindo que ele havia sido dispensado por fraude.

Outra cadete que também foi dispensada da Academia achava que era normal engajar-se em relacionamentos extraconjugais, conquanto que o segredo fosse mantido. Ela achava que suas ações não prejudicavam ninguém, pois estava certa de que a esposa do policial com o qual fora vista nada sabia.

Quando desejamos algo desesperadamente, tendemos a racionalizar, justificar e perpetuar nossas ações. Um mestre certa vez me disse que essa condição é como fazer coisas boas — as coisas das quais nos orgulhamos — a vista de todos, mas os atos nocivos ou vergonhosos são como beber veneno embaixo de uma escada escura. Ainda que ninguém veja, você vai se envenenar.

Mesmo quando estudamos, discutimos e meditamos sobre os aspectos da conduta ética, o poder de nossas ilusões, nosso apego e aversão, pode nos dominar. Mesmo desejando boas coisas ou querendo ser uma boa pessoa, nossa ânsia pelo fruto proibido pode arruinar as boas intenções. Quando cedemos à tentação, nos sentimos estimulados, vivos. Desejamos ao menos uma emoção de vez em quando, procuramos por isso, queremos a vibração da lua de mel para sempre.

Quando nos vimos nas previsíveis rotinas do trabalho, da família e da casa, acabamos nos sentindo entediados e ansiamos por distrações.

A ética e a adesão aos costumes existem em um nível. Trabalhar intensamente para se livrar de equivocadas interpretações e mal-entendidos exige um nível mais profundo, mais sutil, para nos livrar de pontos de vista entranha-

CAPÍTULO 6

dos e, assim, revelar nossas motivações, nossos preconceitos e a forma como vivemos.

Como Robert, sempre me senti atraída pelo sexo oposto. Mas por ser tão tímida, nunca namorei nem beijei ninguém até o ensino médio. Eu ficava aterrorizada com a ideia de ficar sozinha com quem quer que fosse, até mesmo sair para tomar um simples refrigerante em uma lanchonete.

Na verdade, cheguei a sair com um dos jogadores de futebol americano, mas estava tão nervosa e tão intimidada que não consegui manter qualquer conversa séria. Outro colega me convidou para um baile da escola, mas mudei de ideia tantas vezes que acabei indo sozinha.

Mas sentia uma atração inerente.

Como diz Robert: "Você às vezes consegue da vida aquilo que pediu." No verão de 1968, eu acabara de completar 20 anos e estava mais do que pronta para o sexo, embora ainda fosse tímida. Tive de sair do Havaí, longe da família e dos amigos, para, finalmente, conseguir me relacionar com alguém. Eu estava com amigos e uma das garotas me deu pílulas anticoncepcionais. Como não tivera educação sexual alguma, não tinha a menor ideia de como essas coisas funcionavam, mas aprendi rapidamente as realidades da vida. Parar com as pílulas pouco tempo depois me tornou ainda mais fértil. Engravidei três meses depois, ao fazer sexo sem proteção.

O resultado de minhas ações — o modo como se apresentaram em minha vida — transmitiram mensagens poderosas. O presente reflete as ações passadas, colhemos o que plantamos. As respostas para minhas perguntas vieram ao escolher assumir minha responsabilidade e criar Erika. Como eu disse, foi um caminho difícil por diversas razões. A gravidez não foi planejada. Eu estava despreparada para a maternidade e para o casamento. Além disso, estava em busca de respostas para questões espirituais.

No funeral de mamãe, nosso pai nos revelou que ela fizera um aborto. Nunca perguntamos a ele o que havia acontecido, mas me lembro de, quando crianças, nós testemunhamos sua dor e as emoções que ela deve ter experimentado, mas nos escondia. E às vezes, com um ataque de raiva que nem sempre entendíamos, presenciávamos as emoções que ela *não conseguia* esconder.

IRMÃO RICO, IRMÃ RICA

"Vocês sabem que o médico disse que eu jamais devia ter tido vocês?" Ela esbravejava sua dor de maneiras que não conseguíamos entender ou reagir.

O fato de meu pai ter falado a respeito desse assunto naquele dia em especial significa que o aborto havia sido, durante sua vida inteira juntos, um fardo imenso para ambos. Mamãe teve febre reumática, o que afetou seu coração, mas nunca fomos encorajados a tratá-la de forma diferente por causa disso. Isso tudo me fez pensar se o aborto havia influenciado a falta de conversa sobre sexualidade em casa e o fato de eles não terem me dado outra opção quando engravidei de Erika.

Eu arrepio só de pensar que poderia ter escolhido diferentemente naquela época, porque hoje Erika é a pessoa mais importante em minha vida. Assumir a responsabilidade de criá-la — apesar de minha confusão e ambivalência — me deu as forças e o direcionamento de que eu precisava. As escolhas foram feitas sempre levando Erika em consideração, assim como as escolhas de amigos e relacionamentos.

Não parecia justo nem razoável que de repente, para que assumisse essa responsabilidade eu tivesse que viver pacatamente com meu marido e minha filha. O pai de Erika se esforçou muito para que desse certo. Nossas vidas mudaram para sempre. Não continuamos juntos muito tempo e durante anos criei Erika sozinha, minhas viagens e peregrinações para a Índia e outros lugares eram muito difíceis para ele aceitar; ele achava que tudo isso não passava de bobagens.

Eu, assim como Robert, também fui convidada para os seminários da EST e mal pude acreditar na presença feliz, confiante e amigável dos voluntários. Fiquei imaginando se a vida deles era sempre assim ou se eles estavam fingindo.

Participei dos seminários por anos, desde 1972 — a primeira semana liderada por Werner Erhard e a segunda, por Randy McNamara. O programa permitiu que eu vencesse a timidez. Aprendi que eu podia falar alto e controlar melhor a situação. Os seminários me ajudaram a sair da concha em que vivia. Erika fez o EST para crianças e nossa comunicação melhorou muito.

O treinamento EST realmente enfatizava a importância de se cumprirem os acordos. De muitas maneiras, achei fácil manter a palavra. Quase sempre,

CAPÍTULO 6

eu era pontual nos encontros, não faltava aos seminários e fazia todas as ligações telefônicas a que me comprometia.

Mas eu ainda podia me esconder. Ao cumprir os acordos e me fazer sempre presente, eu podia desaparecer, mais de mim mesma do que dos outros, porque, externamente, tudo estava bem. Eu poderia sentar e ouvir as pessoas reclamarem e mostrar-me muito paciente; assim, eu poderia ser uma estudante-modelo. Eu não era ativa, apenas obediente. Eu seguia as direções, não provocava polêmicas. Fazia o papel da "boazinha".

Que tedioso! E isso perpetuou minha tendência de me esconder.

Mesmo assim, eu sabia que havia mudanças em meu futuro e estava comprometida com isso. Passei a compreender que, à medida que as pessoas mudam, desafiam aqueles à sua volta que estão em suas zonas de conforto e que são subitamente ameaçados por ações inesperadas e resoluções novas.

A essência das sessões da EST eram os acordos, as promessas de manter nossa palavra. Nossas *palavras* transmitem a força de nosso coração e mente, de nossas convicções. Em meu caso, desenvolvi o vocabulário de uma monástica. Doutrinada nesta vida, senti que estava fazendo coisas boas por um longo tempo, décadas. Ainda assim, não conseguimos nos esconder de nossas lições e mensagens de vida, fugindo de oportunidades de romper as zonas de conforto. Quando a zona de conforto se torna inadequada, o desconforto aumenta, forçando-nos a evoluir.

Quando penso em não cumprir nossos acordos, em não manter nossas palavras, vem à minha mente promessas quebradas, como aquela que foi feita a nosso pai quando ele concorreu a vice-governador. Pessoas nas quais ele acreditava lhe asseguraram que tudo ficaria bem, caso perdesse as eleições. Disseram a ele que conseguiria um emprego bem-remunerado, o que nunca aconteceu.

Meu pai era um homem que acreditava nas pessoas, mas aprendeu uma dura lição sobre honra, confiança e promessas não cumpridas. Ao testemunhar o alto preço que meu pai teve de pagar... aprendi a lição, assim como aprenderam todas as crianças Kiyosaki.

7

VISÕES DO FUTURO

No ensino médio, quando ambos enfrentávamos dificuldades como estudantes, não podíamos imaginar o que o futuro nos reservava — ou seja, que um de nós se tornaria escritor e educador e a outra, monja.

Do nosso modo, e em parte por causa de nossos pais, cada um de nós começou a vida ingênuo — até idealista — com um toque de rebelião. Os eventos de nossa vida equilibraram cada uma dessas coisas e, ao fazê-lo, nos libertaram das mais variadas maneiras.

Nossas vidas tomaram rumos surpreendentes, seja na tradição do budismo, seja no mundo dos negócios. Aparentemente, eram estradas totalmente diversas, mas ao examinarmos o futuro começamos a perceber que tínhamos mais coisas em comum do que suspeitávamos.

ROBERT: LAMPEJO DE PERCEPÇÃO

A maior ironia disso tudo é que eu era um fuzileiro muito mais preparado quando saí da Base Aérea dos Fuzileiros Navais na Baía de Kaneohe do que quando ainda estava em serviço. Quando me dirigi para fora da base, meu apreço pelo Corpo de Fuzileiros e pelo Código de Honra dos Fuzileiros era mais profundo. Eu entendia melhor o significado das palavras dever, coragem

CAPÍTULO 7

e valor. Eu compreendia melhor as palavras "E a verdade vos libertará", e por que mentir é coisa para covardes.

Finalmente reconheci que dizer a verdade exigia coragem.

Lembro-me de minha última continência retribuída a um jovem guarda da Marinha. Olhando pelo retrovisor do carro, à medida que a base da Marinha ficava pequena, a distância, fui sendo invadido por uma sensação de perda, enquanto dirigia em direção à montanha para entrar em um novo mundo em Honolulu.

Esse novo mundo era o mundo dos negócios.

Ainda que sentisse falta da vida militar, percebi que a saída estava me dando a oportunidade de reescrever minha vida. Eu estava mais velho e era muito mais experiente. Estava em condições de tomar decisões mais inteligentes sobre o futuro. Eu me lembro dos adultos me perguntando, quando era criança: "O que você quer ser quando crescer?" Com 27 anos, eu tinha a chance de fazer essa pergunta a mim mesmo.

Qual *era* minha visão para o futuro?

Dada a minha experiência, senti que podia dar várias respostas a essa pergunta. Com a idade, sentia que me conhecia um pouco mais. Assim, quando entrei no túnel que atravessa as montanhas — separando a base militar de Honolulu —, minha mente voltou à época em que eu tinha 10 anos, a idade em que decidi que queria ir para o mar e ser comandante de navio. Também pensei em quando decidi me tornar piloto de combate, aos 21 anos.

Com 27 anos, eu não queria mais ser um oficial de navio e também não queria mais ser piloto. Nessa idade, eu achava que navegar ou voar pareciam sonhos de criança.

Ao ver a cidade de Honolulu surgindo à minha frente, à medida que saía do túnel, agradeci pela oportunidade de, mais uma vez, poder escolher meu próprio caminho.

Assim que cheguei ao meu condomínio, em Waikiki, tirei o uniforme militar e vesti roupas civis. Percebi que usara uniformes militares por mais de nove anos, então tirei e empacotei todos os uniformes de meu closet, e nunca mais os usei.

IRMÃO RICO, IRMÃ RICA

Cerca de uma semana depois, fui até os escritórios da Xerox, em Honolulu, usando um terno azul-marinho, uma camisa branca e uma gravata. Eu estava prestes a ver o mundo e a me tornar uma nova pessoa usando um uniforme novo. É o uniforme que uso até hoje.

De 1965 até 1974, eu não sabia exatamente o que minha irmã estava fazendo. Raramente nos falávamos — afinal, ela procurava a paz e eu estava combatendo uma nova guerra.

Durante a década seguinte, a vida de minha irmã continuou um mistério para mim. Sabia que ela estava morando, com a filha, em uma comunidade nas montanhas da Ilha Grande. Meu pai, com frequência, reclamava de seu estilo de vida, pois estava preocupado com a neta. Eu não prestava atenção às suas reclamações; estava passando pelas minhas próprias mudanças. O mundo de minha irmã e o de meu pai não eram o mundo em que eu estava vivendo.

Os anos entre 1974 e 1985 trouxeram muitas mudanças.

EM RELAÇÃO ÀS MULHERES

Não houve muitas mulheres em minha vida nesse período. No serviço militar, são poucas as oportunidades de relacionamento, porque, obviamente, há muito mais homens do que mulheres nas bases. Ao menos essa era minha desculpa. A maioria das mulheres de minha vida — e eu gostava desses relacionamentos — eram garotas da guerra ou prostitutas.

Mas em 1974, eu estava pronto para compensar o tempo perdido. Encontrei mulheres maravilhosas no trabalho, na igreja, nos bares, nos seminários. Eu achava que morrera e chegara ao paraíso.

EM RELAÇÃO À EDUCAÇÃO

Meu pai pobre sugeriu que eu voltasse para a escola para fazer mestrado ou ter um diploma de advogado. Fui para a Escola de Direito da Universidade do Havaí e rapidamente percebi que não tinha nem aptidão nem desejo de me tornar advogado. Então, me candidatei ao mestrado em negócios, mas soube que precisaria de muito mais matérias de administração em meu currículo antes de ser aceito no programa de MBA.

Após os seminários do EST, percebi que estava muito mais interessado em seminários de desenvolvimento pessoal do que em educação formal. Gostava

CAPÍTULO 7

Jogando com Dinheiro

Em um evento liderado pelo dr. R. Buckminster Fuller, ele disse: "O governo é desonesto com nosso dinheiro."

Até aquele momento de sua fala, eu não estava muito interessado no que ele tinha a dizer, já que, até então, ele estava falando sobre a ciência e a matemática. Mas quando começou a explicar como os ricos manipulavam o sistema financeiro por intermédio dos políticos, fundamentalmente roubando de pessoas honestas, que trabalhavam por dinheiro, fiquei interessado.

Não era a primeira pessoa que falava sobre isso. Eu já escutara essas palavras de meu pai rico e também do presidente Kennedy. Fiquei completamente alerta quando o escutei dizer: "Os ricos usam o governo, por meio dos políticos eleitos, dos advogados e contadores, para legalmente colocar a mão em seu bolso, tirar seu dinheiro e colocá-lo no bolso deles."

Às vezes, precisamos ouvir uma coisa mais de uma vez, de pessoas diferentes, para que a mensagem seja realmente compreendida. Quando o dr. Fuller disse as mesmas coisas que diziam meu pai rico, meu pai pobre, os presidentes Kennedy e Eisenhower, a mensagem ficou mais impactante. Foi como encontrar uma peça do quebra-cabeça que estava faltando — essa peça ajudou minha vida a ter mais sentido e um significado maior.

Fuller falou do fato de que cada um de nós tem um propósito para estar aqui na Terra — um trabalho a fazer. Falou sobre cada um de nós ter recebido um dom especial divino e era nosso trabalho desenvolver esse dom e doá-lo para o mundo. Ele foi categórico ao afirmar que não estamos aqui apenas por dinheiro. Ele estava certo de que os seres humanos estavam aqui para fazer do planeta um lugar melhor para todos, não apenas para os ricos ou aqueles que nasceram nos países ocidentais.

Ele achava ridículo que nosso sistema econômico se baseasse na filosofia de um pastor chamado Thomas Malthus, que pregava a filosofia de escassez, e não de abundância. Com frequência, Fuller falava que Deus, ou o Grande Espírito, era generoso e dava abundância a todos nós. Era perturbador para ele que alguns poucos homens clamassem a abundância divina como deles e depois vendessem as dádivas divinas de volta para nós... como fazem as companhias de petróleo.

dos cursos que expandiam minha mente e meu espírito, muito mais do que competir por notas com meus colegas de classe. Passei grande parte de meus fins de semana fazendo cursos sobre os mais variados temas. Fiz seminários sobre funcionamento do cérebro, sexo tântrico, renascimento, neurolinguística, PLN e regressão a vidas passadas. Fiz até mesmo um curso de comunicação com os mortos.

Ninguém falou comigo, nem mesmo minha mãe.

Em muitos desses cursos, esbarrei na noção de que nossas almas têm um propósito — muito mais elevado do que ser um empregado ou um soldado do governo. A ideia de, possivelmente, termos um propósito maior para a vida me intrigou.

Em relação às finanças, assisti a aulas de administração e de investimentos, não pelas notas, mas para me tornar um investidor e empreendedor mais competente.

EM RELAÇÃO AO ESTILO DE VIDA

Eu sabia, no fundo da alma, que queria ser rico. Eu não queria apenas o estilo de vida de classe média de meus pais; queria ser muito rico. Não sabia como iria conseguir isso, apenas sabia que queria chegar lá.

Espiritualmente, eu não queria idolatrar ou ser escravo do dinheiro. Isso estava claro para mim, porque meus pais tinham amigos que pouparam, pouparam e pouparam. Eles tinham toneladas de dinheiro, mas viviam de forma frugal, abaixo de suas possibilidades, afirmando que o dinheiro era a raiz de todos os males. Para mim, essa atitude transformava o dinheiro no deus que eles idolatravam — ou temiam.

Eu simplesmente queria ser rico, o que significava ser rico mental, física e espiritualmente. Queria desenvolver o toque de Midas; assim, tudo que eu tocasse se transformaria em ouro. Estava disposto a estudar muito; a trabalhar com afinco e desenvolver meu espírito, assim um dia eu poderia ser uma pessoa rica, e não uma pessoa de classe média com um monte de dinheiro.

EM RELAÇÃO À VISÃO

Observando meu pai no final de sua vida, pude ter uma visão do futuro. Ali estava ele, altamente graduado, trabalhando muito, um homem socialmente

CAPÍTULO 7

responsável, batalhando em seus dias finais em empregos medíocres, com pouco dinheiro guardado e investido em seu nome. Ele era completamente dependente do governo para ajuda financeira e médica.

Nele, tristemente, eu pude ver o futuro de uma geração inteira — os chamados *baby boomers*.

Mal sabia que observar a vida de luta de meu pai seria, um dia, o catalisador de meu trabalho. Hoje, fico imaginando se a luta de meu pai me aproximou de meu propósito; se foi a razão de escrever *Pai Rico, Pai Pobre* para criar o jogo *CASHFLOW®* e de meus esforços para levar educação financeira ao mundo inteiro. Poderia minha visão do futuro conduzir-me à minha missão futura?

EM RELAÇÃO À ATRAÇÃO VERSUS AMOR

Ao longo dos anos, encontrei mulheres maravilhosas por causa da atração sexual e até mesmo me apaixonei por algumas delas. Entre 1974 e 1984, aprendi da pior maneira possível que não estava pronto ou suficientemente amadurecido para o amor. Meus relacionamentos nunca davam certo. Encontrei grandes mulheres, mas ainda não era um homem que merecesse uma grande mulher.

Agora, casado com Kim, sou grato por reconhecer a diferença entre atração e amor. Eu não teria um casamento estável hoje se não tivesse aprendido essa importante distinção.

EM RELAÇÃO AO DINHEIRO

Em algumas das igrejas que frequentei, conheci pessoas que rezavam pedindo a Deus que resolvesse seus problemas financeiros. Muitos pareciam pensar que Deus provê, assim como muitos pensam que o governo provê. Em alguns dos seminários de desenvolvimento pessoal de que participei, muitas pessoas acreditavam que o pensamento positivo — ou escrever seus objetivos em um pedaço de papel e olhar para eles diariamente — era o suficiente para se tornar rico.

Não acredito em fazer pedidos por mais dinheiro. Graças a meu pai rico, acreditei que educação financeira, experiência, talento, trabalho e dedicação são as coisas necessárias para se resolver problemas financeiros. Parece que muitas pessoas acreditam que "Deus proverá" e, convenientemente, esquecem a segunda parte da mensagem: "Doe e receberá."

Em uma igreja, escutei o pastor dizer: "É importante acreditar que Deus proverá, mas mesmo assim você deve fazer alguma coisa. Fé sem trabalho não vale nada." Muitas igrejas enfatizam a questão das doações e dos dízimos, o que significa dar de volta a Deus. Mais uma vez, parece que as pessoas querem dinheiro, mas, quando se trata de *doar* dinheiro, elas preferem ficar do lado de quem recebe.

Meu pai rico costumava dizer: "Dê o que você quer receber. Se você quer receber um sorriso, dê um sorriso. Se quiser um soco no meio da boca, dê um murro antes. Se quiser dinheiro, doe dinheiro." Ele também dizia: "As pessoas pobres são pobres porque não doam o suficiente. Com frequência, elas afirmam: 'Darei dinheiro quando tiver dinheiro.' É por isso que elas não têm dinheiro. Se você quer dinheiro, dê dinheiro. Se quer mais, dê mais."

EM RELAÇÃO A ENCONTRAR SEU PROPÓSITO DE VIDA E DOAR SEUS TALENTOS

Em algumas das igrejas e alguns dos seminários que frequentei, ao longo dos anos, aprendi que Deus ou uma força superior deu a cada um de nós um dom. Devemos descobrir que dom é esse e utilizá-lo para o bem da humanidade. Mesmo que eu não soubesse, na época, se tinha esse dom, mantive minha mente aberta à possibilidade de que tinha algo para oferecer e focar nessa doação, em vez de esperar que Deus viesse prover minhas necessidades. Foquei a generosidade e em servir como caminhos para que meus sonhos se tornassem realidade.

Hoje, percebo que muitas pessoas não doam seus talentos por duas razões. Uma delas é que elas não reconhecem que possuam um. A outra é que, se reconhecem seu dom, não trabalham para doá-lo. Muitas pessoas acham que um dom deveria aparecer com facilidade. Tiger Woods, por exemplo, é um jogador de golfe incrivelmente talentoso, mas, apesar da habilidade natural, ele trabalha arduamente para desenvolver e oferecer sua arte ao mundo. Muitos golfistas são tão ou mais talentosos do que Tiger, mas não trabalham e treinam com tanto afinco quanto ele.

CAPÍTULO 7

EM RELAÇÃO AO CARÁTER E
ÀS FALHAS DE CARÁTER

Nas igrejas e seminários, também aprendi que a firmeza de caráter é essencial para que você ofereça seus dons à humanidade. Sendo seu dom um presente de Deus, ou de um poder superior, é importantíssimo que ele seja entregue às pessoas com o mais alto grau de integridade e caráter. Ao longo dos anos, vi meu dom ser diminuído quando permiti que minhas falhas de caráter dominassem minhas ações. Descobri que se quisesse receber mais da vida, precisava aprimorar meu caráter não deixando que minhas falhas de caráter anulassem minhas virtudes.

Como disse anteriormente, força e falha de caráter são os dois lados da mesma moeda.

Em um seminário, percebi que muitas pessoas não conseguem desenvolver plenamente suas forças de caráter porque *conhecem* o poder de suas falhas, de seu lado sombrio. O líder do seminário demonstrou habilmente que nossas falhas ou forças de caráter se revelam em momentos de pressão. Sob estresse uma pessoa que se esforça em ser honesta pode roubar, ou uma pessoa normalmente gentil pode mostrar o lado sombrio escondido sob a máscara.

O estresse e os desafios têm o poder de trazer à tona o melhor e o pior de uma pessoa. Durante esse seminário, percebi que, se quisesse desenvolver inteiramente meu potencial, teria de dar um jeito de permitir que meu lado negro viesse à luz. Hoje, acredito que sou uma pessoa melhor porque me sinto muito mais confortável tanto com o garoto bom e tímido que fui em minha infância quanto com o oficial frio e calculista de minha juventude, usando ambas as personalidades de maneira intercambiável.

EM RELAÇÃO À MISSÃO DE VIDA

Foi também nas igrejas e nos seminários que aprendi que o propósito de vida, ou missão, é pegar nosso dom, desenvolvê-lo e oferecê-lo à humanidade.

Minha razão para trabalhar na Xerox foi superar minha timidez e meu medo de rejeição e também aprender a vender. Meu pai rico dissera que saber vender era habilidade essencial de um empreendedor. Depois de quatro anos na empresa, eu me tornei um dos melhores vendedores, com salário compatível com meu desempenho.

IRMÃO RICO, IRMÃ RICA

A questão era que eu tinha dificuldade para me manter motivado. Após tantos seminários, sabia que minha missão não era ser promovido, ganhar mais dinheiro, subir na escada corporativa. Vender o mais recente modelo de copiadora não me empolgava, mesmo que eu ganhasse um monte de dinheiro com isso.

Apesar de ser naturalmente competitivo, eu não me empolgava em vencer nosso principal concorrente na época, a IBM. Descobri que um emprego, uma carreira, é muito diferente de um propósito de vida, de um chamado, de uma missão. Meu espírito se tornava mais forte, mais corajoso e eu buscava o chamado e não a vida de empregado.

EM RELAÇÃO À DEDICAÇÃO, DETERMINAÇÃO E DISCIPLINA

Com meu pai rico, aprendi que havia quatro tipos de pessoas no mundo dos negócios. Elas estão ilustradas no quadrante CASHFLOW.

Nossas escolas ensinam as pessoas a serem Empregados, E, ou Autônomos, A. O problema é que as pessoas mais ricas do mundo são D ou I, Donos de grandes negócios ou Investidores. Com meu pai rico, meus seminários de desenvolvimento pessoal e também com a igreja aprendi que para ser bem-sucedido, em qualquer um dos quadrantes, é preciso sacrifício.

E significa Empregado
A significa Autônomo, pequeno empresário ou especialista
D significa Dono de grande negócios
I significa Investidor

CAPÍTULO 7

Em 1974, decidi que não queria ser como meu pai pobre, ou seja, um Empregado no quadrante E, com emprego no governo, ou ouvir minha mãe e me tornar um médico, no quadrante A. Eu queria ser um D e um I: Dono de um grande negócio e Investidor. Com esse objetivo em mente, comecei a criar minha visão de futuro.

Quando disse a meu pai rico que queria ser empreendedor, ele me perguntou: "Você está disposto a peregrinar por quarenta anos?"

Quando perguntei: "Por que quarenta anos?", ele me respondeu: "Porque esse foi o período que Moisés vagou pelo deserto antes que Deus lhe entregasse a Terra Prometida." E acrescentou: "A maioria das pessoas não está disposta a esperar quarenta anos porque acha mais fácil conseguir um emprego e um contracheque. Eles nunca encontram seu Jardim do Éden, sua Terra Prometida, seu paraíso na Terra." Eles desistem de buscar a razão para a qual nasceram e nunca encontram sua família espiritual.

Para minha irmã, o teste de fé estava no budismo. Meu teste de fé estava no capitalismo. Pela segunda vez em minha vida, eu queria descobrir se tinha dentro de mim o matéria-prima necessária para ser bem-sucedido.

Em 1981, apesar de todas as minhas boas intenções e de meu conhecimento, eu me vi falido e divorciado. Construí e perdi meu primeiro empreendimento e havia me casado e me separado de minha primeira esposa. Experimentei o sucesso, construindo a empresa que inventou e vendeu carteiras de náilon para surfistas, com estampas de bandas como The Police, Van Halen, Boy George, Duran Duran, Iron Maiden e outros. Por cerca de um ano, fui milionário. E me apaixonei e me casei com uma grande mulher.

Mas deixei que o dinheiro, o sucesso, a luxúria e o amor subissem à minha cabeça. Tornei-me arrogante, comprei carros esportivos e comecei a trair minha mulher. Em vez de manter minha palavra de trabalhar em mim mesmo, deixei meu ego tomar conta.

Era a repetição de meu comportamento na Marinha. Ficou evidente que eu necessitava fazer alguma busca espiritual mais profunda se quisesse recuperar a força necessária para seguir em frente. Todos nós já vimos pessoas se desgraçarem por falhas de caráter e isso aconteceu comigo... pela segunda vez.

IRMÃO RICO, IRMÃ RICA

A parte triste foi que eu sabia do poder das palavras e da importância de cumprir os acordos. Ouvi isso muitas e muitas vezes nos muitos seminários dos quais participei, assim como nas aulas da escola dominical.

"E a palavra se fez carne", era a frase, embora nunca tenha de fato se referido à minha vida na época. Mas em 1981, em minha situação vulnerável, a percepção do significado dessas palavras ecoou em minha cabeça como um choque elétrico.

Será que simples palavras poderiam ter tanto poder? Será que simples palavras são capazes de determinar a qualidade de nossas vidas? Será que nossas vidas podem ser simplesmente reflexo de nossas palavras?

Será que é assim tão simples?

Atônito, comecei a imaginar que a diferença entre uma pessoa rica e uma pobre era a forma de ambas se expressarem. E a diferença entre uma pessoa feliz e uma deprimida seriam as palavras que murmuravam para si próprias? Será que a diferença entre um trapaceiro e uma pessoa honesta é uma simples escolha de palavras? A diferença entre um milionário e um bilionário são suas palavras?

Quando pensava em termos mais práticos, percebi que a diferença entre um dentista e um advogado — ambas pessoas inteligentes e bem treinadas — eram as palavras que usavam em suas profissões. Quanto mais pensava a respeito, mais percebia o quão poderosas são as palavras e o quanto nos *tornamos* as palavras que usamos.

O lampejo de percepção durou apenas um minuto. Depois disso, retomei meus pensamentos normais. Em termos simples, me pareceu que nosso cérebro é como o motor de um automóvel e as palavras, seu combustível. Se colocarmos combustível ruim, o motor não funciona bem. Será que o mesmo acontece com nossa mente e as palavras?

Percebi que minha habilidade de argumentar — ou a falta dela —, com as palavras que pronuncio, haviam se tornado carne. Eu era o produto de minhas palavras e havia perdido tudo. Eu me achava um perdedor e estava me tornando um.

Com uma clara percepção de que precisava mudar — e que precisava de ajuda —, saí em busca de um novo mestre e de novas respostas. Naquele ano, 1981, comecei a estudar com o dr. R. Buckminster Fuller.

CAPÍTULO 7

Após meu pai pobre e meu pai rico, o dr. Fuller tornou-se a terceira maior influência em minha vida. As pessoas o chamavam da mente mais original do século XX. Ele era um futurista, escritor, inventor e filósofo. Muitas de suas previsões estão se tornando verdade. Dr. Fuller também tinha a própria opinião sobre as palavras.

Ele dizia que as palavras são o instrumento mais poderoso criado pelo homem.

EMI: ESCOLHAS

Robert fala sobre as pessoas que conhecem as regras, mas não absorvem a mensagem, e sobre o ditado cristão: "A palavra se fez carne." Ele se pergunta: "É possível que algo tão simples quanto as palavras determine a qualidade de nossa vida? É possível que nossa vida seja um reflexo de nossas palavras?" Ele reflete sobre as palavras que usamos em nossas profissões.

Da mesma maneira, acredito que as palavras são um reflexo de nossa mente e a chave para nossas crenças.

Ele se pergunta se a diferença entre uma pessoa rica e uma pobre está em seu vocabulário. O vocabulário é um reflexo de nossa mente e de nosso estado mental. Enquanto usamos o vocabulário de nossa profissão, também incorporamos as características de nossas atitudes mentais sobre nossa posição na vida, nossas relações sociais, nosso relacionamento com a riqueza. Em cada profissão, há sempre alguém que é um sucesso estrondoso, próspero e famoso, assim como há aqueles que são obscuros e pobres e desafiados em seu trabalho. Isso é verdade para políticos e homens de negócios, para fazendeiros e religiosos.

Nunca pensei em ser monja. Quando estava na faculdade, escolhi psicologia e magistério, mas eu era uma peregrina; buscar sempre foi parte de minha vida.

Meu irmão, ao contrário, sempre foi muito mais focado.

Sempre que pensava sobre meu futuro, eu me sentia atraída por ciências sociais, mas meu pai me desencorajou. Meu pai sugeriu que eu buscasse ciências de verdade e não "pseudociências", como ele chamava a psicologia. Na época, foi mais fácil concordar com ele do que defender minha posição. Robert, ao contrário, quando foi questionado sobre as razões para se tornar militar, deu de ombros e seguiu sua vontade. Ele não se preocupou com aprovações ou consentimentos.

IRMÃO RICO, IRMÃ RICA

Estávamos ambos nos rebelando, cada um à própria maneira. Robert fez o que queria, enquanto eu busquei, silenciosamente, explorando novos caminhos e estilos de vida e aprendendo sobre a vida. Essa foi uma diferença enorme entre nós dois. Até 1968, ou seja, o ano em que engravidei.

Quando Erika nasceu, entendi que tinha novas lições para aprender, como cuidar de minha filha e conseguir nosso sustento. E tive de fazer isso enquanto continuava tentando entender a vida.

Quando Erika e eu fomos para as montanhas do Havaí, precisei da ajuda do governo. Robert teria tido um ataque, na época, se soubesse o que estava acontecendo. Eu também fico chateada, hoje, ao me lembrar disso. Meu pai sempre achou que o governo deveria tomar conta de nós, mas receber auxílio do governo não era o que ele tinha em mente. Ele se referia a um bom emprego público com uma boa aposentadoria.

Essas eram formas aceitáveis de o governo tomar conta de nós, mas depender de programas de assistência social, não.

Eu me justificava achando que estava fazendo algo de bom para os outros. Eu estudava espiritualidade e estava ajudando outras pessoas.

Eu era parte de uma comunidade que buscava a utopia perfeita — o paraíso na Terra. Tínhamos muito em comum e, infelizmente, uma dessas coisas era o fato de que todos nós recebíamos o auxílio à pobreza do governo. Olhando para trás, hoje percebo que comprei a ideia da assistência governamental porque isso era plenamente aceitável no grupo ao qual eu pertencia.

Minha ideia sobre assistência do governo começou a mudar quando uma amiga minha da faculdade me disse: "Já que o governo passara a dar dinheiro para as mães solteiras com crianças, o plano dela era continuar tendo filhos."

Isso me deixou arrasada.

No fundo, eu sabia que não estava certo. Outro alerta ocorreu muitos meses depois, quando me candidatei ao auxílio-alimentação do governo. A pessoa que autorizava o recebimento do dinheiro, por coincidência, era outra amiga de faculdade. Morrendo de vergonha, escutei-a dizer: "Todos nós passamos por alguma mudança na vida." Na época, foi apenas mais um sinal para mim de que precisava mudar, assumir o controle e sair da mentalidade de assistência social do governo.

CAPÍTULO 7

Quando Erika completou 4 anos, eu, finalmente, consegui, e resolvi que nunca mais em minha vida me veria nessa situação. Foi difícil porque meus estudos eram muito importantes para mim; assim, quase todo o dinheiro que eu ganhava ia para o pagamento de seminários, retiros e cursos de desenvolvimento pessoal. Foi uma batalha financeira, mas aquelas aulas eram algo que eu sabia que precisava fazer. Mas descobri que, para ser congruente com meu caminho espiritual, eu tinha de ser ética e sair da dependência do auxílio do governo — por mim e por minha filha. Essa dependência estava matando meu espírito.

Além disso, aquela atitude conflitava diretamente com meu desejo espiritual por liberdade. Buda nos ensina que temos o potencial para ser livres e que precisamos trabalhar por isso. A palavra "Buda" significa despertar. Um Buda é alguém que conseguiu se purificar de todos "os véus e crenças" para conquistar qualidades virtuosas excelentes. Era tempo de me livrar de meus véus e me tornar uma pessoa melhor.

O budismo me atraiu por causa dos excelentes ensinamentos e da clareza de professores que me explicaram como aplicá-lo. Outra razão de minha atração era que a maioria dos professores que encontrei eram pessoas gentis, felizes, que tinham um enorme senso de humor e aproveitavam a vida. Essas eram qualidades que eu queria cultivar em mim mesma.

Quando decidi trabalhar no Alasca para ter dinheiro para viajar e estudar na Índia, pedi ao meu marido para cuidar de Erika por um ano. Ele concordou, então ela voltou para o Havaí e ele a matriculou em uma escola budista japonesa em Honolulu. A decisão de deixá-la ia contra tudo que sabia ser o dever de uma mãe. Ela queria ir para Índia comigo. Infelizmente eu sabia que não teria dinheiro suficiente para levá-la.

Minhas decisões — de deixar o Colorado, trabalhar no Alasca e viajar para Índia — não faziam sentido para a maioria das pessoas. Meu ex-marido achava que minha ideia de partir e deixar Erika com ele era irresponsável; ele achava que eu era excêntrica. Meu pai ficou muito preocupado, minha mãe queria que eu fosse uma "boa menina" e minhas ações constantemente os frustravam. Mamãe e papai queriam uma vida de segurança e garantias. Mas eu buscava meu próprio caminho e, mesmo percebendo que eu poderia não encontrar o que procurava, estava disposta a assumir os riscos.

IRMÃO RICO, IRMÃ RICA

Pela primeira vez em minha vida eu não deixaria que a desaprovação dos outros me impedisse, sentia uma necessidade irresistível de ir. Eu seguiria adiante com ou sem permissão. Sabia o que queria, não havia dúvida em minha mente ou em meu coração. Ir para a Índia e estudar era o que eu queria fazer, mesmo que tivesse que deixar de lado meu papel de mãe.

Hoje percebo que esse era "meu chamado" e eu estava em busca de completude espiritual. Na época, eu sentia como se houvesse uma força incontrolável me impelindo a prosseguir. Um chamado tão poderoso que eu sabia que estava escolhendo o caminho certo. Muitas vezes, esses chamados envolvem sacrifícios e desafios. Foi tremendamente gratificante de um lado, mas havia a parte que estava fora de equilíbrio. Erika, como qualquer outra criança, queria estar com a mãe, mas minhas limitações financeiras não permitiram e a separação foi inevitável. Ao olhar para trás, sinto falta de alguns momentos preciosos de seu crescimento. Estar presente teria sido muito bom para nós duas.

8

ALIMENTO PARA A JORNADA

O dr. R. Buckminster Fuller se considerava um homem comum. Mas tinha a reputação de ser um dos homens mais bem-sucedidos da história dos Estados Unidos.

Sua vida tocou a nossa de várias maneiras, direta e indiretamente. Ele foi uma das pessoas que projetaram o domo geodésico perto do vulcão Kilauea e, nos anos 1980, compartilhou com Werner Eckhart, criador do EST, palestras ao redor do mundo, que ambos assistimos.

Ele se dedicou a descobrir o que os indivíduos poderiam fazer que as grandes organizações e até governos não podiam, em suas palavras, "aplicando os princípios da ciência para resolver os problemas da humanidade". Ele era conhecido como "o gênio amigo do planeta".

ROBERT: A BUSCA PELO ESTRESSE

Quando criança, percebi que tinha dois grandes problemas.

Um: eu era preguiçoso por natureza. Essa preguiça foi responsável por eu ter ido mal na escola e me custou milhões de dólares ao longo de minha vida.

Dois: eu não tenho qualquer talento em particular. Não havia nada em que eu fosse bom. Nenhuma especialidade. Eu era apenas mediano.

CAPÍTULO 8

Sabendo que era um preguiçoso nato, percebi que, se quisesse ser alguma coisa na vida, deveria procurar um ambiente em que a preguiça não fosse tolerada. Surfar era algo bom para mim. Se eu fosse preguiçoso, as ondas acabariam comigo. Na verdade, um de meus amigos morreu em Sunset Beach, onde surfávamos. Ele subiu em uma onda, mas se atrasou um pouco na virada. Foi coberto pela onda e seu corpo só foi encontrado dias depois, quando a equipe de busca encontrou parte do que sobrou depois que os tubarões acabaram com ele.

Dr. Fuller não era surfista, mas marinheiro, e dizia, com frequência, que os homens da terra eram diferentes dos homens do mar, porque esses últimos respeitavam o poder da natureza. Por haver passado tanto tempo no mar, eu aprendera a respeitar essas forças bem cedo em minha vida.

O futebol americano era outro lugar que funcionava bem para mim. Eu não gostava particularmente do esporte, mas precisava da disciplina. Jogar futebol americano não é para pessoas preguiçosas. O treino é intenso e o medo constante de lesões significava que o esporte não era para covardes.

Fui para Kings Point pelas mesmas razões. Sabia que o regime militar era a melhor forma de eu conseguir me formar. A disciplina era extrema, 24 horas por dia, sete dias da semana. Se eu tivesse ido para a Universidade do Havaí, teria desistido. O ambiente festivo da faculdade teria acabado comigo.

Mesmo na academia, eu procurava desafios. Eu me juntei ao time de remo porque tinha de fazer algo que fosse mais difícil, mais doloroso e mais disciplinado do que a própria escola. A dor de remar no inverno congelante de Long Island Sound era tão terrível que minhas mãos e nádegas viviam sangrando. Mas a dor era o escape de que eu necessitava para a aflição que sentia na escola.

Depois da academia, eu me juntei ao Corpo de Fuzileiros, onde a preguiça era definida como desonra. Isso significava que você poderia deixar seus companheiros em maus lençóis e isso não era tolerado. No Vietnã, a preguiça significava morte.

Talvez por essa razão, hoje eu seja um empreendedor. Para os empresários, preguiça significa falência. Não existe segurança no emprego, como em muitos países — como França e Austrália —, onde é muito difícil despedir um empregado por ele ser preguiçoso. Mas empregadores são despedidos diariamente — pelo mercado. Mais uma vez, esse é um ambiente em que a preguiça não é tolerada.

IRMÃO RICO, IRMÃ RICA

Ao encontrar um ambiente em que eu era desafiado mental, emocional, física e espiritualmente, além da realidade do que era possível, eu acabava entrando em um estado alterado de consciência. Experimentei isso muitas vezes. No futebol, peguei um passe que ninguém poderia ter pegado ou fiz um lance que parecia impossível. A pressão me jogava acima de meus limites autodefinidos. Eu jogava "fora de mim".

Na Academia da Marinha Mercante, em Kings Point, a equipe de remo proporcionava a mais intensa atividade entre os esportes. Robert é o remador na parte superior direita, com seu remo no ar.

Alguns terapeutas chamam isso de "meditação forçada".

Uma disputa de remo dura dez minutos. Depois dos quatro primeiros minutos, você está esgotado, e pelos próximos seis minutos seu corpo age por pura força de vontade. A dor é tão excruciante que não sobra energia alguma; apenas a sincronicidade espiritual que existe acima da dor e que se instala na embarcação. A equipe inteira de oito remadores entra em estado alterado de energia. É a equipe de oito homens que consegue competir na mais intensa e coesa força de vontade que ganha a competição.

No Vietnã, havia momentos em que minha tripulação e eu achávamos que iríamos morrer. E não morríamos. Algo mais assumia o controle. Com frequência, depois de um incidente, perguntávamo-nos: "Por que ainda estamos vivos? Por que os outros morreram? Como *saímos* dessa situação?" Muitas vezes transpusemos a barreira entre a vida e a morte, sem conseguir compreender o que havia acontecido.

CAPÍTULO 8

Minha irmã medita; eu, não. O estresse me leva para essa zona de estado alterado de consciência. Ilya Prigogine ganhou o prêmio Nobel de Química, em 1977, pela Teoria das Estruturas Dissipativas. Ele acreditava que o estresse era responsável pelo aumento da inteligência. Ao me colocar em situações intensas que me impulsionam além dos limites dos quais me julgo capaz, eu evoluo. E descobri isso por causa de minha preguiça inata.

Boa parte de minha vida tem sido assim: superar meu limite, que, segundo Prigogine, provoca o estresse que faz as coisas se reordenarem. A maioria das pessoas faz exatamente o contrário; elas vão pelo caminho mais fácil. Os atletas de alto desempenho sabem que devem ultrapassar seus limites se quiserem ficar mais fortes, melhores, mais rápidos. O aprimoramento ocorre quando os limites são ultrapassados.

Quando tinha 15 anos, fui para o futebol pesando 108 quilos; ao final da temporada, eu estava com 88 quilos e muito mais forte, graças ao estresse do exercício. Para ficar mais forte, o aço é frequentemente aquecido até ficar vermelho e depois é mergulhado na água fria. O estresse entre o calor e o frio fortalece o metal. É sobre isso que fala Prigogine. A exemplo do aço, os seres humanos se tornam mais resistentes pelo estresse. De 1974 até 1980, meu foco principal foi aumentar o poder de meu cérebro.

Eu descobri que realmente preciso de situações de estresse para relaxar. O golfe é relaxante para muitas pessoas, mas eu não consigo atingir um estado pleno de concentração. Acabo pensando em tudo, exceto no golfe quando jogo. Eu relaxo indo ao meu limite, por isso que sempre gostei de esportes extremos. Quando jogava rúgbi, pensava apenas no jogo, em mais nada.

De 1974 a 1980, meu foco em período integral era meu poder mental. Ao trabalhar na Xerox, meu trabalho era educar meu cérebro para se tornar um empreendedor. Outro foco era aumentar minha força de vontade. Enquanto meus colegas da Xerox estavam em casa vendo futebol pela televisão, ou nos bares atrás de mulheres, eu estava constantemente em seminários ou palestras, atrás de mulheres e buscando minhas respostas.

A ideia era vencer financeiramente ao aumentar tanto minha capacidade cerebral quanto minha força de vontade. Meu pai achava que eu estava desperdiçando tempo e dinheiro. Para ele, a única educação real estava nas universidades de renome como Universidade de Stanford ou de Chicago — onde ele estudou.

Embora ele nunca tenha se graduado nessas universidades, orgulhava-se de tê-las frequentado. Ele nunca compreendeu por que eu fazia cursos que não valiam como diplomas, não serviam para promoções nem para aumentar o salário.

Meu pai rico entendia o que eu estava fazendo. Ele não se graduou nem no ensino médio, não tinha um diploma universitário, mas frequentava regularmente os seminários do tipo de Dale Carnegie. Ele mergulhava no desenvolvimento pessoal. Ele sabia que o sucesso era muito mais psicológico do que acadêmico. Quando meu pai pobre descobriu que o pai rico voava de Hilo para Honolulu só para frequentar cursos de vendas ou ouvir palestras motivacionais, ele achava que meu pai rico desperdiçava tempo e dinheiro.

Nunca fui capaz de discutir o que estava aprendendo com meu pai pobre. Ele não queria ouvir nada que não viesse de uma escola formal e de renome. Por outro lado, o pai rico e eu passávamos horas conversando sobre o que estávamos aprendendo. Ele sabia que o sucesso era mais psicológico do que acadêmico. Estava mais interessado em poder pessoal do que em diplomas.

Meu pai rico sabia que a mente subconsciente era mais poderosa do que a consciente, e que ela poderia ser nosso melhor parceiro — assim como nosso pior inimigo. Ele sabia da importância de se educar ambas as mentes. Meu pai biológico — meu pai pobre — focava em educar a mente consciente.

Esquema simplificado do cérebro humano.

Tendo frequentado tanto a educação tradicional quanto os cursos de desenvolvimento pessoal, entendia o valor de ambas formas de educação. A edu-

CAPÍTULO 8

cação tradicional é importante, especialmente se quiser se médico, advogado ou progredir na hierarquia corporativa. A educação para o desenvolvimento pessoal é importante, também, especialmente se quiser se desenvolver pessoal, emocional e espiritualmente. Acredito que o desenvolvimento pessoal é especialmente valioso se você é muito ambicioso e quer conseguir, em sua vida, o tanto quanto for possível.

Existem muitas diferenças filosóficas entre os dois tipos de educação. A educação tradicional foca, principalmente, na mente consciente, na obtenção de respostas corretas e na tentativa de evitar erros. O desenvolvimento pessoal, por outro lado, foca no desenvolvimento do espírito. Foca na motivação, na expansão da realidade, em assumir riscos e na habilidade de levantar e sacudir a poeira, caso você fracasse. Esses cursos focam na mente subconsciente e em como ela trabalha *por* você, e não contra você.

Convidei meu pai rico para os seminários que frequentava porque achava que ele precisava aprender como se levantar novamente. Ele sempre foi um excelente aluno. Até perder a eleição, nunca havia fracassado na vida. Depois de perder a eleição e a mulher, ele não conseguia se reerguer. Seu coração estava despedaçado e estava sofrendo. Ele ainda tinha poder mental, mas havia perdido a força de vontade. Seu espírito estava derrotado.

Em 1980, perdi meu primeiro negócio e meu primeiro milhão. Se não fosse o treinamento em meus cursos de desenvolvimento pessoal, eu também não teria conseguido me reerguer. Perdi dois negócios antes de ganhar outro milhão de dólares e finalmente conseguir mantê-lo. Como muitos de nós sabem, o importante não é quantas vezes você cai, mas sim quantas vezes se levanta.

Hoje, Oprah Winfrey é o nome feminino mais proeminente em desenvolvimento pessoal. Ela inspira milhões de pessoas ao redor do mundo ao tocar seus corações e mentes, levando-as a se reerguer e a assumir o controle de suas vidas.

Muitas companhias de marketing de rede e vendas diretas têm programas de desenvolvimento pessoal. Essa é uma das principais razões pela qual recomendo esse setor. Ele traz muitos benefícios: primeiro construindo pessoas e depois as ensinando a construir negócios. Eu apoio negócios que ensinam pessoas a sobreviver no mundo real.

IRMÃO RICO, IRMÃ RICA

O desenvolvimento pessoal me ensinou que podemos criar nossa realidade. Permita-me um exemplo pessoal. Quando fui reprovado em inglês porque não conseguia escrever, fiquei emocionalmente ferido. A dor sangrou minha alma. Sentia que havia decepcionado minha família. Fiquei envergonhado porque era caçado pelos colegas de classe. A dor emocional transferiu-se para meus pensamentos: "Sou um estúpido. Sempre serei um estúpido. Nunca serei inteligente."

Esses pensamentos, fundidos com as emoções de tristeza e raiva, tornaram-se reais quando *acreditei* que era, de fato, estúpido e, assim, continuei a fracassar na escola. Não fosse por uma força de vontade inabalável, eu nunca teria me graduado na faculdade. Eu tive de *enfrentar* meus pensamentos — pensamentos que haviam se transformado em carne, em algo físico.

A bênção de uma das mulheres mais poderosas do mundo.

Em minhas aulas de ciências, aprendi que dois objetos não podem ocupar o mesmo lugar no espaço. Em um de meus seminários, aprendi que dois pensamentos também não podem ocupar o mesmo lugar. No meu exemplo, eu não poderia pensar "sou inteligente" porque o pensamento "eu sou estúpido" já estava ocupando aquele espaço. Somente quando as emoções de tristeza e raiva se esvaeceram foi que o pensamento "eu sou estúpido" foi abandonado e o novo pensamento "eu sou inteligente" pôde ocupar o espaço agora livre.

159

CAPÍTULO 8

Quando esse pensamento finalmente se dissolveu, minha sede de saber retornou e eu pude voltar a ser um estudante, aos 27 anos — faminto por aprendizado.

Este é um exemplo de uma das transformações que passei como resultado de meus cursos de desenvolvimento pessoal. Fui capaz de me curar mental e emocionalmente. É irônico que, aos 15 anos, fora reprovado na escola por não saber escrever e hoje seja conhecido principalmente como escritor. Não fosse pelas aulas de desenvolvimento pessoal, hoje talvez eu ainda me considerasse deficiente intelectual e você não estaria lendo este livro.

Muitas pessoas têm bloqueios emocionais, mentais e físicos. Se forem profundos, as linhas que conectam seu espírito com Deus ficam bloqueadas, a força pessoal — sua capacidade de fazer e criar — é reduzida. Muitos cursos de desenvolvimento pessoal, terapias, programas de autoajuda e religiões são projetados para reconectar as pessoas com Deus. Depende de o indivíduo *querer* aumentar seu poder pessoal e procurar a assistência adequada para recuperar seu poder.

Hoje, quase todas as pessoas importantes têm um *personal coach*. Muitos deles usam tecnologia de potencial humano que se originou nas religiões do Oriente-Ocidente, na psicologia moderna e nas culturas locais. Meu pai rico foi um de meus primeiros *coaches*. Hoje, tenho vários *coaches* para cada um dos diferentes aspectos de minha vida.

Uma das definições da palavra *poder* é "A habilidade de fazer ou criar". Minha razão para ir a esses seminários era reconquistar meu poder. Eu sentia que meu poder pessoal fora minimizado em casa, na igreja, no trabalho e na escola. Eu sabia que tinha potencial, mas algo estava me puxando para trás.

Outra lição que aprendi em um desses seminários é que não somos nossa mente.

O conceito era que a mente pode ser nossa inimiga, assim como nossa amiga; na verdade, elas até mesmo sabotam nossos sonhos. Até aquele seminário, eu sempre pensara em minha mente como amiga. Depois, comecei a perceber quanto minha mente poderia me impedir de conseguir aquilo que queria da vida. Entender isso me ajudou a compreender por que as pessoas pobres querem ser ricas, mas apesar disso continuam pobres; as pessoas obesas que querem emagrecer se tornam ainda mais gordas; as pessoas sozinhas permanecem sozinhas e o sucesso escapa das pessoas talentosas.

Círculos Concêntricos

Muitos cursos de desenvolvimento pessoal têm suas origens nas religiões do Ocidente e do Oriente, com base no poder espiritual. Estudei os círculos concêntricos, cuja origem é creditada ao educador oriental Confúcio. Quando observamos os círculos de Confúcio, os cinco primeiros anéis são:

Espírito Mente Corpo Família Humanidade

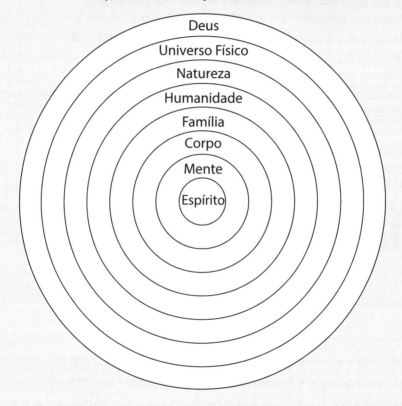

À medida que estudava, descobri que nossos espíritos são como serragem, flutuando em torno do primeiro círculo. Quando adicionamos a mente — círculo número dois —, nossos pensamentos podem funcionar como cola para nosso espírito, tornando-o inteiro. Assim que nosso espírito e mente tornam-se um só, então eles se manifestam em nosso corpo — círculo número três. Quando isso acontece, nossos pensamentos se tornam matéria — carne. Nossos pensamentos se tornam nós. Então, podemos criar nossa realidade.

CAPÍTULO 8

Visão e Profecia

Quando Noé estava construindo sua arca, fazia sol. Ele construiu a arca em resposta a uma mensagem de Deus. Ao longo da história, muitas pessoas que fizeram coisas extraordinárias foram motivadas por alguma visão, alguma profecia, uma urgência de mudar o futuro. Por exemplo, Albert Nobel criou o Prêmio Nobel da Paz quando viu o poder inerente de sua criação — a dinamite — e como o poder do dinamite poderia ser usada tanto para *construir* quanto para *destruir*.

Após meu encontro com o dr. Fuller, também tive uma visão e uma profecia. A mesma visão que meu pai rico teve e meu pai pobre estava vivenciando. É um problema do qual muitos de nós estamos conscientes agora — o tremendo hiato econômico entre os pobres e os ricos e a dependência de milhões de pessoas, das nações ocidentais, de ajuda financeira e assistência médica do governo. Na época, eu estava trabalhando apenas para me salvar da profecia e da visão que eu via se aproximando. Eu podia enxergar a tempestade se formando e estava trabalhando o máximo que podia para não me tornar uma vítima do que estava vendo.

Quando encontrei o dr. Fuller, eu estava trabalhando unicamente por minha salvação. Após encontrá-lo, percebi que precisava ir além de minhas necessidades pessoais.

Ao ver meu pai sentado em casa, dependente dos programas do governo para mantê-lo vivo, eu vi meu próprio futuro, especialmente se não agisse imediatamente para mudá-lo. Olhando para o futuro, eu podia ver um número crescente de pessoas como meu pai.

O ponto que o seminário salientava é que nossa mente, com frequência, nos induz a fazer coisas que sabemos que não devemos fazer. Nossa mente nos leva a mentir, quando sabemos que deveríamos dizer a verdade. É nossa mente que nos leva a trapacear quando sabemos que deveríamos seguir as regras. Isso acontece principalmente quando nossa força de vontade é menor do que o poder de nosso cérebro.

Cada vez que desafiamos a moral e a ética e mentimos a esse respeito — principalmente a nós mesmos —, sacrificamos um pouco de nosso poder pessoal. Se quisermos *recuperar* nosso poder pessoal e espiritual, temos de ser honestos, dizer a verdade e encarar as consequências, como fiz com meu oficial comandante quando disse a verdade sobre as bebidas e as mulheres nas

IRMÃO RICO, IRMÃ RICA

ilhas desertas. Colocando isso tudo de maneira simples: temos a habilidade de aumentar nosso poder pessoal e espiritual se tivermos a coragem de dizer a verdade.

Este seminário também me recordava da igreja. Na igreja, ouvia mensagens semelhantes sobre o poder da verdade, embora colocada de forma diferente. No seminário, eu ouvia a mesma mensagem expressa de maneira muito mais direta e até mesmo de modo confrontador. Acho interessante quantas pessoas, eu inclusive, têm dificuldade em dizer a verdade. Parece que nosso desejo de sermos perfeitos — pessoas que não erram — pode nos fazer nos apegar aos nossos segredos.

Ao longo dos anos, a mesma mensagem, a mesma lição sobre o poder das palavras continuava surgindo em diversos cursos que frequentei.

Em 1981, participei de um curso intitulado "O Futuro dos Negócios", em um resort de esqui perto do Lago Tahoe, entre Califórnia e Nevada. Era um encontro de uma semana tendo o dr. R. Buckminster Fuller como orador principal. Foi um evento horrível, entediante e, por diversas vezes, pensei em ir embora. Mas por alguma razão, fiquei e hoje sou grato por não tê-lo abandonado, porque, no último dia, passei pela mais poderosa transformação de minha vida. Eu não estaria escrevendo, e você não estaria lendo este livro, se tivesse saído do seminário antes da hora.

Por duas vezes, durante o tempo em que permaneci com o dr. Fuller, atingi uma sensação diferente de ser. Acredito que entrei em uma dimensão paralela à nossa realidade corrente. Aqueles dois eventos, embora muito diferentes dos estados de consciência que eu atingia pelo estresse, foram igualmente poderosos. Eles chegaram pela compaixão, e não pela dor. Cada grupo do qual eu fiz parte — futebol, remo, Marinha — exigia obstinação.

Mas com o dr. Fuller, entrei em estado de compaixão, e não de obstinação.

Meu problema com a preguiça inata — à qual, no final, sou agradecido — me colocou em lugares em que a indolência ou o carma do meu passado não me derrotariam. Eu não me permito o luxo de dizer: "Não posso fazer algo" ou "Não posso arcar com isso". Isso é preguiça e não permitirei que a preguiça determine meu destino.

Meu futuro é hoje.

CAPÍTULO 8

Isso é carma.

Hoje atinjo dois estados de consciência e uso ambos. Um é o estado de obstinação; o outro, de compaixão. Ambos me levam a um ponto similar, que é uma espécie de euforia em que as coisas sobre as quais me preocupam nada representam.

Quando fico sabendo ou converso com as pessoas que estão estressadas por causa de contas e de emprego, não posso deixar de pensar que elas estão nessa situação porque não se estressaram o *suficiente*. Elas não se pressionaram além dos limites da dor. Em um noticiário, eu me lembro de ter visto uma mulher lamentar-se por estar atrasada quatro meses na prestação da casa e estava prestes a ser despejada. O repórter perguntou o que ela pretendia fazer. A resposta foi surpreendente: "Bem, vou esperar pelo melhor." Isso me fez lembrar um sermão que meu pastor fez quando eu era criança, intitulado: "Esperança é para os Desesperançados."

Quando o dr. Fuller disse que se considerava um homem comum, sem qualquer talento especial, senti uma conexão. Assim como eu tive meus problemas de conduta na Marinha, ele foi expulso de Harvard duas vezes para, finalmente, receber seu diploma da Academia Naval dos Estados Unidos. Ele dizia que não tinha um talento especial; no entanto, conquistou muitas coisas. O American Institute of Architects deu a ele seu prêmio maior, a medalha de ouro, mas ele não era arquiteto. Harvard o reconheceu como um de seus mais notáveis graduados, mas ele, na verdade, nunca se graduou por Harvard. Ele escreveu 25 livros e registrou mais de 200 patentes, mesmo não sendo especialista em coisa alguma.

O dr. Fuller disse que uma vida de especializações poderia facilmente se transformar em uma vida de obsolescência. E quanto mais especializado é, menos pessoas você pode ajudar. Ele achava melhor ser um generalista. Especialistas olham o mundo por um ponto de vista estreito, enquanto os generalistas veem a vida de maneira ampla.

Nossas escolas tradicionais nos treinam para sermos especialistas, não generalistas. Os empreendedores são, normalmente, generalistas, e são frequentemente os mais ricos, porque ajudam um número muito maior de pessoas. Como generalista, posso reunir equipes de pessoas brilhantes para fazer as coisas acontecerem. No processo, todos aprendem e crescem juntos, ganhamos dinheiro e ajudamos os outros.

O dr. Fuller me inspirou para quase tudo que faço hoje. Ele disse que Deus é abundância, e não escassez. Ele revelou que a economia, convencionalmente definida como "a alocação de recursos escassos", é um mito. Os recursos não são escassos. Todos podem participar da abundância e é isso, na verdade, o que Deus quer que façamos.

Ele me ajudou a entender que qualquer pessoa pode enriquecer se for ensinada sobre como se faz. E a oportunidade de aprender é direito de todos. Ao combinar o senso de ajuda de meu pai pobre, o senso financeiro de meu pai rico e os princípios generalistas do dr. Fuller, fui capaz de criar vida própria — remover-me da Corrida dos Ratos e, então, buscar e realizar o trabalho de Deus.

Fuller constantemente falava sobre o estado do planeta. Ele disse que os seres humanos estão no que ele chama de "teste final", e se não cuidarmos do planeta, ele irá perecer. Ele acreditava que era sandice nos matarmos por petróleo e investir tão pouco em energia renovável e ilimitada, como a energia solar. Toda a energia que precisamos está ao nosso dispor, e ainda assim lutamos por um recurso limitado que quando é consumido contamina o planeta e prejudica a todos.

Eu fiz um compromisso em realocar meus investimentos em petróleo para o desenvolvimento de energia solar. Não é a ciência, mas a ganância que impede o progresso no desenvolvimento de energia renováveis, porque não descobriram um jeito de explorar financeiramente o consumo da energia do sol.

Dr. Fuller também acreditava no poder das palavras. Ele dizia: "Palavras são a ferramenta mais poderosa criada pela humanidade." Embora ele acreditasse em um deus — uma força suprema não humana — ele não era um homem religioso. Frequentemente, ele mencionava como religiões pacíficas e líderes educacionais usavam palavras como armas contra líderes militares. (Sendo uma pessoa que passou quatro anos em linha de combate, acho a ideia de que as palavras possam ser usadas como armas uma novidade.) Ele também nos alertava que as palavras poderiam ser usadas como armas para destruir ou debilitar pessoas. A maioria de nós já foi magoado ou difamado com coisas que não eram verdadeiras. Vemos palavras sendo usadas como armas o tempo todo.

CAPÍTULO 8

Essas regras não são minhas, e não são de dr. Fuller. Como ele afirmou na aula que assisti em agosto de 1981: "Você não criou este universo, e certamente não está no controle." O universo vai seguir seu caminho com ou sem os seres humanos. Mas acredito que depende de nossa geração resolver nossos problemas para sobreviver e vivenciar aquilo que Deus pretende para nós, que é o paraíso na terra.

EMI: PEQUENAS COISAS PARA DIGERIR

Minhas limitações estiveram comigo a vida toda. Desde sempre, evitei o conflito e busquei a aprovação das pessoas que exerciam autoridade.

Enquanto procurava por meu caminho, eu me escondia de minha própria autoimagem e das vergonhas de meu passado. Na escola, nunca fui considerada muito inteligente; depois, já adulta, descobri que tinha DDA (distúrbio de deficit de atenção), não diagnosticado então, o que fazia eu me sentir desorganizada e ter problemas de concentração. Em consequência do problema, eu própria não me considerava muito inteligente.

Como meu pai era o secretário de educação, isso criava pressão e me fazia ter medo de falar em classe, porque as pessoas poderiam descobrir que eu *não* sabia muito. Eu amava meu pai e queria agradá-lo, assim, em vez de me envergonhar e desapontá-lo, escolhi ficar calada. Recuar para evitar situações difíceis tornou-se um padrão precoce em minha vida.

Talvez se a escola tivesse oferecido maiores oportunidades para explorar, perguntar e descobrir, eu não tivesse ficado na retaguarda. Não havia muitas chances para os professores oferecerem atenção especial ou para me ajudarem a desenvolver minha autoestima. Eu ficava apavorada com a ideia de errar; por isso não arriscava explorar e descobrir o que estava "certo". Mesmo assim, exploração e descoberta tornaram-se fundamentais para mim.

Eu não queria a mesma antiga vida. E de certa forma, minha limitação de fugir do conflito tornou-se uma bênção, pois foi isso que me conduziu ao caminho que se tornou minha vida e para mestres maravilhosos como Sua Santidade, o Dalai Lama. Isso não quer dizer que eu tenha superado essa dificuldade e possa enfrentar o conflito de cabeça erguida, mas continuo a trabalhar nisso.

IRMÃO RICO, IRMÃ RICA

Minha segunda limitação, de sempre buscar aprovação, encaixava-se tão perfeitamente na minha primeira que ambas formavam um elegante sistema que governara minha vida desde a infância. Hoje, tenho consciência de minhas limitações. Busco reconhecê-las sempre que elas emergem e, então, uso-as como ferramentas para me ajudar a seguir adiante de maneira mais construtiva.

Desde a adolescência, Robert se coloca em situações que o forçam a superar suas limitações. Ao contrário dele, eu busco situações que *perpetuem* as minhas. Na verdade, olhando para trás, as escolhas diárias que fiz no sentido de evitar conflitos e buscar aprovação eram reflexivas, e não conscientes. Quase tudo que fiz em minha vida reforçou minhas tendências negativas, enquanto Robert forçou-se a conquistar ou reposicionar suas fraquezas.

Desde muito cedo, ele teve seu pai rico como mentor e professor.

Houve um momento em minha vida que tentei me impor, eu tinha 14 anos. Minha irmã e eu frequentávamos reuniões da 4-H, uma organização de formação de jovens. Em uma reunião assumi a tarefa de organizar uma barraca de venda de sushi em um evento para arrecadação de fundos. O projeto incluía arrecadar dinheiro para todos os ingredientes, recrutar os voluntários e preparar centenas de sushis. Era um grande evento na comunidade. Eu havia assumido uma tarefa gigantesca, que uma jovem de 14 anos não conseguia compreender totalmente.

Quando contei a minha mãe, ela perguntou por que eu havia assumido tamanha responsabilidade, dando a entender que não conseguiria. Imediatamente me vi em conflito — estava preocupada em não conseguir e não queria decepcionar o líder da organização. Assumi um grande risco, e no processo deixei de lado a aprovação de minha mãe.

O evento foi um sucesso. Embora eu tenha ajudado, a maior parte do trabalho foi feito pelo líder da organização. Mesmo as coisas tendo dado certo, me senti muito mal e nunca esqueci da experiência.

Hoje, sei que não poderia se esperar muito de uma menina de 14 anos a quem tinha sido delegado um trabalho gigantesco sem qualquer treinamento, apoio e incentivo. Olhar o passado permite essa clareza e objetividade. Na época, porém, o episódio só serviu para reforçar minhas limitações.

CAPÍTULO 8

Gostaria de, na época, conhecer essa simples prática budista que diz o seguinte:

Em todas as minhas ações, examinarei minha mente e, no momento em que uma atitude perturbadora surgir, eu a enfrentarei e a evitarei com firmeza.

Essas são as palavras do mestre tibetano, do século XI, Geshe Langri Tangpa, encontrado nos *Oito versos de transformação do pensamento*. Eu uso versos como esses e, por meio do que é conhecido como "meditação analítica", faço uma comparação com minha própria experiência de vida. Aqui está um verso poderoso que me ajudou em momentos nos quais cruzei com pessoas difíceis: "Quando alguém a quem ajudei e em quem depositei grande confiança me machuca terrivelmente, exercitarei enxergar aquela pessoa como meu mestre supremo." Todos nós já tivemos colegas de trabalho, familiares, amigos ou vizinhos que nos decepcionaram, que dizem uma coisa e fazem outra. Esse ensinamento remove a culpa, reflete nossas expectativas e nos ajuda a desenvolver maior tolerância por aqueles ao nosso redor. Ele nos ajuda a desenvolver compaixão, em vez de raiva e justificativas.

Sua Santidade, o Dalai Lama, menciona que o presidente Mao Tse-tung foi seu grande mestre. Foi sob o reinado de Mao que os tibetanos perderam seu país, enfrentaram a inanição e a destruição de mais de seis mil monastérios e a morte de mais de cem mil pessoas. O Dalai Lama diz que a situação o ajudou a sentir-se "desprovido, quase um simples monge".

Eu estudo e ensino essas meditações e tenho de colocá-las, diariamente, em prática. Ninguém é perfeito e eu, certamente, não sou. Mas anos de meu próprio desequilíbrio e de penúria cobraram seu preço.

Em 1998, durante um exame de rotina, fui informada de que tinha câncer. Senti muito medo, primeiro por causa do diagnóstico, segundo porque não tinha a menor ideia de como pagaria pelas despesas médicas. Eu havia passado a vida inteira tentando desenvolver habilidades que pudesse utilizar para beneficiar as outras pessoas, sempre sem a menor consideração por minha saúde ou dinheiro.

Felizmente, a comunidade espiritual que eu visitava em Seattle cuidou de tudo, pelo que sou profundamente grata. Mas também foi essa ajuda que perpetuou minha visão equivocada sobre dinheiro. Há uma tradição histórica

IRMÃO RICO, IRMÃ RICA

de que pessoas leigas ajudam os monastérios com comida e remédios em troca de ensinamentos, orações e bênçãos. Mas essa pode ser uma situação bastante precária, especialmente se as despesas sobrecarregarem o sistema de apoio. Fornecer arroz diário e aspirina é uma coisa; esperar que os leigos paguem por ultrassonografias e cirurgia é outra bem diferente.

Infelizmente, meu câncer foi apenas um alerta momentâneo. Eu vi a necessidade, mas senti que havia superado meu problema financeiro. Pouco depois de minha doença, aceitei uma colocação em Boulder, em um pequeno grupo de budistas. Eu ganhava US$200 por mês, mais um pequeno apartamento para viver, tendo conseguido chegar ao máximo de US$600 ao final de minha estada. Essa quantia, típica para monásticos budistas, era como eu atendia — ou não atendia — às minhas necessidades humanas básicas.

Havia um conflito entre minha necessidade por dinheiro e minha crença de que, por ser monja, eu deveria viver uma existência espartana.

Um ano mais tarde, um dos capelães na Academia de Força Aérea dos Estados Unidos me pediu para me reunir a uns cadetes que se interessavam pelo budismo e eu acabei trabalhando como capelã budista lá por seis anos. E então recebia um pequeno auxílio.

O Dalai Lama diz: "O dinheiro é bom. É importante. Sem dinheiro, a sobrevivência diária, sem mencionar o desenvolvimento futuro, é impossível... Na verdade, os textos budistas mencionam a fruição de outras qualidades — incluindo saúde, riqueza e reconhecimento —, que definem uma vida afortunada." Ele também diz: "A felicidade terrena se baseia em quatro virtudes, que são os ensinamentos espirituais (o Dharma), riqueza, nirvana e satisfação."

Viver de forma simples, como eu acreditava, funcionou quando a vida era relativamente descomplicada. Mas quando as coisas se tornaram desafiadoras e as contas médicas e o seguro-saúde tornaram-se realidade, tive de expandir minhas definições de "simples" se quisesse sobreviver. Tinha de encontrar um meio de conciliar minha vida monástica e a preservação de minha própria saúde.

9

SALTOS DE FÉ

Dar um salto de fé significa não ter todas as respostas. Algumas pessoas temem isso. Mas ficam ainda mais atemorizadas aquelas que acreditam que conhecem todas as respostas.

ROBERT: A PROVA DA EXISTÊNCIA DE DEUS

Em dezembro de 1984, dez anos após meu compromisso de trabalhar em meu próprio desenvolvimento, me vi fazendo a mesma pergunta que me fazia quando era criança: "Deus existe?" Para ser honesto, a razão pela qual eu, ainda criança, me questionava era porque não conseguia ir além do dogma da igreja para encontrar a espiritualidade. Não conseguia compreender por que as pessoas que eram tão religiosas no domingo podiam ser tão pecadoras em outros momentos.

Eu sabia disso porque eu também fazia coisas más. Elas eram divertidas. Mas eu era criança. Certamente, os adultos deveriam ser mais capazes de manter sua palavra e ser mais verdadeiros com sua fé do que uma criança.

Já adulto, com a questão de "Deus existe?" ainda sem resposta, procurei por alguma forma que tanto respondesse à questão quanto *provasse* sua validade.

CAPÍTULO 9

Embora eu quisesse mais do que apenas a opinião de alguém, boa parte de meu ímpeto veio do seminário de Bucky Fuller. Ele falou, por cinco dias, sobre o futuro dos negócios e das incríveis mudanças econômicas que despontavam no horizonte. Ele falou do final da Era Industrial e do despertar da Era da Informação. Falou da crueldade da ganância excessiva e também da abundância.

Mesmo tento feito o possível para prestar atenção, não consegui entender a maior parte daquilo que ele estava dizendo. Seu discurso estava muito além de minha compreensão. Hoje, percebo que muito do que ele disse está realmente acontecendo. E disse algo que realmente me tocou: sobre a prova de Deus. Falou alguma coisa sobre não haver um "Deus Indireto". Em outras palavras, disse que não precisava de um pastor para agir como um intérprete entre ele e o Grande Espírito. (Ele preferia usar o termo usado pelos índios norte-americanos, "O Grande Espírito". Ou usava *natureza*, em vez de Deus. Ele achava que o termo Deus implicaria um ser do sexo masculino.)

O dr. Fuller revelou que, em 1927, deu início a um projeto que chamou de Cobaia B, com a letra B significando Bucky. Ele se considerava, e à sua própria vida, um grande experimento. Com a idade de 32 anos, sem um centavo no bolso, casado, e com uma filha jovem, ele deu início a uma jornada para provar a existência ou não de Deus. Finalmente, eu estava ouvindo algo novo e interessante! Durante um discurso em que ele deveria estar falando do futuro do mundo dos negócios, ele começou a falar sobre provar a existência de Deus.

Eu era todo ouvidos!

Em seguida, o dr. Fuller explicou que havia sido um pequeno investidor do mercado imobiliário, mas que perdera tudo. Ele compreendeu que não tinha o necessário para ser um homem de negócios bem-sucedido. Seus amigos estavam sempre lembrando que ele tinha esposa e uma filha pequena e que precisava arrumar um emprego. Mas cada vez que ele estava empregado, o dinheiro e a segurança reduziam sua habilidade e rapidez mental para aprender. Ele aprendeu que dinheiro e segurança ofuscavam sua visão. Assim, deixava a segurança de seu trabalho, envolvia-se profundamente com alguma outra coisa e aí era afundar ou nadar.

IRMÃO RICO, IRMÃ RICA

Ele disse que se sentia mais inteligente cada vez que "saltava no escuro" sem rede de segurança ou suporte financeiro. Eu não poderia ter ficado mais intrigado com isso.

Ele também falou sobre o conceito de comprometer sua vida em benefício dos outros. Isso me fez pensar. Então, não se trata apenas de enriquecer a mim mesmo? Agora, ele estava soando como meu pai pobre. A diferença era a importância da segurança de um trabalho para meu pai. Havia conflito em minha mente entre as ideias de Fuller e as ideias e crenças de meus dois pais. Mas eu estava fascinado e ávido por mais.

No seminário, recebi uma cópia do livro de Fuller, *Critical Path* ("Caminho Crítico", em tradução livre), que incluía a seguinte passagem:

Assumi que a natureza "avaliaria" meu trabalho à medida que eu prosseguisse. Se eu estivesse fazendo o que a natureza quisesse, e se fizesse de maneira promissora, permitida pelos princípios da natureza, meu trabalho seria economicamente sustentável — e vice-versa. Em caso negativo, eu precisaria rapidamente parar o que estava fazendo e buscar alternativas lógicas até que encontrasse um novo curso que a natureza aprovasse, fornecendo o suporte físico.

Essa passagem continha a chave para a prova da existência ou não de Deus. Para mim, isso significou que, se eu estivesse fazendo o que Deus queria que fosse feito — resolver um problema que Deus quisesse ver resolvido —, alguma forma de apoio ou dinheiro surgiria. Se o dinheiro *não* aparecesse, significava que eu deveria alterar o curso rapidamente ou morrer de fome.

Essa ideia era empolgante e factível. Era sobre dar um passo de fé e crer em Deus. Se o dinheiro aparecesse, significava que Deus estava aprovando minhas ações. Também significava que eu estava usando minha intuição sobre o que Deus queria que eu fizesse, em vez do que *eu* queria fazer.

Que belo jeito de colocar em prática a ideia de que devemos fazer o que amamos!

Como se esse conceito não fosse suficiente, o dr. Fuller abalou minhas crenças quando falou que a maioria das empresas produz itens que ele chamou de

CAPÍTULO 9

obnoxico[1]. Foi o termo que ele inventou para os produtos que não criavam um mundo melhor. O único propósito das empresas que fabricam os produtos chamados de *obnoxicos* é ganhar dinheiro. Hoje esses produtos são conhecidos como itens de ostentação. No fundo, eu sabia que minha empresa de rock and roll era um *obnoxico* e eu passei dias e semanas em negação, racionalizando como carteiras de náilon e bonés com estampas de ídolos do rock, adicionavam valor ao mundo.

Assim como Emi passou seus dias lamentando depender dos programas sociais do governo, eu estava lutando com minha ideia de que minha empresa e seus produtos — as coisas que eu passava minha vida produzindo — tinham pouco impacto no mundo. Eu ganhava dinheiro, mas não fazia muito pelo mundo. Essa percepção abalou a crença em meu trabalho, minha empresa e meu valor como empresário.

Ela desafiou quase todas as minhas crenças.

Eu era uma pessoa diferente, mudado para sempre pela noção de que eu estava muito bem financeiramente, mas não fazia coisas boas pelo mundo. Graças ao dr. Fuller, hoje sei que existem *dois* tipos de demonstrações financeiras. Uma é sua contabilidade pessoal, que diz como estamos nos saindo com nossas finanças pessoais. E a segunda é nossa contabilidade social — mede os benefícios que fazemos pelos outros. Bucky chamou isso de "contabilidade cósmica". Eu era rico na primeira contabilidade e falido na segunda.

Era necessário mudar e eu precisava descobrir como. Eu não me sentiria bem sendo rico, não importa quão maravilhoso fosse meu estilo de vida, se, digamos, eu possuísse uma empresa de tabaco, dado que meu pai morreu de câncer do pulmão. Minha contabilidade pessoal poderia parecer boa, mas eu não ficaria nada feliz com minha contabilidade *social*.

Obviamente, existem pessoas que fizeram muito bem para o planeta e têm uma contabilidade social muito sólida, mas suas finanças pessoais deixam muito a desejar. Minha irmã se enquadrava nesta categoria e foi isso que nos aproximou — a crença de que *ambas* nossas contabilidades, a social e a pessoal, podem ser sólidas.

---

[1] Termo cunhado por Bucky Fuller em sua obra *Critical Path*, com o significado de algo produzido para explorar as fraquezas sentimentais das pessoas.

IRMÃO RICO, IRMÃ RICA

Muitas pessoas de fé acreditam que os monásticos devem sempre ser pobres, mas na ordem de minha irmã, não há voto de pobreza; apenas a expectativa de que eles tenham uma vida simples. Essa foi minha oportunidade de compartilhar com Emi o que eu sabia sobre dinheiro; assim, sua contabilidade pessoal poderia ser tão boa quanto a social. Dessa forma, ela poderia tomar conta de si, enquanto se dedicava aos outros.

É para isso que servem os irmãos.

Isso me faz lembrar a história do guru indiano Bhagwan Shree Rajneesh, uma pessoa alegre e controversa. Na década de 1980, ele e sua ordem religiosa se instalaram em uma fazenda perto da remota cidade de Antelope, Oregon, o que perturbou a população local de cerca de 40 pessoas. Ele atraiu muita atenção para seus seguidores. Durante uma entrevista, um repórter perguntou ao guru: "Por que você tem 93 Rolls Royces?" Sua resposta foi inesperada.

"A pergunta não é essa. A pergunta correta é 'por que *você não* tem 93 Rolls Royces?'"

O número de Rolls Royces aumenta toda vez que contam esta história, mas a resposta do guru ainda é engraçada e, para mim, contém muito de verdade. Pessoalmente, não acho que ser pobre torna uma pessoa mais espiritualizada. Na verdade, quando eu era pobre, as circunstâncias roubaram minha vitalidade, meu espírito; a pobreza não me fez mais forte. Após o seminário de Fuller, percebi que queria as duas contabilidades — e queria que as duas fossem igualmente poderosas.

E eu sabia que esse sonho seria impossível enquanto eu continuasse a produzir *obnoxicos*.

O que não revelei ainda é que, após o seminário, fui visitar minhas fábricas na Coreia e em Taiwan. O que vi me aterrorizou: crianças trabalhando nas condições mais terríveis, colando logos de bandas de música em minhas carteiras. Crianças de cócoras, inalando gases nocivos, em um ambiente fechado sem ventilação. Eu estava ficando rico, mas usando a vida dessas crianças para produzir *obnoxicos*, um produto sem valor em longo prazo.

Mais uma vez, minha vida mudou.

CAPÍTULO 9

Não me entenda errado, eu gostava do meu *obnoxico*. Não estou dizendo que eles não tenham valor algum. Eu gosto das coisas boas da vida e tenho condições de pagar por elas. Mas estou feliz por não produzi-las mais.

Depois de voltar de minha viagem para as fábricas, passei muito tempo lendo o livro de Fuller, *Critical Path*. Para mim era um livro de difícil compreensão. Então reuni alguns amigos e formei um grupo para estudar o livro. Éramos seis pessoas e nos reuníamos semanalmente. Trabalhando em cooperação — e não de modo competitivo, como se faz na escola — a experiência se revelou profunda.

São dez capítulos no livro, então a cada semana líamos um capítulo. Quando nos reuníamos em meu apartamento, por quatro horas, discutíamos o que cada um tinha aprendido. Era sempre interessante perceber como cada um identificava pontos diferentes, que os outros não haviam notado. Depois que conseguíamos extrair a ideia geral do capítulo, usávamos um bloco de apresentação e canetas coloridas para criar o chamado "mapa da mente".

O mapa da mente era uma forma criativa, usando o lado direito do cérebro, de usar o maior número de imagens e desenhos possível (e o menor número de palavras) para explicar as mensagens em cada capítulo. Não havia respostas *certas* ou *erradas*. Se havia dúvida sobre o que dr. Fuller quis dizer, consultávamos o livro e tentávamos entender a mensagem, em vez de introjetar nossas opiniões pessoais.

Ao final de dez semanas, todos nós evoluímos e nos tornamos pessoas diferentes, pessoas que viam o mundo de um ponto de vista diferente, mais amplo.

Estudei o dr. Fuller durante 1981 e 1982 e decidi começar minha nova carreira: professor. Era uma profissão que eu havia jurado que jamais seguiria, porque escolas e professores nunca foram muito bem cotados em minha escala pessoal. Mas jurei aprender para me tornar o tipo de professor que *eu* queria ter tido quando estava na escola. Minha ideia era ensinar por meio de jogos e ações, e não por palavras, memorizações, leituras aleatórias e testes sem sentido.

Em um seminário de que participei, me deparei com a seguinte informação. De acordo com o instrutor, há quatro tipos de pessoas no mundo:

IRMÃO RICO, IRMÃ RICA

- Pessoas que precisam ser amadas
- Pessoas que precisam estar confortáveis
- Pessoas que precisam estar certas
- Pessoas que precisam vencer

Ainda que cada um de nós tenha, no interior, os quatro tipos, um deles será dominante. Eu me encaixo no tipo "precisa vencer". Por isso, eu precisava aumentar minha força de vontade e capacidade cerebral. As pessoas desse tipo geralmente são encontradas nos esportes, no empreendedorismo e em vendas.

Em geral, as pessoas que precisam estar certas só necessitam de poder cerebral. Podemos encontrar essas pessoas nas universidades, na área médica e na área jurídica. As pessoas que precisam ser amadas e aquelas que precisam estar confortáveis provavelmente procuram por paz, harmonia, amizade e equilíbrio em sua vida. Essas pessoas buscam empregos seguros, trabalham para o governo, para áreas religiosas e caridade. Elas provavelmente encontram prazer na meditação, na oração ou na busca por mais tranquilidade.

Honestamente, sei que deveria buscar mais paz, equilíbrio e harmonia em minha vida, mas minha necessidade de vencer é minha prioridade. Vivo da ação. Amo meu trabalho. Gosto de surfar nas férias. Eu me aposentei duas vezes e detestei. Até meu médico diz que sou uma das poucas pessoas cuja saúde é melhor sob estresse. Gosto de apreciar a beleza da natureza, um tipo de meditação, mas apenas depois de ter subido a montanha. Eu rezava muito na escola, especialmente em dias de prova. E falava muito com Deus e Jesus, especialmente no campo de golfe.

Essa é minha maneira de dizer que meu caminho para Deus foi descoberto pela necessidade de vencer. Eu não descobri Deus fazendo o melhor que podia para ser uma boa pessoa. Encontrei Deus porque queria maximizar meu poder pessoal para poder vencer. Obviamente, outras pessoas têm diferentes motivações para buscar um deus.

Em outro programa, me deparei com três palavras:

Ser Fazer Ter

Nesse curso, o instrutor disse: "Quando uma pessoa estabelece objetivos, ela está focando no ter. Por exemplo, muitas pessoas querem ter US$1 milhão. Mais importante do que o objetivo é o que você precisa *fazer* para ter US$1

CAPÍTULO 9

milhão e, então, quem você precisa *ser* para poder fazer o necessário para ter US$1 milhão. Quanto maior seu objetivo, maior seu espírito."

Meu pai rico diria: "Existem milhões de coisas que você pode fazer para ter um milhão de dólares. Seu trabalho é descobrir uma delas em que está disposto a dar seu melhor."

Depois que encontrei o que poderia fazer, sabia que precisaria dar um salto de fé para abandonar todo o resto e seguir aquele caminho. O instrutor teria concordado com meu pai rico.

Meu pai rico dizia que o objetivo, especialmente quando se trata de dinheiro, é medido por sua demonstração financeira pessoal. Ele dizia: "Quando olho para a demonstração financeira de uma pessoa, posso ver claramente o que a pessoa tem. Quando olho sua contabilidade social, vejo o que ela fez e — o mais importante — a grandiosidade de seu espírito. Pessoas pobres geralmente são pobres porque não têm força de vontade. Podem ser pessoas honestas e boas, mas o problema é que acham mais fácil encontrar desculpas, dizer que não têm condições ou culpar os outros ou as circunstâncias por seus problemas. Quando rezam, pedem a Deus que lhes dê algo, em vez de se concentrar no que eles precisam doar para conseguir o que querem. Se quiser receber muito, tem que doar muito."

Em 1983, conheci uma bela mulher chamada Kim e passei a convidá-la para sair. Foram necessários seis meses para que ela concordasse e, em fevereiro de 1984, em nosso primeiro encontro, conversamos até o raiar do sol sobre propósitos, negócios e meu salto de fé inspirado em Fuller.

No começo de 1984, comecei a vender meus negócios e as fábricas para começar a fazer o trabalho que Deus queria que eu fizesse — e também para provar Sua existência. Meu plano era ensinar — fora do sistema escolar — as importantes lições que não eram ensinadas. De muitas maneiras, eu queria salvar os outros daquilo que meu pai enfrentava por falta de educação financeira. Ele ainda lutava financeiramente e eu queria salvá-lo também.

Em dezembro de 1984, vendi minha Mercedes, saí de meu apartamento de luxo no Colony Surf Hotel e desisti das coisas boas da vida. Kim largou seu trabalho na agência de publicidade, vendeu o carro e disse adeus a seus amigos. Nós nos demos as mãos e nos lançamos rumo ao desconhecido.

IRMÃO RICO, IRMÃ RICA

Para nós dois, o ano de 1985 foi o pior de nossas vidas. Saímos de Honolulu e fomos viver em São Diego, na Califórnia, com o objetivo de sermos professores, pessoas de negócios e investidores. Em pouco tempo, acabamos sem ter onde morar e dormíamos no porão da casa de amigos. Estudamos com aqueles que a Bíblia chama de "falsos profetas", mais ou menos como o mestre zen de Emi, no Havaí, que apareceu bêbado para o primeiro encontro.

Bobby McKelvey (centro) é a amiga que ajudou Kim e Robert, em 1985, quando eles não tinham onde morar. Ela abriu o coração e a porta de sua casa para eles.

Nós encontramos mais de quinze falsos profetas, alguns eram verdadeiros gênios. Apesar de sua inteligência, eles sempre apresentavam uma falha de caráter que dominava todas suas virtudes. Por exemplo, um desses professores tinha o hábito de ir para a cama com as jovens que participavam de seu seminário. É difícil ter poder espiritual quando não se tem ética ou moral.

Aprendemos o melhor que eles tinham a oferecer e seguimos em frente.

Kim e eu mudamos de direção diversas vezes. Como disse o dr. Fuller, dinheiro ou apoio financeiro sempre surgem se estivermos fazendo o que Deus quer que façamos. Assim, se o dinheiro não aparecesse, acreditávamos em nossa intuição e mudávamos de direção.

Aprendemos que as empresas não queriam mandar seus funcionários para aprender a viver da forma mais plena; elas queriam que eles aprendessem a ser empregados melhores. Finalmente, em dezembro de 1985, um seminário

CAPÍTULO 9

mostrou um pequeno lucro de US$1.500. Consideramos isso um sinal de que estávamos fazendo o que Deus queria.

O Natal foi muito alegre.

Como aconteceu com Emi, embora não tivéssemos dinheiro, eu era a pessoa mais feliz do mundo, estava finalmente fazendo o que *devia estar* fazendo e estudando o *queria* estudar, e não coisas que eu *tinha* de aprender para passar em testes. Pela primeira vez na vida, eu estava estudando porque havia encontrado um dos melhores professores de minha vida, dr. Buckminster Fuller.

Dr. Fuller morreu em 1° de julho de 1983. Tudo que pude fazer depois disso foi ler seus livros e ouvir suas fitas para seguir com meu aprendizado. Ironicamente, a última vez que estudei com dr. Fuller foi em Pahala, Havaí em maio de 1983, a mesma cidade que minha mãe e pai se conheceram em 1945 e o mesmo local onde Emi morou em um templo budista em 1973. Se você soubesse o quanto essa cidade é minúscula, entenderia o tamanho da coincidência de todos nós termos alguma ligação com o lugar.

EMI: TORNANDO-SE TENZIN

Durante muitos anos, Robert e eu tivemos pouco contato. Estávamos tão distantes um do outro que só muito mais tarde descobrimos que ambos estávamos nos aventurando em nossos saltos de fé.

Após minha aventura no Alasca, meus amigos e eu fomos para a Índia. De Nova Déli, fomos para as montanhas do Himalaia, viajando em trens velhos paradores, movidos a carvão. Levamos muitos dias para cruzar o continente.

Chegamos a Dharamsala, o lugar em que Sua Santidade, o Dalai Lama, vive em exílio. O pequeno vilarejo na montanha ainda é muito pobre, depende da madeira e do carvão ou de querosene para manter-se aquecido e cozinhar. Quase não há banheiros e água encanada. As pessoas fazem fila para lavar a louça em duas pias públicas e usam cinza para limpar panelas. A vida lá é uma experiência que jamais havia vivido.

A maioria das pessoas acha que a Índia é um país quente, mas no Himalaia é muito frio. Mesmo assim, eu não me importava. Eu encontrara meu paraíso na Terra. Estava onde deveria estar. Não demorou a encontrarmos um lugar para ficar. O aluguel por um pequeno quarto — não muito maior do que meu

IRMÃO RICO, IRMÃ RICA

saco de dormir — custava 35 rupias, ou US$4 por mês, naquela época. Para mim, estava bom. Eu não precisava de muito. Estava feliz por estar lá.

O povo tibetano é incrivelmente acolhedor e cordial. Ali estava uma civilização inteira de pessoas que haviam perdido seu país, suas casas e seus templos. Eles foram exilados para a Índia apenas com os bens que conseguissem carregar pelas montanhas do Himalaia. Muitos têm uma vida de bastante penúria. No entanto, fortalecidas pelos excelentes mestres e praticantes, essas pessoas têm muita força e direcionamento. Em vez de se sentirem derrotados, eles se mostram resilientes e determinados a viver em liberdade, a ajudar-se mutuamente e a construir suas comunidades.

Os professores eram altamente treinados e graduados e amavam o que estavam fazendo. Uma vez, por exemplo, eles falaram sobre o sofrimento humano — aqueles momentos em que trabalhamos com afinco para conseguir o que queremos, mas nada conseguimos. Ou então quando lutamos para conseguir o que queremos, e quando conseguimos, descobrimos que não queremos mais. Há também a situação em que lutamos tanto para conseguir o que queremos, mas depois perdemos ou é arrancado de nós.

Eles se perguntavam: se realmente não havia como escapar do sofrimento, então por que deveríamos estudá-lo? Mas se houvesse alguma possibilidade de se ver livre do sofrimento, então deveríamos fazer de tudo para encontrar esse caminho, explorando todas as oportunidades.

Esse é um dos muitos tópicos do Lam Rim, "o caminho para a iluminação", que fui estudar na Índia. Fui atraída ao caminho pela busca de nosso maior potencial como seres humanos: a possibilidade de atingir a iluminação ao remover todas as percepções e as crenças erradas sobre a vida e conseguir agir segundo qualidades virtuosas. Eu queria assumir o caminho da iluminação e adquirir o contentamento espiritual do povo tibetano — mesmo que isso exigisse muita coragem e trabalho árduo.

Agora que estava aos pés de meu mestre, eu havia encontrado o que buscara durante toda a minha vida e fiz a transição de fé — nenhum retiro para meditar foi necessário para que eu tomasse essa decisão.

Algumas pessoas sabem qual é seu chamado muito cedo na vida; sabem que querem ser médicos ou músicos, por exemplo. Outras ficam até tarde sem

CAPÍTULO 9

saber e outras ainda nunca descobrem. Esse chamado vem de sua família espiritual conclamando-o a ter a vida que você nasceu para viver. Muitas vezes, outras pessoas em nossa vida — pais, professores e amigos — nos dizem qual deveria ser nosso chamado. Muitas vezes, podemos acreditar que encontramos nosso dom e sabemos qual é nossa missão, e mesmo assim isso pode exigir um ato de fé, como aconteceu comigo e com Robert. Eu nunca poderia imaginar que descobriria minha missão nas montanhas do Himalaia.

Foi nessa primeira viagem que me encontrei com Sua Santidade, o décimo quarto Dalai Lama. Fomos agraciados com duas entrevistas privadas para discutir dúvidas que os ocidentais têm a respeito do budismo. Quando estávamos diante dele, ele focou inteiramente em nós e a discussão em curso; sua presença era imponente.

Ficamos chocados quando descobrimos que a maioria dos tibetanos não é budista. "Eu diria que 90% deles não são budistas", disse ele. Mais tarde, descobrimos que ele estava falando das pessoas em geral, pessoas que até podem dizer que praticam, mas que ainda são gananciosas, obsessivas com as propriedades e ainda buscam prazeres que sacrificam a ética, os votos matrimoniais e às vezes a saúde.

Receber de um dos maiores mestres budistas de nosso tempo um alerta sobre as armadilhas de macular nossas práticas espirituais nos fez refletir muito. Recordo-me do dia que fomos visitar "O Homem que Faz Chover" — um adepto da meditação que vivia em uma cabana aos pés da montanha. Seu nome vinha do fato de ele fazer chover ou parar de chover através de prece e rituais. As paredes de sua cabana eram de madeira muito fina, de caixotes de laranja. Raios de sol e o vento invadiam os espaços entre as ripas.

Depois de entrarmos, nos sentamos em esteiras sobre terra batida e lemos um texto tibetano apoiados sobre caixotes. Rapidamente alguém colocou um pano sujo e rasgado debaixo das páginas. Era tudo que ele tinha, mas mesmo nestas condições miseráveis, por respeito aos Ensinamentos, não colocamos as orações em superfícies descobertas.

Ao final de seu ensinamento, queríamos que ele nos acompanhasse a Nova Delhi para que ele visitasse um oftalmologista. Ele disse que não poderia porque tinha que fazer cessar as chuvas para as celebrações do Ano-novo. Mudamos a data para levá-lo ao médico. Nevou por alguns dias e no dia

IRMÃO RICO, IRMÃ RICA

de Ano-novo o céu estava limpo e o clima ameno, um dia perfeito para celebração.

Meu retorno da Índia e a reentrada na vida ocidental, com as obrigações da maternidade, não foram fáceis. Eu tinha de encontrar um emprego e me tornar mãe novamente. Na verdade, foi uma época bem difícil. Trabalhei como contadora, esforçando-me e economizando muito para viver em Honolulu e Los Angeles e ainda criar Erika. Foi o contraste de estilos de vida que me assombrou. O luxo de viver com meu mestre o dia todo acabara. Tudo foi substituído pelo trabalho de período integral, pela luta para prosseguir com meus estudos e pela criação de uma pré-adolescente.

Em 1984, escrevi ao Dalai Lama, requerendo a ordenação de monja. Eu vinha considerando ser ordenada já há quase dez anos e recebera endosso de meu mestre em Los Angeles para prosseguir com minhas aspirações. Foram muitos meses até que eu recebesse uma resposta. Fiquei nervosa, imaginando se seria aceita ou não. Quando recebi as cartas, experimentei todo tipo de sensação: empolgação, medo, alívio e muito mais.

Fui aceita. Mais uma vez, a vida mudava. Comecei a me preparar para meu retorno à Índia.

Requeri minha ordenação com o Dalai Lama porque eu o admirava como o excelente guia que era. Senti-me muito honrada por ter sido aceita. A ordenação em Dharamsala foi uma experiência inesquecível de entrada em um novo mundo. Antes de ser ordenada, recebi meu robe de monja — senti que estava vestindo a materialização de minhas promessas, que eram muito preciosas para mim. Antes de entrar no templo, monges rasparam minha cabeça, deixando apenas um pequeno tufo de cabelo para ser cortado pelo mestre ordenador durante a cerimônia.

Eu nunca estivera em uma sala com monásticos apenas e, aqui estava eu, em frente à Sua Santidade, o Dalai Lama, e dúzias de monges vestidos com robes coloridos e dourados. Um monge sendo ordenado em um nível mais alto sentou-se ao meu lado e me traduziu a cerimônia inteira. O ato foi muito solene, com cantos e recitação dos votos que eu estava fazendo. Durante a cerimônia, o Dalai Lama me deu o nome de ordenada, Tenzin Kacho. *Tenzin* significa sabedoria e *Kacho*, aquele que vai para o céu. Tornei-me Tenzin Kacho em 5 de outubro de 1985.

CAPÍTULO 9

Depois de ser ordenada, fiquei ainda mais seis meses na Índia, para ganhar alguma experiência e um melhor entendimento de meu novo papel. O tempo que lá passei foi encorajador, mas eu estava nervosa sobre voltar e enfrentar meus deveres. Será que eu era merecedora do robe de monja? Será que eu conseguiria ser monja e mãe, no mundo ocidental? Eu confiava em meu salto de fé e sabia que estava à altura dos desafios que enfrentaria.

Ainda assim, quando retornei a Los Angeles, peguei-me lutando novamente com o mesmo padrão de querer uma vida simples, mas não ter dinheiro suficiente, mesmo para um estilo rudimentar.

Em 1986, Robert estava participando de um seminário de Tony Robbins em Hollywood, ensinando os estudantes a caminhar pelo fogo. A perspectiva de me encontrar com ele me deixou tanto empolgada quanto apreensiva. Fazia tanto tempo, eu era outra pessoa. Quanto *ele* estaria diferente?

Fui para Hollywood e Kim foi a primeira pessoa que falou quando me viu vestida com o robe: "Você deve estar realmente comprometida com isso."

"Você acha que eu estaria andando pelas ruas de Los Angeles, de robe e careca, se não o estivesse?", retruquei. Esse foi o estranho começo de uma visita maravilhosa, e há muito tempo devida, a meu irmão e sua nova esposa.

Ele também havia mudado.

10

ILUMINAÇÃO E UMA VIDA PLENA

"Todos querem ir para o paraíso, mas ninguém quer morrer." Essa é a razão pela qual muitas pessoas não professam uma fé. Elas temem a morte — mesmo quando acreditam que é a fé que contém o potencial de levá-las para o paraíso.

Um salto de fé é tanto uma morte quanto um nascimento; é uma transição em vida, e todos nós já tivemos esse tipo de atitude muitas vezes. O primeiro dia de escola é um salto de fé para uma criança pequena. O casamento também é um salto de fé entre duas pessoas que se amam. Algumas transições não são voluntárias, como ser repentinamente demitido ou escutar a pessoa que você ama dizer subitamente: "Estou deixando você." Essas transições são impostas, forçando-nos a drásticas mudanças.

Apesar do fato de que podem ser dramáticos, saltos de fé não deveriam ser um problema; são apenas transições na vida, momentos cruciais que nos ensinam e nos apontam novos caminhos, e que acabam, por sua vez, conduzindo a novas lições.

Buckminster Fuller estimou que houvesse muitas centenas de princípios gerais que regem o universo. No budismo, há 84 mil ensinamentos para lidar com apenas um único conceito. Um professor budista disse uma vez: "Assim como temos muitos remédios para muitas doenças, temos 84 mil ensinamentos para lidar com as ilusões, sejam sutis ou grosseiras."

O budismo também oferece ensinamentos sobre ética, metafísica e sobre as palavras de Buda. Você pode dedicar uma vida aos estudos e práticas e só alcançar a superfície desses ensinamentos.

A jornada continua.

CAPÍTULO 10

ROBERT: CONFIANDO EM DEUS

Quando deixei o Havaí, em busca da prova da existência de Deus, todos acharam que eu tinha enlouquecido. Eu estava deixando o paraíso, uma empresa que eu havia construído e reconstruído, amigos e um grande estilo de vida. Além disso, eu estava levando Kim comigo.

No fundo, eu achava que meus amigos estavam certos: eu estava louco.

Parte de mim concordava com eles porque eu realmente não sabia o que estava procurando. Não sabia com o que uma "prova de Deus" deveria se parecer nem a forma como eu a reconheceria.

Era o oposto de minha primeira saída do Havaí, em 1965, quando fui para Nova York estudar e sabia exatamente o que queria e o que encontraria por lá. Eu vira fotos do campus e tinha uma ideia do que era um ambiente militar. Quando fui para a Marinha, tinha alguma ideia sobre como seria minha transição e como eu me sentiria. Eu sabia que estava comprometendo seis anos de minha vida e, se fosse bem-sucedido, sairia como piloto com experiência em combate. Eu tinha visto noticiários sobre a Guerra do Vietnã na televisão. Assistira a filmes de John Wayne, assim tinha alguma noção de onde estava me metendo.

No entanto, essa mudança, em dezembro de 1984, em busca de Deus, não oferecia tal clareza de imagens. Era um salto no abismo escuro de minha vida. E aconteceu que 1985 foi o pior ano de nossa vida.

Pouco antes de deixarmos o Havaí, um amigo veio até nós, para nos desejar boa sorte em nossa aventura. Ele era um dos poucos que pareciam compreender nossa busca. Não achava que éramos loucos. Um dos primeiros hippies originais, ele próprio dedicara a vida a uma busca semelhante. Tal qual minha irmã Emi, ele também possuía pouco em termos materiais, mas tinha um profundo senso de paz e contentamento. Em vez de questionar nossa sanidade, ele nos ofereceu um presente.

"Vou lhes contar uma história que vocês podem usar em sua jornada. Essa história ajudará quando a vida lhes apresentar seu maior teste de fé. Ela iluminará sua alma quando os tempos se tornarem sombrios." A história dele acabou sendo um presente muito precioso:

IRMÃO RICO, IRMÃ RICA

Certo dia, um homem parou com a bicicleta em um dos lados das Cataratas do Niágara. Uma pequena multidão se amontoou em torno dele. "Vou atravessar as cataratas, com minha bicicleta, usando esse cabo de aço que está esticado sobre as águas e preso na outra ponta." Ohs e Ahs foram murmurados pela multidão.

"Isso é perigoso!", disse uma jovem.

"Por favor, não arrisque sua vida", implorou outra mulher.

"Você é louco", disse um velho. "Você vai se matar."

"Eu sei que consigo", disse o homem, subindo na bicicleta. Em instantes, ele estava pedalando lentamente pelo cabo, balançando-se, a apenas alguns centímetros acima das águas ruidosas. Um escorregão e ele desapareceria para sempre. A multidão esperou estupefata ao vê-lo atingir a outra margem, virar a bicicleta e pedalar de volta. Assim que ele pisou em terra firme, a multidão correu até ele, muitos dizendo: "Nós sabíamos que você conseguiria. Tínhamos fé em você."

"Devo ir novamente?", perguntou ele, abrindo um enorme sorriso. "Claro", responderam todos. "Nós acreditamos em você."

"Legal", disse o homem. "Como vocês acreditam em mim, quem quer ir junto comigo dessa vez?"

De repente, a multidão se calou. As pessoas começaram a se contorcer, envergonhadas. No meio do silêncio, alguns começaram a sair. Então, do meio da multidão, uma pequena voz disse: "Eu vou com você." A multidão ofegou quando uma menininha deu um passo à frente e se ofereceu para ser sua passageira. Quando a garotinha subiu na cesta da bicicleta, na parte dianteira, muitas pessoas ficaram furiosas.

"Como você se atreve a arriscar a vida dessa criança?", perguntou uma pessoa.

"Vou chamar a polícia", disse outra.

Vagarosamente, o homem, a garotinha e a bicicleta começaram a cruzar as cataratas. A multidão ficou em absoluto silêncio. Todos respiraram aliviados quando eles atingiram a outra margem, viraram a bicicleta e voltaram sãos e salvos. A multidão comemorou aos gritos e cumprimentou a menininha por sua coragem.

"O que fez você ter coragem de ir?", perguntou uma mulher à menininha.

CAPÍTULO 10

"Você não teve medo?", perguntou a outra.

"Não", respondeu a garotinha.

"Por que não?", insistiu a mulher.

"Porque esse homem é meu pai", disse a garota. "Eu não apenas acredito nele. Eu confio. Confio minha vida a ele."

Depois de nossa decisão em fazer nosso ato de fé, em 1985, seguimos nossa paixão e participamos de eventos de aprendizado ao redor do mundo, incluindo "O Futuro dos Negócios", em Denver, Colorado, que contou com a presença do cantor John Denver, o qual compôs uma música para o dr. Fuller. Na foto, Robert, Kim e Alegra (centro), filha do dr. Buckminster Fuller.

Nosso amigo hippie olhou para mim e Kim para ver se a história surtira efeito. Vendo que havíamos entendido, ele disse: "A maioria das pessoas acredita em Deus, mas poucas confiam n'Ele. Quando a situação ficar difícil, vá além de sua crença em Deus e confie n'Ele."

Seu presente foi muito valioso, ainda nos dias de hoje.

Todos nós conhecemos pessoas que acreditam em Deus, mas não confiam n'Ele. Talvez por isso tantos se agarrem a trabalhos tediosos, a pessoas cruéis, a casamentos falidos ou ambientes nocivos. Como disse antes: "As pessoas querem ir para o paraíso, mas ninguém quer morrer." Muitos preferem se agarrar a algo familiar a deixar que Deus os leve para o próximo destino.

IRMÃO RICO, IRMÃ RICA

Uma das razões pelas quais confiamos em Deus — mesmo tendo havido momentos em que não tínhamos certeza da existência d'Ele — foi por causa do que o dr. Fuller chamava de princípios gerais que governam o universo.

Aprender a esse respeito precedeu nosso ato de fé.

Kim e eu não pulamos cegamente. Como minha irmã, que passou anos estudando e se preparando para se tornar monja, nós também estudamos e nos preparamos.

Entre 1981 e 1983, tive três oportunidades de estudar pessoalmente com o dr. Fuller. Como era generalista, não especialista, seu trabalho abrangia virtualmente todos os objetos de estudo, incluindo finanças, história, religião e o futuro. Na verdade, Fuller era mais conhecido como um homem que conseguia prever o futuro.

Fuller, a cada vez que eu estava com ele, começava a falar após o almoço e continuava até três ou quatro horas da manhã do dia seguinte, conquanto houvesse alguém que quisesse aprender. Com mais de 80 anos, ele era mais vigoroso do que muitos de nós, 50 anos mais novos.

Em *Critical Path*, Fuller escreveu sobre alguns princípios gerais, a que ele chamou de princípios operadores do universo. Em termos simples, são princípios que são verdade em todos os casos, sem exceção. Esses são os princípios que literalmente fazem o mundo — o Universo — girar. Em termos quase religiosos. Os princípios gerais são os princípios pelos quais Deus opera.

Um exemplo simples é o princípio geral da precessão. Muitos estão familiarizados com esse princípio: ele se relaciona ao giroscópio ou a um pião. Se o eixo no qual gira começa a se inclinar, ele se submete à gravidade. Gravidade é uma força que age em um corpo da mesma maneira que age em todos os outros. Não importa se somos pobres ou ricos, graduados ou não, cristãos, judeus ou muçulmanos. A gravidade trata a todos da mesma maneira, não há exceção.

Uma das razões pelas quais a vida de muitas pessoas não funciona bem é porque elas violam um ou mais dos princípios gerais. Em outras palavras, esperam que a gravidade as trate diferentemente das outras. Quando, em 1984, Kim e eu optamos pela mudança, estávamos preparados para usar esses princípios para nos guiar, usá-los a nosso favor, e não sermos derrotados por eles. Permitir

CAPÍTULO 10

que os princípios gerais nos guiassem nos conduziria direto à prova da existência de Deus.

No segundo evento de que participei com o dr. Fuller, em 1982, ele estimou que houvesse aproximadamente 200 a 250 princípios gerais. Pareceu que, se estudássemos essas centenas de princípios, poderíamos nos aproximar do poder de Deus. No evento, um pequeno grupo de pessoas foi formado para ajudar o dr. Fuller a descobrir todos eles e colocá-los no papel. Eu não fazia parte do grupo, mas doava, mensalmente, dinheiro para o projeto.

Infelizmente, o comitê não conseguiu realizar muito. Após a morte do dr. Fuller, em 1983, percebi que não havíamos perdido apenas um grande homem; perdêramos uma imensa e respeitável massa de sabedoria. Até onde eu saiba, ele nunca terminou de compilar completamente os 200 a 250 princípios gerais.

Daí em diante, tudo que eu tinha para estudar eram os princípios já descritos por ele, em seu livro. Foi o entendimento desses princípios que deu a Kim e a mim coragem para fazer nosso ato de fé. Eles nos capacitaram a ir além da crença em Deus, permitindo que confiássemos n'Ele.

A seguir, descreverei apenas cinco desses princípios que estudamos. Temo, no entanto, que minha breve descrição desses princípios gerais seja inadequada e pouco representativa do poder que eles contêm.

UNIDADE É PLURAL

Este princípio geral afirma que a unidade não é "um". Em vez disso, o "um" não pode existir. A unidade é pelo menos "dois" — significando dois ou mais. Este princípio é importante porque o conceito de um único Deus viola esse princípio geral.

Esse princípio explica por que há guerras e brigas. Sempre que achamos que há apenas uma forma, uma resposta ou uma solução, o princípio é violado e a paz, perturbada. Eu me lembro, quando criança, de escutar o pastor dizer: "Há apenas um Deus e apenas um caminho até Ele, e esse caminho é pela nossa igreja e pela nossa religião." Mesmo sendo apenas uma criança, eu ficava imaginando por que não poderia existir mais de um caminho até Deus.

Quando uma religião clama seguir um — e apenas um Deus —, essa religião está buscando briga. Hoje, ainda estamos em guerra por causa disso,

IRMÃO RICO, IRMÃ RICA

para descobrir quem está seguindo o Deus único. Quando visitei Jerusalém, a cidade sagrada, os cristãos estavam em conflito com outros cristãos. Eles não precisavam de judeus nem de muçulmanos para brigar.

Por esse princípio, o homem não poderia existir se a mulher não existisse. Não distinguiríamos a subida se não houvesse a descida; o dentro sem o fora; o preto sem o branco; o rápido sem o lento; o positivo sem o negativo; o certo sem o errado; e até o inferno sem o paraíso. Em política, precisamos ter, no mínimo, dois partidos. Sempre haverá liberais enquanto existirem conservadores. Quando os sonhadores desejam um único governo para o mundo, estou certo de que eles desconhecem esse princípio.

Um único governo não é possível porque "um" não existe sozinho.

Esse princípio explica por que ser politicamente correto ou excessivamente polido é ineficaz. A razão pela qual as pessoas querem ser politicamente corretas — ou gentis com todos — é porque elas têm medo de críticas.

Cada livro que escrevo recebe críticas. Eu espero por isso e recebo com agrado. Ser criticado significa que estou dizendo algo. Com frequência, indagam se fico chocado com o que algumas pessoas escrevem sobre mim em seus blogs na internet. Respondo que "fico feliz por ter aborrecido essas pessoas. É sinal de que estou dizendo alguma coisa". As pessoas bem-sucedidas são criticadas; pessoas malsucedidas, não.

Pense em quantas pessoas criticam os líderes políticos ou religiosos, o presidente, o primeiro-ministro, o papa ou o Dalai Lama. No mundo dos esportes, os times profissionais e os atletas não ganhariam tanto dinheiro se não houvesse times e atletas opostos. Sem a doença, não festejaríamos a saúde, nem precisaríamos de médicos. E, se os seres humanos sempre concordassem entre si, não precisaríamos de advogados — o que, aliás, não seria uma má ideia.

A compreensão desse princípio explica por que sempre haverá advogados, policiais e soldados. Sua Santidade ficou famosa por causa da China comunista. Sem os chineses, ele provavelmente seria apenas um simples monge, como costuma afirmar.

Na Bíblia, encontramos exemplos desse princípio geral. Noé embarcou animais aos pares. Esse princípio também explica a razão de haver dentro

CAPÍTULO 10

de tudo que é bom alguma coisa ruim, ou vice-versa. A compreensão desse princípio deu a mim e a Kim a coragem de mudar, porque sabíamos que, se encontrássemos algo ruim, também encontraríamos o bom.

Temos o inferno na Terra porque muitas pessoas pensam em função de um Deus, uma religião, uma única reposta certa e um único código de valores. Muitas pessoas se consideram certas e querem que todas as demais estejam erradas.

O princípio da "unidade é plural" guiou a Kim e a mim em direção a Deus, ao nos dar a clareza para não tomar partido de lados opostos; em vez disso, fazíamos o melhor que podíamos para enxergar validade em todas as ideias. Aprendemos rápido porque não nos prendemos na busca pela resposta correta ou na crença de que qualquer outra estivesse errada. Não nos considerávamos bons ou ruins, certos ou errados, bem-sucedidos ou fracassados. Após algum tempo, passamos a considerar que nossas fraquezas eram forças, nossas deficiências, vantagens, e nossos fracassos, sucessos.

Saber que foram dados aos humanos um pé direito e um esquerdo, e não um pé direito e um errado, nos permitiu vencer alguns períodos realmente difíceis, acreditando em nossa intuição, que é a conexão entre nossa mente consciente e subconsciente.

PRECESSÃO

Podemos ver o princípio geral da precessão quando atiramos uma pedra na água. As ondulações em anéis que surgem do impacto da pedra na água são efeitos de precessão.

Muitas pessoas estabelecem objetivos. Kim e eu fizemos isso, não pelo objetivo em si, mas pelo efeito de precessão daquele objetivo. Em outras palavras, nossos verdadeiros objetivos não estavam à nossa frente, mas a um ângulo de 90 graus da direção que estamos seguindo.

Por exemplo, muitas pessoas já quiseram saber por que não levamos nosso programa educacional para o sistema escolar. Isso significaria que o sistema escolar seria nosso alvo ou objetivo. Ao entender o efeito da precessão, ficamos longe do sistema escolar e permitimos que nosso efeito de reverberação afetasse a educação. À medida que vou explicando os outros princípios, fica

IRMÃO RICO, IRMÃ RICA

mais claro por que não miro as escolas, mesmo querendo levar a educação financeira para o sistema escolar.

Outro exemplo visível de precessão, como já mencionado, é o giroscópio. A habilidade do giroscópio em continuar girando, em pé, em um único eixo, é um bom exemplo de precessão. Quando era criança, descobri que os cientistas estavam usando giroscópios no nariz dos foguetes, para que agissem como sistemas de orientação. No mar, os navios usam giroscópios para guiá-los e mantê-los no curso em mar aberto.

Em 1985, Kim e eu dependemos da precessão para nos guiar, assim como ela guia os foguetes e os navios. Em termos simples, a precessão é o feedback ou o eco que você recebe quando está em movimento. Quando estávamos fazendo o que Deus queria, o feedback era dinheiro entrando, milagres acontecendo ou pessoas mágicas em nosso caminho. Se o feedback fosse negativo, usávamos nossa intuição para alterar o curso ou estabelecer novos objetivos. Assim como os antigos navegadores usavam água, ar, vento, sol, lua, estrelas, correntes, escombros flutuando, pássaros e intuição para guiá-los por grandes extensões de água, Kim e eu usávamos o feedback, ou o efeito de reverberação da precessão, para guiar nosso sistema interno de navegação.

A precessão é um assunto vasto e eu apenas resvalei nele nesta pequena seção do livro. Ela explica a razão de a Terra girar em torno de si mesma, a lua em volta da Terra e todo o movimento das estrelas no universo. Também explica por que algumas pessoas são mais bem-sucedidas do que outras, já que, para haver precessão, é preciso haver movimento. As pessoas que são lentas ou sedentárias (ou não se movem ou, então, fazem a mesma coisa dia após dia) possuem muito pouca precessão. Imagine assim: elas têm pouco do efeito de reverberação de Deus em sua vida.

Com frequência, as pessoas sedentárias estão recebendo feedbacks, mas é o tipo de feedback de que elas não gostam. As pessoas lentas, com frequência, ganham peso, têm saúde ruim e ficam para trás, tanto financeira quanto profissionalmente. Esses resultados negativos também são efeitos precessionais.

CAPÍTULO 10

Prevendo o Futuro

Por ser um bom empresário e um investidor, para mim é importante ser capaz de prever o futuro. Visão é um aspecto muito importante da liderança. A forma como uma pessoa prevê o futuro — sem uma bola de cristal — é estudar história. Não a história que ensinam nas escolas, que para mim era um exercício fútil de memorização mecânica de nomes, datas e fatos para serem regurgitados em algum teste. A razão para estudarmos história é usar os fatos históricos como base para o futuro.

Dr. Fuller usava a palavra *prognosticação*, dando o exemplo do arqueiro que puxa o arco e a flecha para trás tanto quanto possível. Quanto mais para trás, mais longe a flecha poderá voar e mais longe, no futuro, ele poderá enxergar. Para estudar a prognosticação, o dr. Fuller usou o princípio da *efemerização* — fazer mais com menos — em conjunção com aceleração exponencial. Em outras palavras, o processo de mudança está em aceleração, não em progressão linear, nem passo a passo, nem por uma forma cadenciada. Dr. Fuller disse que a aceleração exponencial da mudança estava pegando muita gente desprevenida, tornando-as funcionalmente obsoletas, tal quais os dinossauros ou os mamutes, incapazes de administrar as mudanças que estavam ocorrendo no mundo.

O que é aceleração exponencial?

Em 1500, um navio a vela levava dois anos para circunavegar o globo. Em 1900, com o advento da máquina a vapor, esse tempo reduziu-se a dois meses. Hoje, eletronicamente, podemos percorrer o globo em menos de um segundo.

Em exemplo mais recente de *efemerização* é a história da aviação, cujo início, nos primeiros anos do século XX, culminou, em 1969, com o homem pousando na Lua.

Durante as Eras Agrária e Industrial, aprendemos a respeitar os mais velhos porque eles detinham a experiência e o conhecimento de uma vida inteira. Por milhares de anos, a idade foi respeitada como um ativo que significava sabedoria. Hoje, ser velho é um passivo, um sinal de obsolescência. Pessoas de minha geração costumam dizer que "50 é o novo 40". Bem, poderíamos dizer que mental e profissionalmente, "35 é o novo 65".

EFEMERIZAÇÃO

Em termos bem básicos, a efemerização significa fazer mais por menos. Também pode ser descrita por alavancagem.

IRMÃO RICO, IRMÃ RICA

A efemerização é muito importante no mundo dos negócios. Se quero ganhar mais dinheiro, sendo um empreendedor, preciso fazer mais com cada vez menos. Se faço menos com mais, vou falir porque violei esse princípio geral. Muitas vezes, as pessoas ganham menos porque querem ser mais bem pagas por fazer menos.

Os sindicatos, com frequência, aprovam essa ideia, razão pela qual tantas empresas americanas estão saindo dos Estados Unidos e de outros países fortemente sindicalizados para produzir em outros lugares.

Hoje, efemerizar é fácil. O computador pessoal alavancou nossa mente e a internet alavancou nosso acesso ao mundo. Com pouco dinheiro, a maioria de nós pode se transformar em empreendedor global, com acesso ao mercado mundial.

Quando vejo certas pessoas em dificuldades financeiras, com frequência, sei que elas estão trabalhando fisicamente, em vez de efemerizadamente.

O princípio geral da efemerização é uma das razões de vermos alguns garotos de 21 anos que são bilionários e outros que ganham alguns trocados apenas.

Kim e eu tivemos uma empresa de educação, de 1985 até 1994, que ensinava sobre empreendedorismo e investimentos. Trabalhávamos fisicamente. Assim que provamos que praticávamos o que pregávamos e que aquilo que estávamos ensinando funcionava, efemerizamos, colocando as informações em livros e tabuleiros de jogos. Ao fazermos isso, ganhamos mais dinheiro com o efeito da precessão. Vejam como os princípios da efemerização e da precessão trabalham em conjunto.

A efemerização, em termos simples, é essencial para quem deseja construir muita riqueza. Nós, empreendedores, precisamos buscar constantemente formas de fazer mais com menos, atender a mais e mais pessoas e a um ritmo crescente. Se você entendeu esta última sentença, então está à frente de 99% das pessoas do planeta, dado que sua mente vislumbrou o poder desse princípio geral.

As pessoas que estão empregando a efemerização em sua vida estão enriquecendo, enquanto, infelizmente, aqueles que não estão — ainda que trabalhem arduamente — estão se tornando mais pobres.

CAPÍTULO 10

DEFASAGEM

A defasagem é uma diferença no tempo. Se você atira uma bola em um campo, o tempo que leva para a bola atingir o outro lado é uma defasagem de tempo. Esse é um princípio muito importante.

Indústrias diferentes passam por defasagens diferentes de tempo. Por exemplo, a indústria com a menor defasagem de tempo é a tecnológica. Novas ideias tornam-se produtos e aparecem no mercado em um dia e são copiadas e melhoradas quase no dia seguinte, e vendidas por outra pessoa ou outra empresa. Nesse caso, a defasagem é o período que leva para que uma nova ideia seja adotada e implementada.

As pessoas também têm defasagens distintas. Algumas são extremamente lentas para se adaptar a novas ideias. Outras se adaptam rapidamente. Em seu livro, *Riqueza Revolucionária*, os pensadores Alvin e Heidi Toffler descrevem o mundo atual pelo olhar de um policial em uma motocicleta, ao lado de uma estrada, marcando a velocidade de nove carros diferentes, nove grupos diferentes:

- O primeiro carro — o grupo mais rápido, que corre a uma velocidade de 60km/h — representa os empreendedores e as empresas.

- O segundo carro, a uma velocidade de 150km/h, representa as organizações não governamentais. Os Tofflers descrevem esse carro como lotado de palhaços de circos, grupos a favor ou contra as empresas, organizações profissionais, ordens católicas, monges budistas (como minha irmã), cultos variados, grupos anti-impostos, adoradores de baleias e afins.

- No terceiro carro, a uma velocidade de 120km/h está a família, porque a família típica que conhecemos um dia tornou-se rara nos dias de hoje. Novos formatos, divórcios, atividades sexuais, relações intergeracionais, padrões de relacionamento, educação dos filhos e outras dimensões da vida familiar continuam a mudar rapidamente.

- O quarto carro, a 90km/h, representa os sindicatos.

- O quinto carro, a 85km/h, as burocracias dos governos e as agências regulatórias.

- No sexto carro, a 80km/h, o sistema educacional tradicional.

IRMÃO RICO, IRMÃ RICA

- O sétimo carro, a 40km/h, as agências internacionais intergovernamentais, como o FMI (Fundo Monetário Internacional) e a OMC (Organização Mundial do Comércio).

- O oitavo carro, a 20km/h, as estruturas políticas, como o Congresso e os partidos políticos.

- O nono carro, o mais lento, a 1,6km/h, a lei — advogados, as organizações de advogados e os escritórios de advocacia. Ainda que alguns advogados e escritórios estejam mudando rapidamente, a lei não está. Uma das razões para a crise, nos Estados Unidos, foi que as leis e regras de instituições e organizações como a SEC (Securities and Exchange Comission), equivalente norte-americano da Comissão de Valores Mobiliários, não conseguiram acompanhar as empresas e os empreendedores financeiros que viajam a 160km/h.

Quando estudei com o dr. Fuller, ele disse que as duas indústrias mais lentas eram a educação e a construção, e que a defasagem — a demora que leva entre a aparição da nova ideia e sua utilização — era de cinquenta anos. Agora você sabe por que não foco o sistema escolar quando se trata de educação financeira. A defasagem é muito longa e a mudança nessa área chega muito devagar. Possivelmente, por volta de 2030, haverá educação financeira nas escolas, mas eu não tenho a paciência necessária para esperar tanto tempo.

Em 1927, Fuller previu que haveria demanda para 2 bilhões de novas residências em oitenta anos. Em 2007, oitenta anos depois da previsão, o preço das commodities disparou, quando bilhões de pessoas na Ásia, na América do Sul, na Europa Oriental e no Oriente Médio passaram a querer moradias no estilo ocidental.

O dr. Fuller é considerado um futurista. Dois princípios gerais que ele adotava para prever, acuradamente, o futuro eram os princípios da efemerização e da defasagem. Hoje, uma das formas que uso para ganhar dinheiro é usar os mesmos princípios para guiar meus negócios e minhas estratégias de investimentos.

Durante minha última fase com ele, em 1983, Fuller previu que uma nova tecnologia surgiria antes do fim da década e que as superpotências começariam a se enfraquecer e a perder sua dominância por causa dela. Fuller morreu em 1º de julho de 1983 e, em 1989, a internet surgiu e o muro de Berlim

CAPÍTULO 10

desapareceu. Fuller podia prever o futuro e confiava em Deus porque entendia os princípios gerais — os princípios que operam no Universo —, também conhecidos como "princípios divinos".

Na foto, estou sorrindo porque estou ao lado do homem que deu significado à minha vida ou, no mínimo, me fez lembrar por que estou aqui na Terra. Estou sorrindo — e agradecido — porque encontrara meu propósito de vida, minha missão, o problema que eu precisava solucionar ao nascer.

Até aquele momento, eu sentia que não me encaixava neste mundo. Ainda que eu quisesse ser rico, eu estava, até então, apenas curioso sobre questões financeiras. Eu queria saber por que algumas pessoas enriquecem e tantas outras são pobres. Queria saber por que pessoas como meu pai pobre clamavam não se interessar por dinheiro, mas, ainda assim, passavam a vida inteira trabalhando e reclamando de nunca ter o suficiente. Queria saber por que as igrejas diziam que o dinheiro era a raiz de todos os males e depois imploravam às pessoas da congregação que colocassem mais dinheiro na caixinha de doações.

Eu ficava imaginando por que nossas escolas nos preparavam para um emprego, mas não ensinavam sobre dinheiro.

Dr. Buckminster Fuller e o jovem Robert Kiyosaki em 1981, no seminário "O Futuro dos Negócios", liderado por Fuller.

IRMÃO RICO, IRMÃ RICA

TENZIN: CAINDO NA ESTRADA

Dos muitos ensinamentos do budismo, esses são fundamentais e desempenharam importante papel em minha vida:

TUDO É IMPERMANENTE

Nossas vidas, casas, bens, famílias e todos os nossos relacionamentos são impermanentes. A Mãe-Terra e todos os planetas são impermanentes. Anos atrás, levávamos os visitantes de Hilo para ver o Arco Onomea. Era um lindo arco natural de terra, imenso, que se estendia para dentro do oceano. Por muitos milhares de anos, as ondas, provavelmente, rolavam do mar e batiam na costa rochosa do arco magnífico.

Em um dia ensolarado, um artista estava na praia pintando um quadro do arco quando ele desmoronou diante de seus olhos. Mudanças desse tipo acontecem com todas as coisas, às vezes muito repentinamente, mas com maior frequência desintegram de maneira constante e imperceptível. Todas as coisas às quais nos agarramos ou que amamos serão, eventualmente, separadas de nós.

Até mesmo nossa amada vida está caminhando para um eventual fim.

Muitas pessoas não gostam de pensar a esse respeito, mas lembrar que tudo é impermanente não apenas nos ajuda a entender que nosso tempo juntos é limitado, mas que temos o poder de direcionar nossa vida para que ela não seja desperdiçada.

Podemos desenvolver relações afetuosas e trabalhar em benefício do próximo. O presente, o aqui e agora, é a melhor oportunidade que temos de aproveitar nossa vida terrena. Temos a capacidade de mudar os hábitos negativos, mesmo os mais enraizados, porque eles são impermanentes, também; nunca estamos presos a qualquer situação permanentemente.

É engraçado pensar que, apesar de querermos uma vida longa, não desejamos envelhecer. Que contradição! Digo às pessoas que somos *afortunados* quando temos o privilégio de envelhecer. Quando aceitamos que envelhecer é parte normal de nossa vida, nossa mente se pacifica e ficamos contentes quando a velhice chega. Desenvolvemos relacionamentos melhores com os

CAPÍTULO 10

outros e maior senso de propósito, em vez de desperdiçar tempo rejeitando ou lutando contra o processo normal de envelhecimento.

Dito de maneira simples, já que nascemos, teremos de morrer; é o curso natural que todos enfrentam. Às vezes, quando a morte é iminente, as pessoas pensam que elas e seus amados estão sendo punidos. Mas a morte é parte da vida. Quando estamos estressados por causa de alguma situação e sentimos que as coisas jamais mudarão, a impermanência pode ser muito confortante. Se você está em um trabalho sem futuro, uma relação que não está levando a nada ou uma pessoa que você ama está em um mau caminho, é natural sentir-se sem saída. Já reparou que, quando amamos algo ou alguém, nunca queremos que isso mude, mas quando estamos emperrados em determinada situação desagradável, o tempo parece não se mover? Em situações assim, daríamos *qualquer coisa* por uma pequena mudança — e quanto antes, melhor.

A impermanência significa que tudo está em constante transformação.

E o melhor de tudo: a mudança nos oferece a possibilidade de conquistar nossos sonhos e fazer coisas incríveis com nossa vida. Assim, em vez de estagnar a percepção de sua autoimagem a alguma coisa do passado — coisas como baixa autoestima ou maus-tratos de alguém —, observe seu potencial e aja para transformar o futuro. Se pudermos purificar uma única falta que seja, como inveja dos outros ou, como no meu caso, a fuga do conflito, então podemos agir diretamente e com mais poder de decisão.

As pessoas se afligem com a situação de sua vida — por coisas que perderam ou poderão perder. Se entendermos que tudo é impermanente, podemos focar naquilo que *podemos* fazer, em vez de lamentar sobre o passado. O poder de mudar o futuro nos afasta da relutância, levando-nos a fazer algo significativo com nossa vida.

COMPAIXÃO

Essa é uma força imensa e dinâmica na vida. Os primeiros ensinamentos budistas focavam no desenvolvimento da renúncia dos prazeres efêmeros e no alcance do nirvana — a liberação do sofrimento. Mais tarde, práticas e ensinamentos sobre compaixão se desenvolveram, adicionando poderosa dimensão ao budismo. Quando desenvolvemos o amor e o cuidado aos outros de maneira tão profunda que os colocamos até mesmo à frente de nós pró-

IRMÃO RICO, IRMÃ RICA

prios, há uma mudança em nossa experiência interior, em nossa forma de nos relacionar com as outras pessoas e em nosso relacionamento com o mundo à nossa volta.

Uma das coisas que minha mãe mais queria era que desenvolvêssemos o amor e o cuidado ao próximo — não importa a quem —, e ela própria dava exemplos nesse sentido. Como na época, vivíamos em tempos mais seguros, mamãe costumava ajudar a todos que podia, dava caronas a estranhos e a mendigos; encontrava pessoas que visitavam a ilha e trazia-os para jantar em casa.

Ela estava sempre ajudando, voluntariando-se para os mais diversos eventos. Certa vez, ela me confidenciou que era difícil ser enfermeira de descendência japonesa e trabalhar em hospitais após o ataque a Pearl Harbor, durante a Segunda Guerra Mundial. Cuidar de homens feridos que a viam — e a todo o povo japonês — como inimiga, deve ter produzido uma atmosfera pesada e desafiadora em seu trabalho. Mas seu jeito amigável e sua doçura eram uma parte natural de sua vida profissional.

No entanto, mamãe tinha uma falha cruel: ainda que ela amasse e cuidasse de todos, não se amava muito. Ela era dura consigo e conosco, no ambiente familiar. Muitos ensinamentos budistas começam com a ideia de que você ama todos os seres vivos como ama seu pai e sua mãe. Eu a usei como o ponto de foco em minha prática, mas devo dizer que não foi fácil.

Agora que estou mais velha, eu a entendo melhor e sinto compaixão por tudo que ela experimentou em sua vida de luta. *Todos* nós precisamos de amor — e o merecemos. Creio que todos nós temos altas expectativas com relação a nossos pais. Quando coloco meu relacionamento com minha mãe sob a luz de que, "dadas as circunstâncias, ela fez o melhor que pôde", meu coração a aceita plenamente e eu me comovo às lágrimas.

Raramente, pensamos em ser mais amorosos com as pessoas, mas queremos ser mais amados e constantemente achamos que não recebemos amor suficiente. À medida que desenvolvemos maior abertura e receptividade, reduzimos nosso senso de isolamento, de egocentrismo. Quanto mais amor oferecemos às pessoas, mais receptivos nos tornamos à generosidade e aos gestos de benevolência.

CAPÍTULO 10

O Dalai Lama sempre diz que, seja qual for o lugar para onde ele vai, a sensação é sempre de "encontrar velhos amigos". É verdade. Sentimos isso dele e somos atraídos por sua calorosa amizade. Meus professores, com frequência, dizem que precisamos desenvolver amor idêntico a todos os seres: amigos, inimigos e estranhos. Pense um pouco a esse respeito: se sentíssemos essa espécie de amor sem distinções, então nos sentiríamos felizes com qualquer pessoa que encontrássemos, em vez de agirmos com preconceito, impaciência, intenções ocultas e injustiça.

A compaixão é diferente do amor. Ter compaixão significa desejar que os outros sejam libertados do sofrimento, ao passo que amar implica desejar que os outros sejam felizes. Desenvolva ambos e sua vida nunca mais será a mesma. Dr. Fuller entendeu isso à sua maneira. Ele disse: "Quanto mais pessoas sirvo, mais eficiente me torno."

DEPENDÊNCIA OU INTERCONECTIVIDADE

Esse ensinamento diz que nada ocorre por si; tudo existe em dependência de alguma outra coisa. Estamos todos interconectados.

Quanto mais profundamente entendermos isso, mais informação resultará de nossas experiências de vida. O paralelo com os ensinamentos do dr. Fuller de "precessão" é impressionante. Muitos de seus ensinamentos se conectam com esse princípio budista em particular. Entenda, no entanto, que essa visão não é o conceito psicológico de dependência ou codependência.

Ele se aplica às relações interpessoais e às forças da natureza. Um exemplo budista clássico é o broto que surge de uma simples semente e que germina com a quantidade certa de solo, sol e água. Remova ou use em excesso um desses elementos e a semente pode não germinar.

Foi necessário que eu tivesse câncer para despertar para a realidade de que o dinheiro é útil, não apenas para coisas agradáveis, mas para os aspectos mais básicos da vida, como saúde e bem-estar. Isso me mostrou como a vida física constantemente impacta a vida emocional, mental e espiritual. Aquilo a que não presto atenção irá se manifestar de uma forma ou de outra.

Meu primeiro alerta foi o câncer. Eu não deveria ter necessitado de outro, mas ele veio de qualquer forma, na forma de uma doença cardíaca, em 2007.

IRMÃO RICO, IRMÃ RICA

Eu estava trabalhando muito, planejando uma visita do Dalai Lama a Los Angeles. Esse trabalho e meus ensinamentos me enchiam de energia. A parte difícil — como ocorre com qualquer outro trabalho dessa natureza — era a pressão de lidar com pessoas, contratos complicados e prazos. E como não lido bem com situações de conflito, internalizei boa parte das frustrações. Afinal, pensei, uma monja não deveria estar sentindo essas coisas.

O estresse — com uma provável propensão genética — me levou ao hospital para uma angioplastia, com um seguro de saúde precário e nenhuma poupança a meu dispor. As contas do hospital chegaram a US$50 mil. Fiquei devendo US$20 mil, após muitas brigas com o seguro de saúde para pagar os outros US$30 mil. Realidade, dependência e necessidade financeira voltaram a me assolar.

Trabalhar com Robert para escrever este livro e participar de suas apresentações e encontros foi importante para que eu me livrasse de minhas antigas visões sobre o dinheiro. Pessoas religiosas têm os próprios padrões e crenças sobre dinheiro e riqueza, assim como as pessoas do mundo de Robert têm as suas. Para mim, esses dois mundos colidiam, mas hoje vejo como ambos podem coexistir e beneficiar os outros.

Você já se pegou pensando: "Como é que fui nascer nesta família?" Às vezes, quando descobrem que sou irmã de Robert, as pessoas me perguntam se sou rica como ele. Todos sabem o quão diferente podem ser os membros de uma família. É notável perceber como os mesmos pais, raízes e a criação nos impulsionaram em direções tão diferentes.

Robert e Kim me ajudaram com as contas do hospital, mas eles não estão me dando dinheiro. Ao contrário, estão me dando conhecimento para que eu possa ajudar a mim mesma e, assim, poder servir aos outros.

CARMA

Muitos ocidentais usam a palavra carma nas conversas corriqueiras do dia a dia. Talvez você já tenha escutado alguém dizer: "Ah, ele tem um carma ruim" ou "Você vai ter um bom carma por fazer isso". Como se o carma representasse uma recompensa ou má retribuição por se estar fazendo algo ruim.

CAPÍTULO 10

Na verdade, o carma significa ação e, curiosamente, não trata apenas do que você faz, de suas ações físicas. É muito mais sobre as *motivações* e as *atitudes* que impulsionam sua ação. Ética e intenção determinam se um carma é virtuoso ou não; isso é bem diferente de recompensa ou retribuição.

O que estou dizendo é: as ações do passado determinam e moldam nossas experiências presentes. Nossas motivações e ações do presente determinarão os resultados futuros, inclusive nossa tendência a fazer certas coisas repetidamente.

Ainda que estivesse trabalhando em benefício dos outros, eu vivia situações de conflito. Ao não resolver esses conflitos, eu afetava meus relacionamentos e minha saúde. Não importava o fato de que era vegetariana e tinha um estilo contemplativo de vida. Tive uma doença cardíaca — que, em geral, afeta pessoas com alto nível de estresse e amantes de carne vermelha, como meu irmão. Que ironia!

Eu tinha de fazer mudanças.

Assim como o dr. Fuller fala de "defasagem", os ensinamentos budistas nos ensinam que o carma não é o instante. Os ocidentais consideram esse raciocínio desafiador. A maioria quer respostas e resultados aqui e agora. Desde que eles não sejam negativos, claro. Mas a verdade é que precisamos de experiência, compaixão e sabedoria para atingir a iluminação. O processo — a transformação que ocorre pela prática repetitiva e pela percepção — é indispensável para se alcançar esse objetivo. Os tibetanos costumam dizer: "Se você quer saber de onde veio, olhe para sua vida agora, se você quer saber para onde está indo, olhe para sua mente."

Robert me repreende quando parafraseio os budistas, dizendo-me que continuo teorizando demais. Ele está certo sob uma perspectiva não-budista. Para as pessoas que não aceitam o carma, ele é apenas uma teoria sobre a existência das coisas. Mas ainda que o carma seja, de certa forma, uma teoria, para os budistas praticantes ele conecta a casualidade com o comportamento. Observo como Robert e Kim construíram sua riqueza por meio de muito trabalho árduo e estudo, desenvolvendo-se, nunca desistindo, construindo muitas conexões e amizades, aprendendo com as experiências e ajudando os

IRMÃO RICO, IRMÃ RICA

outros. Eles são generosos e ajudam várias organizações e comunidades. Todas essas ações criam a força e as condições necessárias para o sucesso futuro.

Você encontrará budistas que dizem que um ato cármico — em razão da complexidade e da sutileza de outras ações e motivações envolvidas — é mais difícil de compreender do que algumas das mais profundas concepções. Em termos simples, o bom carma traz felicidade, e o carma negativo, sofrimento.

NIRVANA

A palavra nirvana também se popularizou no Ocidente, assim como carma. As pessoas a usam no lugar de paraíso ou até mesmo substituindo a palavra utopia. Viver na Índia me fazia tão bem que não havia nada mais que eu quisesse. Algumas pessoas visitam a Índia e se horrorizam com os insetos, as doenças e a sujeira. Ainda que eu não tenha experimentado o nirvana, *experimentei* contentamento e satisfação profundos.

Para os budistas, o conceito de nirvana tem o significado de "liberdade do sofrimento e das crenças". Nirvana é um estado mental, não físico. Significa ver as coisas como elas são, sem os filtros dos vícios, da aversão e da ignorância; uma experiência completa da realidade.

Sua Santidade, o Dalai Lama, diz que, se a liberação do sofrimento é possível, devemos fazer tudo a nosso alcance para alcançar esse estado. Se, no entanto, descobrirmos que essa liberação é impossível, então por que não esquecer esse assunto e continuar com a vida? Mas conquanto exista um pequeno vislumbre de possibilidade de que a liberação do sofrimento ocorra, então devemos trabalhar para consegui-la.

ILUMINAÇÃO

A iluminação é maior do que o nirvana; é um estado caracterizado pela purificação de todos os traços de emoções como ódio, raiva, inveja e ignorância e o cultivo de todas as qualidades excelentes como bondade, gentileza, generosidade, ética e compaixão. Inclui também a intenção de usar esse estado em benefício de todos.

CAPÍTULO 10

Havíamos acabado de nos mudar para o novo centro, em 1997, e o lugar ainda estava sob construção, mas ficamos maravilhados quando o Dalai Lama aceitou nosso convite para visitar o lugar.

Todos os seres têm o potencial de atingir o nirvana e a iluminação. Liberação, liberdade e iluminação não são apenas para os monges ou monjas. Porque todos nós temos esse potencial, todos nós deveríamos criar coragem para enfrentar as circunstâncias da vida e fugir dos sentimentos de baixa autoestima. Esse conhecimento — de que todos os seres têm a essência da iluminação — pode ser uma fonte interna poderosa para todos nós aprendermos a desenvolver maior tolerância e determinação para trabalhar em benefício do próximo.

Esse caminho preencheu minha vida com propósitos e paz de espírito. É como a família espiritual da qual fala Robert — a casa espiritual em que nos sentimos plenos, em estado de graça, compreendidos e aceitos. A meditação nos dá perspectiva e clareza com relação à natureza das situações e às condições de vida. Em vez de nos protegermos dos problemas, permitimos a nós mesmos maior abertura e aceitação dos outros e de suas diferenças.

Tenho me dedicado inteiramente à prática desses princípios, que representam tanto os guias quanto os pilares de minha existência.

11

CÉU, INFERNO E FELICIDADE

A escola dominical nos ensinou que o paraíso era um lugar no qual as pessoas se sentavam, flutuando nas nuvens, tocando harpas. O inferno era o centro flamejante da terra, onde o diabo (com chifres, uma cauda longa e carregando um tridente) vivia, esperando pelos pecadores.

Como adultos, não sabemos se existem céu e inferno após a morte. Mas há paraíso e inferno aqui na Terra e o paraíso de um pode ser o inferno do outro. Para nosso pai, o paraíso era um emprego público, o que seria o inferno para Robert.

O casamento também pode ser tanto um paraíso quanto o céu. Mesmo amando profundamente uma pessoa, a vida conjunta pode ser um verdadeiro inferno.

O dinheiro também pode ser a razão do céu ou do inferno. Algumas pessoas mal conseguem sobreviver — elas têm uma vida infernal. Para outras, o paraíso é ter mais do que o suficiente para manter seu estilo de vida.

Dado que o paraíso de um pode significar o inferno do outro, a questão é: o que cria o paraíso ou o inferno? Ainda que haja muitas respostas possíveis, uma delas é: a felicidade... ou a falta dela.

CAPÍTULO 11

ROBERT: OBJETIVOS EGOÍSTAS E ALTRUÍSTAS

Como ocorre com tantas coisas na vida, para cada ação existe uma reação. Se uma pessoa está infeliz, pode fazer algo para ficar feliz, por exemplo, ingerir bebidas alcoólicas. Sentindo-se deprimida, ela vai a um bar, bebe muito e se sente feliz. No dia seguinte, ela paga pela felicidade com uma ressaca. Se fizer isso regularmente, torna-se uma alcoólatra que ainda procura pela felicidade.

Outras usam drogas para escapar da dor e da infelicidade.

Outras pessoas fazem compras para aliviar a dor. O dinheiro é a droga. Quanto mais dinheiro elas têm, mais gastam. Muitas vivem o inferno das dívidas excessivas.

Minha droga é a comida. Quando estou infeliz, eu como. Quando estou comendo, estou feliz. O problema é que engordo. E quanto mais engordo, mais infeliz fico. Então, busco mais comida para me sentir feliz e engordo ainda mais. Em minha tentativa de atingir o céu, consegui o inferno. Muitas pessoas procuram resolver seus problemas com a religião, esperando que Deus possa salvá-las de seu inferno aqui na Terra.

Então, o que é felicidade?

Estou certo de que, com a idade, essa pergunta pode ser respondida. E duvido de que haja uma única resposta para todas as pessoas. Como o céu e o inferno, a felicidade de um pode ser a infelicidade do outro, por isso não estou tentando dizer a você o que fazer para encontrar sua felicidade. Já tenho minhas próprias dificuldades para encontrar a minha.

Uma lição importante que aprendi com o dr. Fuller foi a ideia de ter objetivos altruísticos. Em outras palavras, objetivos que sigam a seguinte regra: "Quanto mais pessoas ajudo, mais eficiente eu me torno." Quando, em dezembro, Kim e eu decidimos dar nosso salto de fé, tínhamos objetivos altruísticos em mente. Como eu já disse, foi o pior ano de nossa vida.

Não foi uma época feliz.

Hoje, nós dois encontramos a felicidade — e ambos temos objetivos egoístas e altruísticos. Nossa felicidade tanto vem de nosso sentimento de que estamos contribuindo para resolver alguns problemas do mundo quanto de nossos objetivos de ganhar dinheiro suficiente para ter um padrão de vida que nos agrade. Não seríamos felizes na qualidade de pobres, trabalhando em algo que

IRMÃO RICO, IRMÃ RICA

não amássemos ou com pessoas de quem não gostássemos, vivendo em uma vizinhança perigosa ou sem condições de contar com uma assistência médica de qualidade.

O trabalho é um dos aspectos da felicidade ou da infelicidade. Ainda que nosso trabalho seja, com frequência, desafiador e problemático, ele nos faz felizes. Sabemos que muitos milhões de pessoas se sentem infelizes com o trabalho que realizam. Para milhões, o trabalho é apenas fonte de renda. Tenho uma colega do colégio que é muito infeliz. Logo após a faculdade, ela conheceu um homem muito rico. Casou-se e mudou para uma enorme mansão em Aspen, Colorado. O marido dela herdou o dinheiro e nunca trabalhou de fato. Eles têm filhos e netos maravilhosos. Os dias dela são preenchidos com cuidados dispensados a cavalos de exposição e com ações beneficentes. Seu marido passa a maior parte do tempo no clube, preparando eventos para os sócios.

Quando lhe perguntei por que se sentia infeliz, ela respondeu: "A vida parece vazia."

Quando perguntei se os netos não preenchiam seu tempo, ela me disse: "Não. Eu amo meus filhos e netos, mas me cansei da maternidade." "E os trabalhos de caridade?", perguntei, e ela me respondeu, com muita franqueza: "Faço trabalhos voluntários para pertencer aos círculos sociais corretos. A caridade me coloca em festas e me permite ser vista com as pessoas certas. Eu sei que trabalhos beneficentes são importantes, mas não sou apaixonada por eles."

No entanto, quando perguntei "O que sua alma quer que você faça?", surpreendida, ela respondeu: "Eu já faço o suficiente. Sou boa mãe e esposa. Doo tempo e dinheiro à caridade. O que mais você quer que eu faça?"

Nossa conversa terminou ali. Não era o tempo certo para se falar de objetivos egoístas e altruístas.

Uma das lições mais preciosas que aprendi com meus pais foi a resposta à seguinte pergunta: "O que é felicidade?" Os dias mais felizes da vida deles foi quando trabalharam, ambos, para o Peace Corps. Eu vi a felicidade de ambos em trabalharem juntos em algo de caráter espiritual. Nunca mais esqueci isso.

Em dezembro de 1984, Kim e eu estávamos em busca da mesma felicidade. No dia em que nos casamos, em 1986, não tínhamos muito dinheiro e não

CAPÍTULO 11

pudemos pagar por uma orquestra. Então, entregamos a todos os convidados a letra da música "The Wedding Song", também conhecida como "There is Love", de Noel Paul Stookey, e pedimos que dessem os braços e cantassem conosco. A música transmitiu a todos a razão espiritual de nosso casamento.

Kim tem sido a maior bênção de minha vida. Temos estado juntos, 24 horas por dia, desde dezembro de 1984. Desde então, estivemos separados apenas por alguns poucos dias. Nosso trabalho alimenta nossa alma e nos dá vida. Nosso trabalho é nossa vida.

Como a maioria dos casais, temos nossas discussões. Nem sempre é um mar de rosas ou um conto de fadas. Por meio de nosso trabalho, compartilhamos nosso amor e a razão de estarmos casados. Acreditamos que a verdadeira felicidade é a bênção que traz mágica à vida.

Há muitas pessoas que acreditam que os ricos são gananciosos — e muitos o são. Encontrei pessoas gananciosas de classe média e pobre. Eram pessoas gananciosas com menos dinheiro. Os ricos não têm domínio exclusivo sobre a ganância.

Quando nos casamos, Kim e eu criamos objetivos egoístas e altruístas, que se tornaram nossos pontos de apoio:

- O primeiro era construir um negócio tão útil às pessoas quanto possível. Queríamos atender às pessoas independentemente de sua riqueza (ou falta dela), raça ou religião.
- O segundo ponto seria investir nosso dinheiro de maneira útil. A maioria de nossos investimentos financeiros está em casas populares. Fornecemos casas seguras, bem administradas e acessíveis a milhares de pessoas.
- O terceiro seria doar ou devolver parte do dinheiro que ganhávamos. Mesmo quando tínhamos pouco, doávamos a causas que nos sensibilizavam. Nunca damos dinheiro diretamente a pessoas necessitadas. Em vez disso, doamos a instituições responsáveis que têm uma reputação comprovada de boa administração financeira.
- O quarto ponto era nosso próprio padrão de vida. Mesmo não tendo absolutamente nada quando nos casamos, ainda assim queríamos ser financeiramente independentes e conquistar um padrão de vida de riqueza.

IRMÃO RICO, IRMÃ RICA

Todos os nossos objetivos requeriam trabalho árduo, viagens constantes, muito estudo e, com frequência, algum desapontamento. A dádiva da felicidade em nossa vida veio do efeito da reverberação, do princípio geral da precessão.

Hoje, temos mais dinheiro do que jamais conseguiremos gastar. Temos mais do que necessitamos. É por isso que focamos cada vez mais em caridade, como fazem Bill Gates e Warren Buffett. Doar dinheiro pode se transformar em um trabalho de período integral e pode ser bastante desafiador, assim como é ganhar dinheiro. Há arte e ciência por trás do trabalho de caridade. Em vez de dar dinheiro diretamente aos necessitados e ver nossas reservas financeiras se esgotarem rapidamente, somos diligentes em buscar organizações responsáveis que protegerão nossa riqueza e usarão com sabedoria nosso dinheiro, por anos a fio, até mesmo depois de nossa morte.

Kim e eu acreditamos na criação do paraíso na Terra — enquanto estamos aqui e depois que tivermos partido. Com isso, não quero dizer que nosso trabalho seja único ou especial. Qualquer serviço que adiciona valor à sociedade é importante e especial. Eu particularmente gosto dos comediantes, porque o riso é vital para um mundo que é tão sério. O dom de fazer rir é uma dádiva.

E o que é um dom? Quando me perguntam como se faz para se encontrar o próprio dom, eu respondo: "Se você tivesse todo o dinheiro do mundo, o que faria pelo resto da vida? O que faria seu coração se alegrar?" Também digo: "Uma das razões pelas quais as pessoas não doam nem usam seu dom é porque são treinadas pelas escolas a conseguir um emprego e doar dinheiro." Então, a questão é a seguinte: "O que você faria se dinheiro não fosse problema?"

Kim e eu pudemos nos dar ao luxo de nos aposentar em 1994. Ela tinha 37 anos e eu, 47. Achei que a aposentadoria seria o paraíso. Mas acabou se revelando um inferno. Tudo que eu fazia era jogar golfe — se você me visse jogando golfe, entenderia por que, para mim, o golfe é um jogo dos infernos.

Em 1996, Kim e eu voltamos a trabalhar, desenvolvemos nossos jogos de tabuleiro *CASHFLOW*®, e eu escrevi *Pai Rico, Pai Pobre*. Nossos objetivos se mantêm os mesmos. Acreditamos que muitas pessoas são escravas do dinheiro

CAPÍTULO 11

e o jeito de se conseguir liberdade financeira é via educação financeira. Nosso desejo é que você se torne financeiramente livre; assim, poderá doar mais do dom que Deus lhe deu e fazer o trabalho que nasceu para fazer.

Um dos grandes prazeres de nosso trabalho é ter pessoas como você lendo nosso trabalho, mesmo que não concorde com tudo que escrevo. Sei que há muitas pessoas no mundo que têm grandes ideias, belas histórias para contar e dons incríveis para doar.

TENZIN: O TESTE

Creio ser muito importante ter uma vida significativa. A maneira de se conquistar isso será diferente para cada um de nós.

Robert sempre comenta sobre "não viver abaixo de nossas possibilidades financeiras", mas sempre me considerei fora dessa categoria em virtude de meu estilo de vida monástica. Como monja, viver abaixo do que ganho parece ser bem "adequado". Há diferença entre "viver abaixo do que se ganha" e "viver adequadamente". Abaixo do que ganho me coloca em risco financeiro e físico.

Ao trabalhar para encontrar uma forma de resolver o aparente conflito entre minhas práticas budistas e minhas dívidas médicas e necessidades de saúde, analisei a situação com base em antigas crenças enraizadas e a compreensão do monastério, e cheguei à seguinte conclusão:

NÃO QUERER/NÃO SE ESTRESSAR

A vida de uma monja budista deveria ser simples e sublime. A simplicidade vem da redução das atividades e das aquisições, focadas na autogratificação e no conforto que a própria vida apresenta. Por exemplo, como monja, não preciso de objetos extravagantes ou modernos; mas nos dias de hoje, todos nós precisamos estar atualizados com a tecnologia. Tem de haver equilíbrio.

Além disso, as ações que surgem da motivação para ajudar os outros a encontrarem a felicidade verdadeira e tornarem-se livres do sofrimento tornam nossa mente — e, portanto, nossa vida — sublime. Uma mente em estado de contentamento não tem preço, e vem do foco na felicidade de *outros*, assim como em nossa própria felicidade.

IRMÃO RICO, IRMÃ RICA

PARA AJUDAR É PRECISO UM CORPO SAUDÁVEL

Ainda que tenhamos muitas ideias sobre como ajudar o mundo por meio da ação espiritual, podemos fazer pouco pelos outros se estivermos com a saúde física debilitada. Claro que reconheço que há muitas forças no mundo que podem ter efeito negativo em nossa saúde, mas há coisas que podemos fazer para nos opor a algumas delas. Para mim, viver "adequadamente" significa, ao menos, ser capaz de atender às necessidades básicas.

As necessidades básicas incluem alimentação saudável, bons amigos e mentores, abrigo e reserva financeira para cuidar da saúde e de outras emergências. Isso vale especialmente para aqueles que vivem sozinhos.

E como aprendi com minha experiência de vida, o mais importante de tudo é não estar em conflito com a ideias e a realidade. O que nos leva ao próximo ponto…

ÀS VEZES PRECISAMOS DE AJUDA

Nas culturas budistas tradicionais, os monásticos sobreviviam com a ajuda da comunidade. Isso lhes permitia estudar e praticar e, em algum ponto de sua maturidade espiritual, ensinar o Dharma aos outros. Dessa forma, o Dharma foi mantido ao longo dos séculos nos vários países asiáticos onde o budismo floresceu.

Meus professores tibetanos e muitos de meus amigos monásticos vivem nesse sistema tradicional, mesmo agora, quando estão em exílio na Índia. Era natural que eu aspirasse à mesma forma de vida para mim quando retornei aos Estados Unidos após ser ordenada, em 1985.

No entanto, os tempos são outros e certamente os Estados Unidos não são um país budista. A maioria dos praticantes e estudantes do Dharma não é monástica. Eles se sustentam e, em alguns casos, contam com suas famílias, e não têm sobras para ajudar os monásticos que desejam passar os dias em meditação. Assim, nós, os monásticos, tivemos de nos ajudar. Mesmo após meus votos, continuo trabalhando, atualmente em Los Angeles.

Certamente, não estou dizendo que deveríamos esperar que outros cuidassem de nossas necessidades médicas ou financeiras. Isso é, na verdade, o contrário de minha aspiração a cuidar dos outros. Planejar *depender* da bondade alheia não é um plano de vida válido, sejamos budistas ou não. Entretanto,

CAPÍTULO 11

há épocas em que nos sentimos sobrecarregados pelas circunstâncias. Então, não temos escolha, a não ser pedir ajuda.

Isso não significa que sejamos fracassados. Significa que há outros à nossa volta; a família espiritual e a biológica estão lá para nos ajudar, assim como nós as ajudaríamos se elas precisassem. Mas se existe uma vida inteira de dependência, então, nesse caso, é diferente. Devemos reconhecer o problema e trabalhar para fazer a mudança. Em meu caso, mesmo sendo meus problemas de saúde intermitentes, preciso me preparar para circunstâncias inesperadas.

A MUDANÇA VEM DE DENTRO

Após meu último procedimento cirúrgico, percebi que tinha de conciliar minha vontade de permanecer saudável com todas as minhas outras necessidades.

Por conta de minha idade e de meu histórico médico, ficou claro que seria tolice voltar a ensinar o Dharma no Centro, que não tinha como me oferecer um seguro-saúde. A decisão não chegou a ser difícil. Há muitas formas de servir. Eu era uma capelã treinada e tinha experiência como professora e administradora de eventos de Dharma. Certamente, seria capaz de me sustentar e permanecer fiel a meus ideais budistas.

Na verdade, o ideal budista de se tornar uma bodhisattva amorosa — pessoa iluminada e servil — ajudou-me a resolver meu problema. Meu amado mestre e alguns estudantes preocupados viram essa necessidade e se ofereceram para me pagar o seguro-saúde. Isso me fez muito feliz e tranquilizou minha mente.

Descobri que os monásticos não podem viver nos Estados Unidos como vivem na Ásia budista. Ainda assim, tenho devotado minha vida a ajudar os outros e a me transformar em um bom ser humano.

O conceito de que a mudança vem de dentro se aplica tanto à sociedade quanto aos indivíduos. Muitos estão resistindo a se adaptar aos novos tempos.

Acredito que agora, muito mais do que antes, precisamos usar a mente criativa para aperfeiçoar os métodos pacíficos de resolução e cooperação para vivermos juntos e restaurar o planeta; reduzir a poluição, a pobreza e a opressão em nível global e reduzir o ódio, o preconceito e o egoísmo em nível individual. Só depende de nós resolvermos e remediarmos os problemas que criamos. Princípios religiosos, éticos e harmoniosos, de tolerância e bondade

IRMÃO RICO, IRMÃ RICA

são uma força poderosa e, com a visão de interdependência de nossas relações, podem nos ajudar a trazer à tona as mudanças desesperadamente necessárias.

Temos de desenvolver a habilidade de olhar para dentro a fim de identificar nossas fraquezas e defeitos, e então ter a coragem e o comprometimento para mudar.

12

VIDA E MORTE

Todos nós enfrentaremos a fronteira final do envelhecimento e da morte. Morte e vida estão entrelaçadas e a morte nunca está distante demais de nossa vida diária — como ficou evidenciado pela explosão da bomba atômica tanto tempo atrás — ainda que tentemos não pensar nisso. Todos nós temos um período para aproveitar nossa incrível e maravilhosa vida humana e viver nossos sonhos.

As pessoas não lidam necessariamente com a vida — ou com a morte — com leveza. É comum que nos peguemos muitas vezes buscando o conflito, e nem sempre com um objetivo nobre em mente. Quando encaramos a morte, toda sorte de mau comportamento pode se manifestar. Quando isso acontece, a pessoa que encara a morte, com frequência, torna a situação ainda pior.

No Vietnã, as questões eram sempre sobre vida e morte. Há longos períodos enfadonhos na guerra. Ficar parado em um porta-aviões no mar não é o mesmo que fazer um cruzeiro, com atividades diversas para entreter os passageiros. Não há grandes refeições, shows noturnos ou bares com pessoas se divertindo.

Os alojamentos eram um celeiro para a discórdia e para o comportamento disfuncional. Havia brigas entre os marinheiros e os soldados. Os pilotos e suas tripulações tinham uma vantagem: voavam para o continente uma ou duas vezes por semana. Mas para milhares de jovens presos nos navios, a vida era desconfortável e confinada.

Tragicamente, houve acidentes que foram muito além de uma simples luta. Alguns indivíduos cometiam atos de traição, de sabotagem e até mesmo colocavam em risco a

CAPÍTULO 12

vida de outros. Uma vez, alguém colocou água salgada no tanque de uma das aeronaves, destruindo-a. Outras vezes, fios e mangueiras foram cortados ou desconectados.

Depois de repetidos incidentes de sabotagem, alguns tripulantes resolveram se revezar e montar guarda, 24 horas por dia, mesmo sendo todos compatriotas, supostamente lutando do mesmo lado.

Entretanto, esse tipo de comportamento não se limita à guerra. Qualquer pessoa que enfrente a morte estará lidando com o evento mais traumático da vida. Alguns estão preparados e o fazem com leveza e aceitação. Mas outros reagem violentamente e, ao fazê-lo, podem se ferir ou ferir outras pessoas; até mesmo aqueles que estão tentando ajudá-los.

Embora isso não seja o tipo de traição que envolve a sabotagem de uma aeronave, tem o potencial de causar muita dor e destruir vidas.

As coisas não deveriam ser assim.

ROBERT: CONVIVENDO COM O MEDO DA MORTE

Na escola dominical, aprendi sobre Judas e sua traição a Jesus. A prática de traição e deslealdade é, ao que parece, parte integrante do comportamento humano. Maridos e mulheres traem seus parceiros, sócios em negócios roubam uns dos outros, as pessoas mentem para se proteger, fofocas destroem reputações e a internet está cheia de blogs dedicados a destruir pessoas. A habilidade de trair é uma força sombria e potente que pode dominar qualquer um de nós.

Durante a era do Vietnã, não havia mulheres no mar como agora. Os navios ficavam lotados com milhares de homens jovens, todos esperando por algum acontecimento. Na maioria do tempo, a frota americana navegava de um lado para o outro, subindo e descendo ao longo da costa vietnamita.

Os soldados de base passavam boa parte do tempo correndo em volta do deck, limpando as armas ou dormindo. Os tripulantes das aeronaves e os funcionários da Marinha faziam seus exercícios já no fim da tarde, quando a situação se acalmava. Não queríamos arrumar problemas com os soldados. Esse cronograma separava os grupos e diminuía as brigas.

Apesar de lutarmos do mesmo lado, sempre havia alguns que procuravam motivo para arrumar confusão e incitar um grupo contra o outro.

IRMÃO RICO, IRMÃ RICA

Passei por três quedas com meu helicóptero no meu ano no Vietnã. Nenhuma das vezes o incidente se deveu ao inimigo. Duas vezes foram por fadiga da aeronave; um problema mecânico no rotor de cauda e uma falha hidráulica. Felizmente, conseguimos nos aproximar do navio antes de cair. Por duas vezes, fomos capazes de consertar e salvar a aeronave.

A queda mais séria ocorreu por causa de sabotagem. Não havia como ser o inimigo — nós estávamos a mais de vinte milhas da costa e seria difícil para um soldado vietcongue remar até o porta-aviões, subir a bordo e enfiar uma chave-inglesa dentro do tanque de gasolina da aeronave.

O esquadrão inteiro estava participando de um ataque combinado de forças ao norte de Da Nang. Bem cedo pela manhã, antes de o sol nascer, minha aeronave de ataque foi levada para o deck de cima do porta-aviões e nós nos preparávamos para levantar voo. Os dois atiradores, um chefe de tripulação, o copiloto — tenente-coronel Ted Green — e eu fizemos nossa inspeção antes do voo.

Green e eu estudáramos juntos na escola de voo da Flórida. Após recebermos nossos certificados, vibramos com a indicação para o programa de ataque e fomos enviados para Camp Pendleton, na Califórnia, para treinamento avançado e preparo de transição. Assim que o treinamento acabou, fomos ambos mandados imediatamente para o Vietnã.

Tenente-coronel Ted Green e Robert em Okinawa, preparando-se para se juntar ao porta-aviões no Vietnã.

CAPÍTULO 12

Na inspeção, olhei pela entrada do tanque de gasolina e vislumbrei uma protuberância estranha. Como estava escuro, peguei a lanterna, olhei bem lá no fundo e enfiei os dedos, que logo encontraram um objeto. O que puxei para fora era um trapo de pano encharcado de gasolina.

Uma onda de choque percorreu meu corpo, meu estômago revirou e minha pele se arrepiou. Alguém passara pelas nossas defesas! Imediatamente, ordenei uma revisão completa da aeronave. A tripulação descobriu uma chave-inglesa e também fios bem finos de aço escondidos em outros lugares da aeronave.

"Encontramos tudo?", perguntei.

"Espero que sim", respondeu nosso chefe de equipe.

"Esperar não é suficiente", disse um dos atiradores.

Naquele momento, ouvimos o alto-falante a todo volume:

"Dez minutos para subir. Aeronave de ataque na marca três, vai subir ou vai ficar?"

Nós cinco nos entreolhamos, buscando algum sinal de dúvida. Todos nós balançamos a cabeça afirmativamente e dissemos: "Vamos!" Então, subimos na aeronave. O motor deu partida sem problemas e logo estávamos voando em volta do porta-aviões, em um trajeto de rotina, que faz parte da espera pelo embarque dos soldados nos helicópteros de tropa, para, assim, nos juntarmos a eles em voo. Ainda que parecesse que a aeronave estava funcionando perfeitamente, ficamos nervosos e checávamos constantemente os instrumentos e os controles de voo.

De repente, pelo canto de um de meus olhos, vi um dos instrumentos de voo do painel de comando tremular. Na escola de voo, ensinaram-nos que, se aquele tipo de tremulação ocorrer, há algo errado com o motor.

Antes que eu pudesse dizer qualquer coisa à minha tripulação, a aeronave estremeceu por inteiro, o motor deu um tranco, parou, deu um tranco de novo e então parou de vez. Sinais de alarme dispararam e luzes de falha no motor piscaram alucinadamente. Com a falha do motor, a aeronave imediatamente despencou do céu.

IRMÃO RICO, IRMÃ RICA

"Mayday, mayday, mayday"[1], gritava no rádio o tenente Green, enquanto o nariz da aeronave se inclinava em um abrupto mergulho. A tripulação se agarrou à aeronave e começou a jogar pela porta armas, munição e qualquer outra coisa que estivesse solta.

Vendo a água se aproximar rapidamente de nós, lembrei-me da frase da escola de pilotos: "Você olha nos olhos da morte." Naquele dia, eu soube como são os olhos da morte. Silenciosamente, pensei se aquele seria meu último dia na Terra.

Mesmo havendo muito barulho à nossa volta — barulho da torre de controle alertando todas as aeronaves, transmissões de rádio do campo de batalha e o barulho de minha tripulação se preparando para a queda, um misterioso silêncio parecia preencher a aeronave. Pensei se a visão do mar e a face de meus companheiros seriam minhas últimas memórias.

No meio do caos, fiz as pazes comigo mesmo. "Se eu morresse, estaria satisfeito com minha vida?", cheguei a me perguntar. Em cinco segundos, encontrei a paz quando me lembrei de que eu escolhera essa vida. Ninguém me forçara a ir para a Marinha. Quando me voluntariei, sabia que podia não retornar vivo.

Se a visão da janela da cabine do helicóptero viesse a ser a última imagem do filme de minha vida, então a maneira como o filme acabaria me deixou satisfeito.

A aeronave estava instável, em autorrotação, à medida que mergulhávamos em direção à água. Green pilotava a aeronave moribunda, enquanto eu gritava a lista de procedimentos de checagem para a queda. Green era um grande piloto e estava fazendo um trabalho mágico ao nos guiar em direção à água, tentando nos aproximar o máximo possível do porta-aviões. Eu fazia de tudo para que a lista de checagem fosse seguida, portas foram catapultadas, a aeronave, esvaziada, a parte elétrica, desligada; e a tripulação colocou os cintos de segurança. Ted e eu havíamos praticado testes de estresse por anos, passando pelos procedimentos de emergência quase diariamente, incansável e repetidamente. Chegamos a um ponto em que poderíamos voar com ou *sem* um motor.

---

1 Sinal de radiodifusão ou telefônico usado internacionalmente, em momentos em que uma aeronave ou navio está em situação de perigo extremo.(N.E.)

221

CAPÍTULO 12

Agora, era hora de saber se a prática valera a pena. Nossa pequena tripulação estava funcionando como um time, todos aterrorizados, porém sem entrar em pânico.

Pouco antes de atingirmos a água, Ted girou o nariz da aeronave e, em vez de colidir estrondosamente, a aeronave deslizou em silêncio a poucos pés acima da água, fazendo uma autorrotação impecável, no próprio impulso de seus movimentos.

Tudo estava indo perfeitamente bem: eu concluíra a checagem da lista de procedimentos e dizia a todos que se posicionassem para o impacto. Então, uma imensa onda, ruidosa e borbulhante, atingiu o vidro e eu vi o redemoinho de água verde-esmeralda rodopiando a meus pés. Começamos a afundar imediatamente, enquanto a aeronave dava uma guinada, lutando contra as forças do mar, para finalmente virar para a direita, enquanto a lâmina do rotor acertava a água em altíssima velocidade, destruindo tudo e partindo a aeronave ao meio.

Em um instante, eu estava dentro da água, lutando para respirar, enquanto tentava sair da aeronave, bastante aterrorizado com a possibilidade de morrer afogado. Meu receio era de que algum pedaço de minha roupa pudesse ter-se agarrado em algum lugar e eu fosse arrastado para o fundo com a aeronave, que rapidamente era engolida pela imensa massa de água. Hoje, ainda posso ver a água verde em redemoinho e a cabine da aeronave embaixo da água e ouvir os sons das pequenas explosões, da água e das borbulhas enquanto quicava e espalmava desesperadamente para emergir.

Rompendo a superfície da água, respirei profundamente e explodi de alegria. Flutuando, com a cabeça fora da água, a primeira coisa que notei é que a água estava fervendo devido ao contato com o motor quente da aeronave.

Em seguida, vi meus dois atiradores flutuando na água espumosa e quente. Novamente, explodi de alegria e gritei: "Vocês estão bem?"

IRMÃO RICO, IRMÃ RICA

O momento em que a lâmina do rotor atinge a água — quando Robert, sua tripulação e seus atiradores caíram no oceano — foi registrado em filme. A causa do impacto foi falha do motor, tendo acontecido a 27 milhas de Da Nang. Toda a tripulação sobreviveu.

Ambos estavam atônitos, mas conseguiram sorrir e levantar os polegares, em sinal positivo.

"Cadê o Jackson?", gritei. "E o Green?"

Os dois jovens atiradores balançaram negativamente a cabeça. Não sabiam.

Cerca de trinta segundos se passaram e nenhum sinal de nosso copiloto nem do chefe de equipe. Quando o rotor da cauda, a última peça visível da aeronave, afundou, vimos o sargento Jackson irromper para a superfície e nós três celebramos como nunca fizéramos.

"Green ainda está lá embaixo", disse Jackson, arfando. "Ele não consegue sair do assento. Não ejetou a porta dele e não pude fazer nada para salvá-lo. Ele estava tão ocupado tentando nos salvar que se esqueceu de se salvar."

É impossível descrever o que senti naquele momento. Se pudesse trocar de lugar com Green, eu o faria, mas as forças da natureza estavam muito além de minhas habilidades humanas. A aeronave afundava rapidamente e eu estava com botas de aço e o macacão de voo, com um dispositivo inflável de sobrevivência que me mantinha à tona, impedindo-me de mergulhar. Mesmo

CAPÍTULO 12

sendo um excelente mergulhador, eu estava vestido como piloto. Quando conseguisse me livrar de todo aquele equipamento, já seria tarde demais.

Ao mesmo tempo, o pensamento de que um de meus melhores amigos estava apenas a pouca distância sob a água — lutando para se livrar e salvar a própria vida — era absolutamente terrível. Senti a dor excruciante da impotência. As memórias de nossos três anos juntos passaram pela minha cabeça enquanto eu rezava por um milagre. Por momentos que pareceram uma eternidade, tudo que podíamos fazer era olhar a água fervente, esperando pelo impossível.

O silêncio que se seguiu foi estarrecedor.

De repente, Ted emergiu, rasgando a água, engasgando e respirando com extrema dificuldade. Era o milagre que esperávamos. Imediatamente, a tripulação o cercou, ajudando-o a expelir a água que estava nos pulmões e ajudando-o a flutuar. Ele precisava de tempo para agarrar a vida novamente.

"Pensei que iria morrer", disse ele finalmente. Cinco homens adultos se abraçaram, choraram, gritaram e celebraram. Apesar de a queda ter acontecido perto do navio, a missão de combate em si era muito mais importante do que uma aeronave destroçada no mar. Ficamos quatro horas na água, antes de sermos resgatados e voltarmos a bordo do porta-aviões.

Eu estava cansado da morte... e da matança. Minha carreira como piloto de guerra havia acabado. Eu não queria mais matar, nem dedicar minha vida a isso.

Algo em mim estava mudando.

Com frequência, não damos valor às coisas até que as perdemos, ou quase perdemos. Estar tão perto de morrer e de matar foi uma experiência incrível que me fez ter profunda apreciação pelo dom precioso chamado vida. Em vez de viver com *medo* de morrer, faço o melhor que posso para ter uma vida sem medo. Acredito que uma das razões pelas quais não sucumbi ao medo de um emprego seguro, ao medo de falhar, de ser criticado e de não ter dinheiro suficiente é porque, para mim, eles não valem a pena e não devem ditar a forma como vivo. Em vez de viver amedrontado, escolhi viver minha vida com empolgação, gratidão e doação.

IRMÃO RICO, IRMÃ RICA

Aprendi sobre crucificação e ressurreição quando estava na escola dominical. No Vietnã, aprendi que precisamos morrer para ressuscitar. Uma das coisas incríveis da guerra foi encarar a morte. Ainda que seja normal temê-la, também é importante entender que ela é uma transição e a ressurreição *existe* — é transformação, evolução, mudança —, mas é preciso que queiramos enxergar as coisas dessa maneira.

Um dos problemas com as igrejas que frequentei foi a interpretação literal da mensagem de ressurreição, a crença de que há apenas um tipo de ressurreição, aquela que é final, que acontece depois da morte, com ascensão para o paraíso. Percebi que a vida em si é um processo constante de nascimento, morte, ressurreição e evolução ou mudança. Não precisamos ir à igreja para entender a mensagem; ela está à nossa volta, todos os dias, não importa onde estejamos.

Hoje, conheço muitas pessoas que vivem com medo de morrer, em vez de se regozijarem com a vida. Muitos se agarram à segurança de um emprego, a salários inadequados, relações abusivas ou vivem abaixo de suas possibilidades, com saúde precária e enfrentando dificuldades que parecem insuperáveis. Em minha opinião, muitos temem algum tipo de crucificação, sem perceber que o medo já os está crucificando.

Viver com medo é viver aquém de seu potencial, é uma forma de crucificação. Para sair dessa situação, é preciso ter fé de que sempre haverá uma ressurreição, uma evolução. Só precisamos estar abertos.

Quando perdi meu primeiro grande negócio, fui crucificado. A imprensa não foi nada gentil, me perseguiam como tubarões. Alguns amigos se afastaram, minha primeira esposa pediu o divórcio. Minha Harley-Davidson foi tomada pelo banco. Meus cartões de crédito cancelados. Não tinha mais casa. Vendi meu Porsche porque não conseguia pagar o financiamento. Andava de ônibus, de bicicleta ou andava a pé.

Eu não sabia como ou quando recuperaria minha vida, mas sabia que conseguiria.

Nunca entendi as mensagens religiosas que defendem que para alcançar a salvação basta ser uma pessoa boa, frequentar a igreja, colocar dinheiro na caixinha de doações e esperar que Deus resolva seus problemas.

CAPÍTULO 12

Acredito na lição que aprendi na escola dominical: "Deus ajuda aqueles que se ajudam." Muitas vezes só valorizamos alguma coisa depois que perdemos ou chegamos muito perto de perdê-las. Eu não valorizava minha liberdade até quase ser preso. Não valorizava realmente os conselhos do meu pai rico até quase perder tudo. Não dei valor ao amor de minha primeira esposa até que a perdi.

A queda do helicóptero me deixou frente a frente com a morte e com alguém que estava preparado para dar sua vida para salvar seus amigos. Aquela queda mudou profundamente minha vida e me fez dar mais valor a ela.

Quando alguma coisa ruim acontece ou depois que algo é perdido, sempre ouço alguém dizendo: "Por que coisas ruins acontecem com pessoas boas?" Eu sigo a ideia do dr. Fuller, no sentido de que "bom e ruim não têm significado". Eu sei, agora, que todas as coisas — boas ou ruins — são bênçãos. Cair no mar me trouxe o valor da vida. Falir me fez rico. Perder minha primeira esposa me fez um marido melhor para Kim. Engordar me fez uma pessoa mais saudável hoje.

Nossa vida passa por crucificações, ressurreições, evoluções e mudanças continuamente. E tudo isso é vital, assim como a água, a comida, o sol e os exercícios. Se algum dos quatro faltar, a existência é incompleta. Por exemplo, mudar minha dieta, passar a me exercitar, ter conhecimento e disciplina, tudo isso não foi suficiente. Tive de evoluir internamente também. Se não evoluísse, em pouco tempo estaria gordo novamente.

Minha evolução — da pessoa gorda que fui a vida toda para uma pessoa saudável — requereu transformação, mudança de minhas regras. Em outras palavras, quando eu era gordo, estava quebrando as regras de meu corpo. Estava sendo desonesto e imoral comigo mesmo.

Uma mudança requer transformação mental, física, emocional e espiritual.

Muitas pessoas saem da pobreza, mas a carregam consigo. Muitos imigrantes, por exemplo, saem de sua terra natal e depois se juntam aos refugiados dessa mesma terra. É por isso que a maioria das grandes cidades tem comunidades étnicas — e gangues étnicas também. Quando eu me preparava para ir para a faculdade, muitas pessoas me aconselharam a ir para a Califórnia,

IRMÃO RICO, IRMÃ RICA

Washington ou Oregon. Quando perguntei a razão, a resposta foi: "As faculdades nesses estados têm ótimos clubes havaianos."

Por mais que eu amasse o Havaí e sua cultura, eu estava saindo para evoluir e mudar. Assim, escolhi Nova York, não sem antes me certificar de que não tinham qualquer associação havaiana por lá. Se eu tivesse escolhido permanecer na cultura havaiana, tenho certeza de que não teria feito amigos como Donald Trump ou Steve Forbes. Eu não teria compreendido seus mundos. Eu queria evoluir e mudar — e ter amigos nova-iorquinos e havaianos.

Hoje, tenho um grande casamento porque fui um marido terrível da primeira vez. Quando Kim e eu estávamos namorando, eu a traí uma vez. Quando percebi que estava fazendo com ela o mesmo que fizera com Janet, minha primeira esposa, eu imediatamente confessei a verdade a Kim. Embora machucada e desapontada, ela gentilmente me respondeu: "Você sabe que não aceitarei esse tipo de comportamento. Não me casarei com um homem que não seja fiel."

Desde então, nunca traí sua confiança. Eu não quero perder o amor e o respeito de Kim. Eu sabia que não mereceria uma alma gêmea tão incrível se minha alma fosse corrupta.

Casamento e negócios se assemelham quando o assunto são regras legais, éticas, morais e espirituais. Como você sabe, há muitos escroques, mentirosos, tolos e ladrões tanto nos negócios quanto nos casamentos. Uma das boas coisas de ser um empreendedor é que escolho com quem quero fazer negócios. Isso não significa que trabalho apenas com amigos. Como empresário, deixo claro a todos que, se eles não agirem bem, não apoiarem nossa missão, não trabalharem bem em equipe e não evoluírem continuamente podem procurar outro lugar para trabalhar.

A maior parte de meus amigos é exatamente como eu — empresários ricos que amam o que fazem por causa dos desafios. Muitos não seriam meus amigos se eu fosse desonesto, imoral ou não respeitasse as leis. Poderiam até gostar de mim, mas não me respeitariam.

Ao longo dos anos, fui abençoado ao fazer negócios com escroques, mentirosos tolos e ladrões. Digo que fui abençoado porque eles me ensinaram lições que eu jamais teria aprendido nos livros. Cada um deles me mostrou

CAPÍTULO 12

o escroque, o mentiroso, o tolo e o ladrão que existiam em mim. Se eu não fosse um deles, não teria me relacionado com eles. Eu sou mais forte e um empresário muito mais honesto porque sei bem a dor gerada quando alguém não age corretamente.

Após enfrentar a morte no Vietnã, comecei a procurar outros modos de sobrevivência. Essa busca me reconduziu aos valores de meus pais, da família e de minha igreja. Finalmente, escutei o que eles tinham a dizer. Em 1981, eu já evoluíra e mudara o suficiente a ponto de poder ouvir o dr. Fuller perguntar: "O que aconteceria se todos começassem a trabalhar para o bem-estar de todos?"

Com essa questão em mente, minha evolução e mudança começaram. Em vez de focar em meu enriquecimento, passei a me concentrar na construção de um negócio que pudesse enriquecer *todas as pessoas*. E é isso que faço hoje. É por isso que tenho sorte e sucesso financeiro.

TENZIN: VIVENDO E MORRENDO SERENAMENTE

Meu trabalho de capelã — no hospital e no asilo — me levou a encarar a morte com mais frequência do que a maioria das pessoas. Talvez eu tenha sido destinada a isso. Eu estava lá quando minha mãe morreu — e também quando meu pai se foi. A morte deles me marcou profundamente e me trouxe a resolução de buscar o caminho espiritual para viver e morrer em paz.

Todos enfrentam a fronteira final do envelhecimento e da morte. Como budista, tenho estudado e refletido sobre esse assunto por algum tempo. A única coisa que realmente pode ajudar nas horas finais é a paz de espírito, não importa quão crucial sejam nossos amigos, nossa família ou nossos médicos. E, a partir de minhas observações, concluí que só se morre em paz quando se viveu em paz, com absoluta leveza.

Viver bem é o segredo para morrer bem. Uma vida bem vivida se define pela espiritualidade, pela ética e pela resolução dos conflitos internos e externos.

Encarar a minha morte é parte de meu treinamento budista. Somos treinados para contemplar as mudanças do corpo ao longo do tempo. Há também o exercício de considerar que a maioria de nós não estará viva daqui a cem

IRMÃO RICO, IRMÃ RICA

anos. Eu, no entanto, não preciso pensar na morte de maneira abstrata porque já perdi muitos amigos e membros da família.

Meus anos de prática e estudos me convenceram de que a vida não termina com a morte.

Uma tarde, dei uma aula sobre os escritos do poeta de haiku japonês Jakura, que morreu em 1906. Ele fazia parte da tradição dos monges poetas zen do Japão, que compunham pequenos poemas pouco antes de morrer, para deixar registrados os pensamentos e o estado de espírito naquele momento crucial. Pouco antes de sua morte, Jakura recitou: "Este ano quero ver a flor de lótus do outro lado."

Um estudante novo na classe perguntou: "Ele quis dizer observar por debaixo da terra?"

Nossos corpos talvez fiquem "debaixo da terra", mas nossa consciência — não mais apoiada por um corpo — se separará e continuará, sustentando os efeitos sutis e as tendências da vida.

Alguns estudos científicos já começam a defender os ensinamentos budistas de que a consciência é diferente do órgão físico que chamamos de cérebro. A consciência exibe as qualidades da lucidez e do conhecimento. Não é um objeto material e, portanto, não está sujeito à deterioração quando o cérebro morre. Na morte, essa consciência continua a existir e, de fato — de acordo com a visão budista —, torna-se a base para um novo corpo e uma nova vida.

Essa é uma das razões pelas quais não aceito a posição de que a vida não é importante. A vida é plena de significados e propósitos. Estamos em uma longa jornada em direção à derradeira felicidade. A estrada que devemos seguir é a da ética — e uma vida ética, em termos genéricos, deve focar a felicidade alheia, assim como a nossa própria. Seguir um estilo de vida com base na ética traz paz de espírito, o que pode ser muito útil na hora da morte.

Viver um estilo de vida ético e disciplinado é importante, mesmo para aqueles que não aceitam o conceito da consciência separada ou do renascimento. Todos querem ser felizes e perseguimos isso de diversas maneiras. Alguns acreditam que a felicidade está no dinheiro, na fama, no poder ou em outras armadilhas do mundo do século XXI. E é verdade — como aprendi —

CAPÍTULO 12

que é necessário um nível básico de riqueza para manter a saúde e a felicidade. Mas dinheiro, sozinho, não importa a quantidade, não traz felicidade.

A procura da felicidade sem fundação ética certamente se transformará em uma busca pela *infelicidade*. Nós nos preparamos para a morte sendo cuidadosos com a maneira como vivemos.

Para desenvolver esse estado essencial da mente, precisamos cuidar de nossas necessidades básicas e da saúde, mas, uma vez que tenhamos isso, podemos conquistar qualquer coisa que desejemos. Essa é a verdadeira forma de se colocar a pobreza de lado.

Ainda que não possamos escolher *como* morreremos, podemos escolher *como* enfrentaremos a morte. Estas são nossas quatro escolhas básicas:

Preparado, mas em negação	Preparado e em aceitação
Despreparado, mas em negação	Despreparado e em aceitação

DESPREPARADO, MAS EM NEGAÇÃO

Quando estava ensinando o Dharma em um centro, há alguns anos, um homem de uns 40 anos passou a frequentar minhas aulas. Ele tinha cirrose, contraída por anos de abuso de álcool e drogas. Estava na ala dos doentes terminais, mas conseguia sair por cerca de duas horas apenas para meditar. Ele gostava muito disso e nós o ajudávamos como podíamos.

Certo dia, os médicos lhe deram uma surpreendente notícia. Sua saúde havia melhorado, mas, diante disso, ele não poderia mais permanecer no hospital.

A princípio, ele ficou com o irmão e a cunhada, depois foi morar sozinho. Ficamos muito tempo sem notícias, até que, poucos meses depois, soubemos que sucumbira à doença, depois de ter retornado aos vícios anteriores. Embora tenha sido um doente-modelo e tivesse se mostrado sincero em sua busca espiritual, sozinho, ele acabou não tendo fé em si mesmo e não compreendeu seu potencial humano. Sem uma visão positiva de si e do mundo, ficou perdido e confuso e acabou perdendo a esperança.

IRMÃO RICO, IRMÃ RICA

O isolamento social é um problema para muitas pessoas que, como meu amigo, vivem em estado de torpor e negligência.

Como diz um ensinamento budista: "Não procure a aflição como forma de felicidade." Mesmo estando interessado em ensinamentos espirituais, meu amigo não foi capaz de incorporá-los em sua vida. Talvez seu hábito de "procurar a aflição" fosse forte demais. De qualquer modo, ele pareceu sacrificar a vida para escapar de seus problemas, em vez de escolher viver e transformar seu sofrimento — com a segunda chance que teve — em uma vida mais saudável.

PREPARADO, MAS EM NEGAÇÃO

Meus pais eram ambos preparados intelectualmente, mas não aceitaram a própria morte. Eles lidaram mais com a morte, durante a vida, do que a maioria das pessoas. Mamãe, por meio de seu trabalho de enfermeira, especialmente durante o ataque a Pearl Harbor. E ambos como socorristas nas catástrofes de ondas gigantes, incêndio e morte de amigos e membros da família.

Mas encarar a própria morte foi muito difícil.

Minha mãe era uma pessoa de fé. Ela frequentava a igreja e era bastante ativa, mas, mesmo ainda crianças, percebíamos que sua fé parecia oferecer pouco conforto para as profundas aflições pessoais. Ela foi particularmente incapaz de aceitar o prognóstico médico de suas condições cardíacas. Ela ia de médico em médico, procurando por uma resposta diferente, incapaz de lidar com a verdade de que seu coração fora danificado pela febre reumática.

Eu estava em casa quando o coração dela falhou. Ela morreu tão rápido que nenhum de nós teve a chance de se despedir. Ela era jovem e foi um choque. Mas não deveria ter sido.

Por ser enfermeira, minha mãe sabia mais do que as pessoas normais sobre sua condição. Ela estava preparada por sua fé cristã para ir para o paraíso; mas não aceitava que, em virtude da sua condição, seu tempo de partir estava muito próximo. Em nossa casa, havia pouca comunicação construtiva sobre as inevitabilidades da doença e da morte. Mamãe falava de sua condição, mas usando sua falta de aceitação. Como resultado, suas palavras vinham carregadas de dor e mágoa — e isso nos afastava dela.

CAPÍTULO 12

Não sabíamos como ajudá-la e, quando ela morreu, essa realidade nos chocou; todos a amávamos e queríamos ter podido ajudá-la.

Como devemos lidar com uma doença séria? Podemos ignorar o que dizem os médicos, fingir que a doença não existe e esperar que a situação mude. Podemos afundar no sofrimento e afligir aqueles que nos rodeiam — e a nós mesmos.

Ou podemos encontrar formas e pessoas para nos ajudar a lidar com isso, talvez com aconselhamento profissional. Em nosso caso, não dispúnhamos das ferramentas para ajudar nossa mãe — e nem a nós mesmos. Além disso, sendo uma estoica família japonesa, não *procuramos* por ajuda. Hoje, podemos pesquisar extensivamente na internet e nas bibliotecas sobre nossas doenças; dessa forma, podemos ficar sabendo muito mais delas do que jamais foi possível.

Uma das formas pelas quais nosso pai se preparou para a morte iminente foi limpando sua casa. Eu me desapontei, mais tarde, ao descobrir que ele jogara fora to papéis; palestras, documentos que ele tinha escrito; projetos de que havia participado — tudo jogado no lixo. Nos últimos anos, quando o visitávamos, ele nos encorajava a levar coisas que queríamos — objetos de arte, louça ou algum souvenir do passado. Dessa e de algumas outras maneiras, ele estava intelectualmente preparado para a morte, mas seus últimos meses foram muito tumultuados.

Quando meu pai teve câncer de pulmão, em 1990, eu estava estudando na Índia, mas minha filha, Erika, foi ajudá-lo muitas vezes. Papai não aceitava o declínio de sua saúde. Ele ficava muito aborrecido, aparentemente incapaz de aceitar a própria condição. Erika me ligou para dizer que sua condição se agravara muito e que eu deveria retornar se quisesse vê-lo ainda com vida. Passei duas semanas com ele; as duas últimas semanas de sua vida.

IRMÃO RICO, IRMÃ RICA

Emi com seu pai no casamento de Robert e Kim: "Robert e Kim casaram-se em 1986 e, recentemente, eu havia retornado da Índia depois de minha ordenação em 1985. Escolhi usar vestuário leigo para o casamento. Eu estava me adaptando à vida ocidental, como monja. Perceba que papai ainda está segurando um cigarro."

Nunca é fácil assistir ao sofrimento, particularmente quando não há nada a ser feito, o que era o caso de meu pai. A falta de oxigênio, resultado do câncer, causava sufocamento e papai estava com medo. Os médicos disseram que ele tinha de retornar ao hospital, porque já não conseguia extrair oxigênio suficiente dos tanques portáteis. A princípio, as tendas de oxigênio do hospital trouxeram alívio e meu pai pôde relaxar um pouco. Ele me pedia para ler os poemas de Robert Frost repetidas vezes. Isso lhe dava um breve senso de paz e aceitação.

Logo, o único pulmão que lhe restara começou a falhar e a infusão de oxigênio já estava no nível mais alto que o hospital podia administrar. À medida que sua condição piorava e sua respiração se tornava mais extenuante, meu pai ficou tão agitado que as enfermeiras tiveram de amarrar suas mãos e pernas, para evitar que ele ferisse alguém — ou a si próprio. Ele tinha um tubo enfiado na garganta e não conseguia falar. Nos momentos mais calmos, ele queria escrever algo para nós, mas, como estava sedado e com os braços amarrados, a escrita era ilegível. O fato de não conseguir se comunicar foi terrivelmente difícil para ele — e para nós. O que ele queria nos contar? Que palavras não

CAPÍTULO 12

foram pronunciadas? Ele queria essa comunicação tão desesperadamente que lutou contra a morte, mesmo no fim, com os membros da família ao redor, debatendo-se na cama até que a morte o venceu. Ele não queria morrer; ele queria se comunicar e acabou muito frustrado no final.

Com ou sem um caminho espiritual, as dificuldades ocorrem e podem exigir muito de nós. A questão é: podemos juntar os pedaços e começar de novo quando nosso mundo desmorona à nossa volta? Podemos transformar nossos problemas e sofrimentos em sabedoria e compaixão? Essas são questões essenciais e desafios pessoais examinados pelo budismo.

A resposta é sim, podemos nos transformar — se nos esforçarmos para usar a inteligência e a força emocional para analisar nossa vida, nossa situação e nosso comportamento. Precisamos determinar quais de nossos problemas podem ser mudados — ou não — e seguir adiante. Cito Shantideva: "Se existe solução para o problema, qual razão existe para perder a esperança e se desesperar? E se não há remédio, qual é a razão para se sentir triste?"

Podemos parafrasear, ao dizer o seguinte: se há algo que você pode fazer, por que se aborrecer? E se não há nada a ser feito, para que se aborrecer?

No caso de meu pai, os eventos de sua meia-idade foram lições brutais que o mudaram para sempre. O brilhantismo e o dinamismo que antes ele possuía nunca mais voltaram.

Nossa morte é definitiva e, com tal conhecimento, podemos desenvolver determinação e resolver usar bem nossa vida, enquanto temos energia e tempo. Seja com ajuda espiritual ou por nossa própria observação e poderes racionais, estaremos muito melhor se aceitarmos o inevitável.

DESPREPARADO, MAS EM ACEITAÇÃO

Ashley e Shasta estavam construindo sua casa dos sonhos no Havaí. Eles estavam profundamente apaixonados e sua pequena filha era um deleite. Eles queriam se estabelecer no Havaí para criá-la em uma bela ilha tropical.

Certa manhã, Ashley estava terminando algumas tarefas no telhado antes de descer para se juntar a Shasta e sua filha e sair para uma pequena viagem ao outro lado da ilha. De repente, Shasta escutou um grito do marido. Ela correu e viu que ele caíra do telhado. Sua carótida se rompera. Shasta colocou a cabeça no colo e o escutou dizer: "Oh, Shasta, eu amo você. Acho que estraguei tudo."

Ele esteve consciente por um instante e tentou acompanhar o que Shasta estava dizendo: "Tente respirar. Lembre-se do que seus mestres lhe ensinaram, mantenha-os em mente."

Pouco depois, ele exalou o último suspiro.

Ashley e Shasta estavam estudando budismo com mestres na Califórnia. Criaram uma linda família juntos e tinham grandes planos para o futuro. Tudo mudou repentinamente. Com a casa ainda por terminar, uma nova família e o futuro à frente deles, a morte de Ashley não era algo para o qual ele ou sua família estavam preparados.

Mas aceitaram que era o fim e reafirmaram a coisa mais importante de seu relacionamento — o amor recíproco — naqueles momentos finais. Shasta retornou para a Califórnia e está criando a filha com a ajuda de amigos amorosos e em um ambiente familiar.

PREPARADO E EM ACEITAÇÃO

Dada a diversidade do tecido social, não é surpreendente encontrar muitas pessoas que vivem com leveza, paz e compaixão — e que também morrem de forma pacífica. Não são particularmente famosos ou bem-sucedidos; são apenas como nossos avós ou vizinhos. Têm vidas comuns e estão por toda parte. Não precisam de fogos de artifícios, não se deslumbram com coisas e associações passageiras e vivem em harmonia com todos.

A mãe de minha amiga Mamie era um incrível exemplo disso. Em seus dias finais, Célia estava tão tranquila que era uma delícia estar com ela. Eu a visitava por isso. Mesmo durante sua vida ativa, ela sempre teve uma atitude notavelmente amorosa. Uma vez, ela me contou de um jovem ladrão que entrou em sua casa quando ela já estava idosa e com câncer. Ele queria dinheiro, então ela pegou a bolsa e lhe deu tudo que tinha na carteira. Em seguida, pediu a ele para esperar um minuto enquanto pegava outra bolsa para dar a ele ainda mais dinheiro.

Ele disse, então: "Você quer fazer amor?" Calmamente, ela respondeu: "Ah, não! Você não quer fazer isso. Eu estou doente e você não quer pegar minha doença. Eu lhe dei todo meu dinheiro, agora vá embora e não volte nunca mais!"

CAPÍTULO 12

Ela se manteve calma durante todo o assalto, mesmo estando muito doente.

Em seus dias finais, Célia passava todo o tempo em seu apartamento, quieta, orando, recebendo a família e os amigos. Ela se sentia confortável e confortava as outras pessoas. Não reclamava e morreu serenamente. Essas pessoas são professores silenciosos, que inspiram em nós a sabedoria de que as pessoas são essencialmente boas e amorosas. Ao lado delas, sentimos paz de espírito, tranquilidade, alívio e conforto.

Essas histórias representam, na verdade, escolhas, não de morrer, mas de viver.

Ainda que a morte não seja um assunto para se conversar durante o jantar, é necessário que se fale sobre ela: não de um jeito mórbido ou triste, mas de uma forma positiva. Acredito que, quanto mais cedo se fale a esse respeito, melhor. Afinal, é pela percepção de nossa mortalidade que adquirimos potencial para nos tornar seres humanos completos, amorosos e piedosos. Para isso, precisamos resolver nossas lutas internas e externas.

E isso requer uma vida inteira de prática.

Onde me encontro nisso tudo? Por meio de minha prática, estudo e meditação, sinto-me intelectualmente preparada para a morte. Ajuda contemplar a morte, assim como fazer certas meditações que servem para transformar nosso apego à vida e a percepção negativa que temos da morte. Digo isso agora, mas quando chegar a hora, saberei a extensão de meu preparo.

Acredito que não me comportarei com covardia.

13

ENCONTRANDO SUA FAMÍLIA ESPIRITUAL

Como já dissemos no começo desta jornada, nossa família espiritual é nosso verdadeiro lar, onde podemos viver a vida que nos foi destinada. Há muitos caminhos para se encontrar a família espiritual: casamento, educação, religião, carreira, amigos, professores e até mesmo crise e desespero. Nossos caminhos nos levaram a um templo abandonado no Havaí, à zona de Guerra do Vietnã, às montanhas do Colorado e da Índia, às ruas de Nova York e de Calcutá.

Muitas pessoas procuram — mas poucas encontram — sua família espiritual. Muitas vezes ao longo do caminho, pareceu que nós, também, não encontraríamos a nossa. Nossas barreiras foram casamentos falidos, tragédias familiares e questões catastróficas de saúde que, se tivéssemos permitido, poderiam ter sido intransponíveis.

Mas ao aceitar cada uma das barreiras, nos foi oferecida uma lição: somos capazes de emergir e aprender com cada situação. Cada teste nos conduziu a um melhor entendimento do que havia dentro de nós e que poderia nos levar ao fracasso. Isso nos permitiu adotar mudanças mentais, físicas, emocionais e espirituais.

Como está definido no princípio geral da unidade, cada queda leva a uma subida. Como expressam os ensinamentos do budismo, cada "morte" se torna a base de um novo corpo e uma nova vida. E em cada relacionamento, descobrimos mais sobre como deveria ser nossa família espiritual. Encontramos essas pessoas, inclusive o dr. R. Buckminster Fuller e Sua Santidade, o Dalai Lama — que nos inspiraram, nos transformaram e nos indicaram nossa família espiritual.

CAPÍTULO 13

ROBERT: ENCONTRO DE IRMÃOS

Uma das vantagens que tive na vida foi ter ido ao Vietnã duas vezes.

A primeira vez, em 1966, eu era um estudante a bordo de um navio da Marinha Mercante, carregando bombas entre a Califórnia e o Vietnã. A tripulação do navio mercante era composta de civis, a maioria atraída pela oferta de um bônus de 100% para viajar para o meio de uma zona de guerra em um navio velho e sem ar-condicionado.

Na segunda vez, fui para o Vietnã em 1972. Fiquei em um porta-aviões e a tripulação era militar.

Estar em zona de guerra com civis não é o mesmo que estar com militares. Há um nível diferente de intensidade. A razão para estar na guerra é diferente. Como diz um velho ditado: "Qual é a diferença entre ovos e bacon?" A resposta: "Em se tratando de ovos e bacon, a galinha está envolvida, mas o porco está comprometido." Os homens do navio mercante estavam envolvidos com a guerra, mas aqueles a bordo dos navios de guerra estavam comprometidos com a guerra.

Saber a diferença entre dinheiro e missão é importante quando se está buscando a família espiritual. Na zona de guerra, aprendi que há três tipos de pessoas.

Natal de 1972 — uma última missão antes de ir para casa. Robert ao lado de seu colega piloto, o Tenente "Cavalheiro Joe" Ezel.

IRMÃO RICO, IRMÃ RICA

HOMENS- CADÁVERES

Homem-cadáver era o nome que dávamos aos zumbis. Por algum motivo, pessoas assim haviam perdido a alma. Os espíritos separaram-se de seus corpos. Para eles, morrer é provavelmente mais fácil do que viver. Quando eu estava na zona de guerra, havia dois pilotos que foram rotulados de homens--cadáveres. Em ambos os casos, os pilotos acabaram entrando em pânico, e isso custou vidas. Sob pressão, ambos salvaram a própria pele, mas vários outros morreram.

Um desses pilotos perdeu o controle emocional voando para uma zona de aterrissagem sob fogo cruzado. Quando tiros atingiram a cabine do helicóptero, ele entrou em pânico, subiu com a aeronave, em vez de aproximá-la do solo, indo em direção ao fogo inimigo. Lá em cima, o helicóptero se tornou um alvo gigante, voando sem direção no céu, alvo fácil para uma nova arma usada, até hoje, em combate — um foguete orientado pelo calor. Um soldado inimigo fez a pontaria, puxou o gatilho e o foguete fez o restante. Eu não estava naquela missão, mas meus amigos que estavam disseram que foi horrível. Dezesseis jovens — uma tropa de americanos e vietnamitas que estavam na aeronave — perderam a vida. Outro piloto na área disse que podia escutar pelo rádio os gritos dos homens morrendo, quando o piloto, que sobreviveu, fez contato pedindo ajuda.

Esse piloto tornou-se um homem-cadáver. Ele era um zumbi. Com frequência, era visto falando sozinho, defendendo o que fizera, mesmo que não houvesse ninguém por perto para ouvir sua defesa. O comandante, por piedade, o transferiu para Okinawa, onde ele foi fazer trabalho administrativo. Ainda que ele não tenha sido diretamente responsável pelas mortes, todos sabiam o que ele fizera. Em uma situação de estresse intenso, seu verdadeiro caráter emergiu. Ele sabia disso e nós também sabíamos. Salvar a si próprio à custa dos outros não faz parte do código de honra de uma irmandade.

Ninguém quis voltar a voar com ele.

Muitos casamentos se tornam zumbis. Tenho vários amigos que estão casados há anos, mas o espírito de seu casamento já se foi há muito tempo. Eles têm segredos que permanecem ocultos, coisas que deveriam ter sido ditas, mas que nunca foram reveladas. Os casais permanecem juntos em sua solidão. É como se fossem apenas dois corpos convivendo, esperando até "que a morte os separe".

CAPÍTULO 13

ACOMODADOS

Acomodados são aqueles que estão no emprego por segurança. No serviço militar, são aqueles que buscam uma aposentadoria garantida e que gostam mais da hierarquia militar e da estrutura do que das missões. Os acomodados são boas pessoas, vão à igreja, hasteiam a bandeira, mas evitam riscos a qualquer custo. Em geral, gostam da posição de superioridade e se aproveitam dela para infernizar os subalternos.

Na zona de guerra, aprendemos rapidamente a distinguir os acomodados dos verdadeiros oficiais de carreira. Um oficial de carreira vai para a zona de guerra porque quer estar lá. Eles são movidos pela missão. A maioria dos acomodados estava na zona de guerra para impressionar, para marcar ponto para a próxima promoção.

Em nosso esquadrão, muitos acomodados eram pilotos medíocres e não se esforçavam para melhorar. Muitos eram perigosos em situação crítica. Certa noite, meu amigo, o tenente Joe Ezell, teve de afastar seu copiloto da aeronave porque ele havia entrado em pânico, anteriormente, durante uma aterrissagem noturna. Como o copiloto era um major, meu amigo quase teve de enfrentar uma acusação de insubordinação. Felizmente, a tripulação de voo saiu em sua defesa, dizendo que estavam agradecidos por ele ter afastado o major incompetente.

Desconfio que muitos dos acomodados que encontrei na vida tinham dúvidas se poderiam sobreviver no mundo real, tudo que querem é trabalhar durante a vida toda, sem grandes alardes e se aposentar em segurança.

As empresas e a burocracia do governo são ótimos ambientes para acomodados. Pessoas que vão para o trabalho, fazem o necessário, vão para casa, jantam e assistem à TV. A ética de trabalho de um acomodado é trabalhar apenas o suficiente para manter o emprego. Se precisam trabalhar mais, esperam receber um aumento.

O que mantém os acomodados presos nesta rotina é a dúvida que carregam dentro de si.

IRMÃOS

Na zona de guerra, a palavra "irmão" assumiu um significado especial para mim. Quando se vive no limite entre a vida e a morte, é crucial saber quem

IRMÃO RICO, IRMÃ RICA

são seus irmãos e irmãs, com quem se está conectado espiritualmente. A vida depende de saber quem morreria por você e por quem você faria o mesmo.

Na zona de guerra, éramos todos soldados, mas nem todos os soldados eram meus irmãos.

Em muitas religiões, chamar alguém de irmão ou irmã carrega intensidade semelhante. "Irmão" ou "irmã" não é um nome usado para qualquer pessoa. Uma de minhas pessoas favoritas, em todo o mundo, foi o irmão Duane, um católico. Embora eu não fosse católico, ele continua sendo um de meus mestres espirituais favoritos porque me ensinou por suas ações mais do que pelas palavras. Ele era um modelo de integridade espiritual. Dedicou a vida inteira a Deus.

Você deve estar imaginando por que uso minhas lições sobre a guerra e os combates para descrever o processo de se encontrar a família espiritual. Afinal, a guerra e o combate não são assuntos agradáveis. A razão para isso é que a maioria de nós vive algum tipo de conflito, se não com outros, consigo mesmo. Grande parte de minha vida, por exemplo, foi uma luta contra o peso, a batalha diária com o efeito sanfona. Perder 20kg e não voltar a ganhá-los tem sido uma das maiores batalhas de minha vida. Também tenho lutado com questões de saúde. Ficar rico não foi fácil: não fosse pela minha enorme força de vontade, duvido que tivesse conseguido saúde física ou financeira.

Sem força espiritual, eu seria gordo, doente, infeliz e pobre.

Quando escuto as pessoas reclamarem da pobreza, sei que falta força de espírito. Quando escuto as pessoas dizendo que os governos deveriam ajudá-las com suas finanças, com a criação dos filhos, com o perdão de dívidas e de contas, com o pagamento de despesas médicas, com a aposentadoria, suspeito, novamente, que lhes falta determinação e coragem.

Quando ouço alguém reclamar que a vida é injusta, sei que essa pessoa foi abatida pela vida, que perdeu o combate consigo.

Minha razão para usar a metáfora de combate é porque são coisas na vida pelas quais vale a pena lutar. Por alguma razão, parece que Deus criou a luta para ser parte de nossa existência. Tudo no universo de Deus se situa em algum tipo de combate pela sobrevivência. Por exemplo, enquanto escrevo, há dois pardais brigando do lado de fora de minha janela. Há muito alimento disponível no meu jardim, mas por alguma razão, eles preferem brigar.

CAPÍTULO 13

Ao mesmo tempo que o ideal é sonhar e rezar pela paz, a realidade é que a batalha faz parte da vida. Ir para a guerra e lutar pela paz tornou meu espírito mais forte. O mesmo aconteceu em minha batalha pela saúde e pela riqueza.

Por ter encarado a zona de guerra duas vezes, uma vez como civil e outra como fuzileiro, descobri que a missão é mais importante que o dinheiro.

A seguir apresento alguns passos que podem ajudá-lo a encontrar sua família espiritual, caso não a tenha encontrado. O primeiro passo é completar a frase: "Estou disposto a dar minha vida por..." No momento em que encontrar essa resposta, começará a descoberta de sua família espiritual.

O segundo passo é se perguntar:

- Se dinheiro não fosse problema, eu continuaria a trabalhar em meu emprego atual?
- Se dinheiro não fosse problema, faria meu trabalho atual de graça?
- Se a resposta foi "Não" para as duas primeiras perguntas, então o que você faria para sempre e de graça?
- Se não está disposto a trabalhar para sempre e de graça, então são boas as chances de que ainda não tenha encontrado o propósito de sua vida. Se há algo que você preferiria estar fazendo, deveria buscar colocar esse plano em prática.

Eu continuo a trabalhar, mesmo sem precisar. Já me aposentei duas vezes, mas o trabalho sempre me chama de volta. Hoje, sei que faço aquilo que minha alma pede. É um trabalho muito gratificante, financeira e espiritualmente. Meu trabalho nutre meu corpo, minha mente, minhas emoções, meu espírito e minha carteira. Sei que faria esse trabalho de graça, porque comecei fazendo de graça.

O terceiro passo é perguntar a si mesmo:

- Estou trabalhando com pessoas que amo tanto quanto amo minha família biológica?
- Respeito as pessoas com as quais trabalho?
- Confio nelas?
- Estou orgulhoso dos produtos e serviços que a empresa para a qual trabalho produz ou fornece?

Desde que meu pai morreu de câncer de pulmão, por exemplo, eu jamais conseguiria trabalhar para uma empresa de tabaco. Ganhar dinheiro vendendo o produto que matou meu pai significaria aniquilar minha alma. Fumei por alguns anos e parei. Ainda gosto de fumar um charuto de vez em quando.

Os relacionamentos são parte fundamental da vida. A qualidade da vida de alguém está diretamente relacionada com a qualidade de seus relacionamentos. Por isso, tenha cuidado com as pessoas e empresas com as quais se relaciona. Assim como há vampiros e lobisomens nos filmes, também há sugadores no mundo real. Se você trabalha em uma empresa desse tipo, acabará perdendo a alma.

O quarto passo é o mais importante. É aquele que fortalece seu espírito.

Fortalecer o espírito é importante pois ele é a diferença entre sucesso e fracasso. O mundo está cheio de pessoas talentosas; mas são aqueles que têm talento e determinação que vencem. No esporte, há muitos atletas talentosos, mas somente aqueles com força de espírito vencem. Em outras palavras, se você quer ser bem-sucedido com os dons que Deus lhe deu, foque no fortalecimento de seu espírito.

O quarto passo é trabalhar de graça.

Doar seus talentos para pessoas ou organizações — sem cobrar — é provavelmente a melhor maneira de fortalecer seu espírito. Por exemplo, se sua religião é importante para você, trabalhe de graça na igreja. Se você é bom na área de marketing, ofereça seus préstimos para o pastor ou padre para ajudar a aumentar o público da igreja. Trabalhar de graça e não esperar nada em troca fortalece o espírito, pois você está colocando seus talentos para um propósito maior.

Quanto mais você doar, mais bênçãos virão para você.

Esportes de equipe também são uma forma de construir seu espírito. Eu adorava esportes de equipe porque aprendi a contar com minha equipe e eles a contar comigo.

Muitas empresas de marketing de rede são excelentes lugares para fortalecer seu espírito por meio dos negócios. Donald Trump e eu endossamos o marketing de rede porque são bons campos de treinamento para empreendedores.

A *Rich Dad Company* tem um programa de franquia para pessoas que querem aprender a fazer negócios ao modo *Rich Dad*. O trabalho de um franquiado é criar clubes CASHFLOW e o trabalho de cada clube é disponibilizar a

CAPÍTULO 13

educação financeira para o maior número de pessoas possível. A filosofia da *Rich Dad* é ensinar as pessoas a pescar.

Como você sabe, há muitas pessoas que trabalham com alma e coração, mas permanecem financeiramente pobre. Uma razão para isso é terem espíritos ricos, mas mentes pobres, e mentes pobres são o resultado da falta de educação financeira em nossas escolas. Um dos objetivos dos jogos *CASHFLOW*® é criar mentes e espíritos ricos. Aumentar o QI financeiro de uma pessoa permite que um espírito rico ofereça seus talentos para o mundo, tornando-o um lugar melhor.

Uma das melhores lições que aprendi na igreja encontra-se nos seguintes dizeres: "Deus não precisa receber, mas os seres humanos precisam doar." Descobri que, quanto mais doo, sem esperar nada em troca, mais recebo. Quando encontro pessoas que não têm amor, felicidade ou dinheiro suficiente, imediatamente sei que elas conseguiram doar o suficiente.

Hoje, tenho o prazer e a honra de trabalhar com pessoas que se parecem com meus irmãos da zona de guerra. Eles são membros de minha família espiritual. Nós compartilhamos nossa missão e eu confio minha vida a eles.

No ano de 2000, um anjo chamado Oprah Winfrey apareceu em minha vida. Ela me convidou para seu programa de televisão e minha vida jamais foi a mesma. Oprah me deu seu dom — o dom de sua voz e da confiança que ela conquistou ao redor do mundo — para comunicar meu dom e o de Kim, que é nossa mensagem de educar o mundo financeiramente.

Em 2004, conheci Donald Trump e descobri que compartilhávamos a mesma preocupação com as pessoas e a educação financeira. Conhecer Donald foi como encontrar um irmão espiritual, conectado por uma missão em comum. Em 2006, nosso livro *Nós Queremos que Você Fique Rico* foi endossado por Steve Forbes, outra pessoa preocupada com a necessidade de educação financeira.

E agora, com *Irmão Rico, Irmã Rica*, minha vida se completa com minha irmã biológica Emi, agora minha irmã espiritual Tenzin. Sei que jamais teria conhecido essas pessoas fantásticas, incluindo minha irmã, se não tivesse mudado minha vida em 1981.

IRMÃO RICO, IRMÃ RICA

Quando descobrimos coisas na vida pelas quais vale a pena morrer, você começa a encontrar sua família espiritual.

Descobrir minha família espiritual tem sido um desafio. Acredito que fazer parte de qualquer família não é muito fácil, relacionamentos familiares são mais complexos do que relações sociais ou comerciais. Assim, antes que você corra para encontrar parentes espirituais, permita-me repassar algumas lições que aprendi ao longo do caminho.

Há males que vêm para o bem.

Comecei com isso porque muitas pessoas permanecem em relacionamentos ruins por tempo demais. Se você está em um relacionamento ruim, fica difícil abrir espaço para bons relacionamentos. Às vezes, você precisa se retirar, mesmo que ame a pessoa; assim, ambos podem seguir em frente. No trabalho, muitas pessoas permanecem em empregos ruins. Se você parou de aprender e crescer, talvez seja a hora de buscar novas oportunidades de aprendizado e crescimento.

Unindo forças como professores.

É difícil ganhar mais dinheiro se você parou de aprender e crescer.

Lembre-se do princípio geral de que a unidade é plural. Não se pode ter o bom sem o ruim. As coisas mais importantes são ética, moral e legalmente válidas.

CAPÍTULO 13

Se você foi espiritualmente forte, coisas boas virão até você. Se agir mal e não admitir isso, o mal fica pior e a situação só piora também.

Quando o presidente Clinton não admitiu que teve relações sexuais com Monica Lewinsky, em vez de dizer a verdade, ele mentiu para o mundo e sua situação ficou pior, não melhor. E qual impacto suas mentiras tiveram na corrida de sua esposa para a Casa Branca?

Quando fui pego com mulheres em meu helicóptero, voando embriagado, minha mentira só agravou a situação. Eu não apenas me desgracei, como também desonrei meus companheiros da Marinha. Somente depois que tive a coragem de dizer a verdade é que me libertei física, emocional e espiritualmente. Hoje, acredito que ter dito a verdade acabou se transformando em uma lição inestimável.

Dizer a verdade exige coragem. Mentir é para os covardes. Pior ainda, a vida é mais difícil para mentirosos e covardes, pois eles têm o hábito de piorar ainda mais a situação.

Medo significa novas oportunidades.

Sempre que sentimos medo, significa que estamos nos aproximando da fronteira do desconhecido. Se você recua, interrompe o crescimento porque o aprendizado também cessa.

O medo nos dá a oportunidade de testar nossos espíritos. O medo nos dá a oportunidade de nos fortalecer ou enfraquecer. No Vietnã, o medo de morrer me fez um piloto melhor. Eu tinha de ser melhor do que o inimigo. Na guerra, aprendi a respeitar meu inimigo, e não a odiá-lo. O ódio nos cega.

No mundo do dinheiro, muitas pessoas se aproveitam de seu medo. As companhias de fundos mútuos são um bom exemplo. Elas prosperam no mundo inteiro porque as pessoas acham que investir é arriscado. Ainda que haja risco, investir não precisa ser arriscado. O que é arriscado é não se educar financeiramente e entregar seu dinheiro a um vendedor, cujo trabalho é encorajar seu medo e fazê-lo acreditar que sabe mais do que você.

Recentemente, fui processado por um ex-parceiro de negócios. Em vez de ficar com medo, o que, acredito, era o que ele esperava, eu disse: "Que seja! Esta é uma nova oportunidade para aprender e crescer."

IRMÃO RICO, IRMÃ RICA

Hoje, olho para essa experiência como uma das melhores de minha vida. Ainda que tenha sido dolorosa do ponto de vista emocional, foi espiritualmente revitalizante. Como adoro lutar, pessoalmente aprendi muito e me tornei um homem de negócios melhor no processo. Se eu tivesse desistido, não teria ido além de meus limites, de minha própria zona de conforto.

Não trabalhe para pessoas-cadáveres.

Há pessoas que se alimentam de seu medo de perder o emprego e de sua necessidade de dinheiro. Se você ficar muito tempo trabalhando por um salário, promoção ou aposentadoria, vende sua alma.

Muitos de nós conhecem pessoas-cadáveres. São pessoas esgotadas, que não gostam do que fazem, que ficam onde estão sem ânimo para mais nada. São pessoas que vivem esperando pelo fim de semana ou pela aposentadoria. Elas aparecem para trabalhar, cumprem seu horário e vão para casa. O *corpo* aparece para o trabalho, mas a *alma* já se foi há muito tempo.

Às vezes as pessoas se aborrecem comigo quando mistura meus dias no campo de batalha com a vida depois que voltei. Em nossa sociedade, muitas pessoas pensam que pensar em guerra e em lutar são coisas ruins e, de certa forma, são. Mas quando observamos a vida, percebemos que todos temos batalhas pessoais a enfrentar. Em minha vida, minhas batalhas para conquistar saúde e riqueza forma inestimáveis.

Hoje, vejo muitos jovens que esperam que os pais lhes deem tudo. Conheço jovens que reclamam que o governo ou seus chefes não lhe pagam o suficiente. Vejo pessoas que não se prepararam para a aposentaria e apenas pedem a Deus por um milagre.

Em 1981, quando cruzei a linha da ganância para a generosidade, milagres aconteceram. E também desastres. Alguns dos milagres me transformaram. Eu me tornei um estudante pela primeira vez na vida porque descobri o que queria estudar. O dinheiro não importava tanto, estar a serviço das pessoas era mais importante.

Em vez de desistir porque não tinha dinheiro, achei formas de ganhar dinheiro. Descobri que seres humanos precisam de dinheiro, mas nossos espíritos, não. Descobri que, quando foquei em ajudar outras pessoas, bênçãos, que não o dinheiro, vieram a mim. Às vezes, as bênçãos vinham na forma de

CAPÍTULO 13

pessoas ruins ou de desastres, por isso aprendi que algo bom sempre vem de algo ruim. Na verdade, eu aprendi mais — quando fui suficientemente humilde para aprender — com meus desastres do que com meus milagres.

Esse tem sido meu processo para descobrir se Deus, ou um Grande Espírito, existe, e descobri algumas outras coisas no caminho:

- Trabalhar de graça. Quanto mais trabalho de graça, mais dinheiro ganho. Quanto mais você *precisa* de algo, como amor ou dinheiro, menos terá.

- Quanto mais eu doo, mais recebo, mas não instantaneamente.

- Dizer a verdade é mais difícil do que mentir, mas quanto mais me movo em direção à verdade, menos tenho de mentir.

- Nossa alma tem um preço. Para muitas pessoas, esse preço é muito baixo.

- Quanto mais ensino, mais aprendo.

- Se quiser amigos e família altamente espiritualizados, então preciso aumentar minha própria espiritualidade. Quando uma pessoa trai a confiança de um membro de sua comunidade espiritual, a vida muda — e frequentemente para pior.

- Saiba que você colhe aquilo que planta. Esteja pronto para aceitar as consequências daquilo que você plantou, assim como daquilo que você colher.

- Saiba quando deve virar a outra face e quando deve revidar. Se você não lutar quando é hora de lutar, cairá vítima de algum predador. Lembre-se de que, para haver um predador, é preciso existir uma vítima.

- Viva segundo os próprios padrões. Muitas pessoas dizem que o dinheiro não é importante; mas que seu padrão de vida é. Pessoalmente, adoro minha casa, minha casa de férias, meus carros e as coisas boas da vida.

- Aprenda a sorrir por dentro, especialmente quando houver tristeza ao redor. Quando fracassei com meu primeiro bom negócio, fiquei aflito por um ano ou dois. Mas quando percebi que minhas perdas eram bênçãos, porque continham lições valiosas, fiquei feliz.

- Escolha seus amigos cuidadosamente. Uma das boas coisas sobre ser um empreendedor é que escolho com quem quero trabalhar e a maioria se parece comigo — empreendedores ricos que amam seus trabalhos porque são desafiados por eles.

IRMÃO RICO, IRMÃ RICA

- Respeito é, com frequência, mais importante do que amor, dentro do círculo das famílias espirituais.

- Só porque alguém é rígido com você, não significa que essa pessoa não o ame. Às vezes, a coisa mais difícil que um amigo espiritual pode fazer é lhe dizer aquilo que você não quer ouvir. Feedback é, frequentemente, mais difícil para quem dá do que para quem recebe.

- Minha família espiritual inclui meus conselheiros profissionais. Na adversidade, por exemplo, encontrei os melhores advogados, médicos e contadores.

Recentemente, tive um problema cardíaco. Fiquei desapontado com os conselhos e a atenção dos cardiologistas tradicionais. Tudo que eles faziam era recomendar cirurgia — imediata. Um até mesmo sugeriu que eu parasse de me exercitar e fizesse uma cirurgia naquela mesma noite.

Isso foi há seis anos.

Em vez de fazer a cirurgia, procurei outras opiniões. No processo, encontrei um médico — por meio do amigo de um amigo — que entende de medicina alternativa e não descartou meu desejo de tentar uma cura mais natural. Ainda que eu ainda precisasse da cirurgia, hoje me sinto mais saudável porque encontrei médicos que são membros de minha família espiritual. Em outras palavras, descobri que minha família espiritual pode ser muito ampla e englobar vários aspectos de minha vida.

Tudo isso leva à questão que frequentemente me fazem: "E se eu não encontrar minha família espiritual?" Há duas respostas que conheço. A primeira é que você pode permanecer um órfão — um órfão sozinho ou com família e amigos. Não há nada errado com isso. A maioria das pessoas é feliz desse modo. Eles nem sequer desconfiam que há uma família espiritual em algum lugar do mundo esperando por eles. Para muitos outros, é uma busca dolorosa que eles preferem não empreender. E para outros ainda, a solidão ou o vazio é um preço pequeno a se pagar para não se sentir o estresse que está fora de sua zona de conforto.

A segunda é que Deus ou o Grande Espírito pode forçá-lo a encontrar sua família espiritual. Um amigo meu perdeu a filha de 8 anos para o câncer. Em um jantar, há alguns meses, ele disse: "Eu teria trocado de lugar com ela. Eu daria minha vida para que ela sobrevivesse." Hoje, em vez de lamentar o luto,

CAPÍTULO 13

ele trabalha sem descanso para várias fundações e instituições de caridade e para hospitais que trabalham na busca pela cura do câncer. Na morte da filha, ele encontrou seu propósito de vida e sua família espiritual.

Qual é a vida que você nasceu para viver? Quais dons você trouxe ao mundo e como está usando-os para servir? Pelo que vale dar a própria vida?

Só você mesmo pode responder a essas perguntas e as respostas estão no fundo de seu coração.

TENZIN: EXPANDINDO O CAMPO DE AÇÃO

Minha busca espiritual começou com a aventura clássica de "sair de casa". Foi necessário ter muita coragem para fazer isso porque eu era uma mãe sozinha com uma filha pequena, poucos talentos e quase sem dinheiro. Para sair do arquipélago do Havaí para qualquer outro lugar, é preciso viajar por pelo menos cinco horas de avião. E quando chegamos ao continente, nos deparamos com um lugar muito diferente das belas ilhas tropicais e do aroma da brisa que vem do mar. Eu tinha de planejar e poupar para conseguir chegar à Califórnia com dinheiro suficiente para encontrar um apartamento, colocar Erika em uma escola e encontrar trabalho. Nos dois primeiros anos, eu andava de ônibus ou caminhava para economizar a passagem. A situação foi similar quando me mudei para o Colorado, para o Alasca e para a Índia. Ainda que a mudança seja constante, temos hábitos e padrões de vida. Eu estava determinada a explorar meus caminhos espirituais, encontrar excelentes mestres, encontrar minha família espiritual. Isso foi o começo, e a jornada ainda continua.

O desafio de encontrar e se comprometer com sua família espiritual é, de muitas maneiras, igual aos desafios que encontramos com nossas famílias biológicas. Ainda temos de lidar com pessoas difíceis, hierarquia, burocracia e compromissos diários. Há alegrias, vitórias, bloqueios, estagnação e emergências na vida espiritual também. Não deveria haver separação entre existência e empenho espiritual. O mundo inteiro se torna a sala de aula e todos se tornam alguém com quem podemos aprender ou podemos praticar a paciência e desenvolver a tolerância e a compaixão. Isso não significa que qualquer um deva nos influenciar, mas sim que podemos desenvolver formas amorosas e inteligentes de lidar com cada pessoa e em qualquer situação. Algumas pessoas são modelos e mestres para nós; outras precisam que nós as ensinemos e ajudemos da maneira que pudermos.

IRMÃO RICO, IRMÃ RICA

Outros ainda representam desafios para nós. Porque estamos muito envolvidos, atados a certas situações e pessoas, ou enredados por algo que não sabemos como lidar, ficamos zangados, irritados, presos e deprimidos ou nos deixamos dominar pela situação.

Um casal com quem trabalhei no hospital era tão notável que eu ficava ansiosa, esperando o momento de encontrá-los. Nosso primeiro encontro foi muito cordial e ambos, esposa e marido, compartilharam comigo como consideravam cada dia uma verdadeira bênção para eles. Por ter sido desenganado, com apenas dois meses de sobrevida, o marido já vivera seis meses além desse prazo fatal dado pelos médicos. Eles me disseram: "Se ficamos chateados ou deprimidos por causa da falta de saúde, então perdemos um dia e não queremos desperdiçar nenhum momento ao menos de nosso tempo juntos dessa forma. Agora, cada dia é uma bênção; assim, nós apreciamos cada dia juntos. Ficamos muito felizes por mais um dia."

Com o passar do tempo, a esposa também foi diagnosticada com câncer e teve de fazer quimioterapia. Eles tiveram de contratar uma ajudante, porque a esposa tinha de sair todos os dias para o tratamento e a condição do marido estava piorando. No primeiro ou segundo dia, a ajudante foi levar o lixo para fora e, acidentalmente, trancou-se do lado de fora. Ela foi até a janela do banheiro, bateu e gritou para que o paciente a ajudasse a entrar na casa de novo. Ele teve de lutar para sair da cama, colocar-se na cadeira de rodas e sair do quarto até a sala para poder abrir a porta. A ajudante ficou mortificada porque o paciente teve de ajudá-la: "Supostamente, estou aqui para ajudá-lo! Eu sou a ajudante!", disse ela, muito envergonhada.

O casal achou a situação toda muito engraçada — eles me contaram depois, rindo muito. Mas aos poucos, tiveram de cortar as visitas ou o tempo que passavam com algumas delas, porque ficavam muito exaustos. Cada vez que os via, pensava: "Preciso sempre me lembrar do que eles dizem. Eles são modelos de como se deve lidar com a inevitabilidade da morte." Sua atitude e a maneira como lidavam com as outras pessoas eram notáveis. Foi inspirador conviver com eles. De sua maneira, eles foram meus mestres.

Às vezes, pegamo-nos em relações doentias, relacionamentos de codependência. É na necessidade da amizade e do amor que muitas vezes iniciamos conexões maravilhosas no trabalho, na igreja, em organizações comunitárias e relações es-

CAPÍTULO 13

pirituais e, mais tarde, percebemos que nos envolvemos com pessoas nocivas e trabalhos insalubres. As pessoas, com frequência, são atraídas para parceiros românticos ou de negócios que combinam com suas neuroses e necessidades. Em que campo minado podemos nos meter! De colegas a amantes, membros da família e da igreja, cada indivíduo passa pelo desafio de cultivar relacionamentos saudáveis para que ocorra crescimento pessoal. Fazemos escolhas todos os dias em todas as nossas interações com os outros.

Eu tive de me perdoar, à minha família e à cultura de nossos tempos depois de carregar, por anos, vergonha e culpa por ter engravidado e isso ter "acontecido" sem que eu estivesse casada. Havia — e ainda há —, dependendo da família, da igreja e da cultura, esse estigma para meninas e jovens mulheres que engravidam antes do casamento. Ainda que eu tivesse rejeitado a vergonha e o estigma e amado Erika, internalizei a vergonha, que acabou direcionando minha vida, afetando minha confiança e meu poder pessoal.

Sem aconselhamento, encorajamento e discussão essas visões sobre sexualidade, casamento, dinheiro, cultura e religião são carregadas de geração para geração e diminuem as pessoas. Isso acrescenta a culpa em uma situação já bastante desafiadora.

Discussão e educação preventivas e proativas ajudam tremendamente antes que essas situações ocorram. É muito difícil começar a vida sem saber exatamente como ser independente e se sustentar, e ainda ser responsável pela criação de um bebê. No mundo de hoje, há maior tolerância para tais casos, mas ainda há um sutil sentimento de culpa por se ter cometido um "erro".

Não é incomum entrarmos em arranjos e contratos retrógrados, querendo aliviar nossa culpa e, assim, de alguma maneira, consertar ou legalizar a situação. Ainda que casamento, igreja e família sejam motivos para alegria, às vezes, eles seguram seus integrantes pela culpa e pelo medo. Outras vezes, as próprias pessoas se aprisionam ao medo, mesmo que o ambiente não exija. Eu tive de me libertar.

Robert fala dos acomodados no serviço militar. Encontramos pessoas assim nas igrejas, nos templos e nos centros espirituais. As pessoas se batizam ou vão para o retiro — que, no budismo, equivale ao batismo, e esperam que, com isso, possam se livrar do purgatório ou do inferno. Você pode dizer, pela forma como as pessoas falam de suas religiões, quão conectadas elas estão às suas crenças. As pessoas se agarram a dogmas e tentam impô-los a quem quer que encontrem. Suas

IRMÃO RICO, IRMÃ RICA

mentes se apegam a um conjunto particular de crenças que acabam se tornando a forma como conduzem sua vida.

Os monásticos também podem se esconder dos desafios apresentados pela vida, como Robert diria, homens-cadáveres e acomodados. A vida monástica deveria aprofundar a vida espiritual. Não importa onde estejamos ou em que nos engajemos, as lições e as escolhas sempre se apresentam. Se um monge ou uma monja não agarra essas oportunidades quando surgem, eles também podem estar se escondendo ao não utilizar a chance de crescer. Seja em um escritório, na família, na igreja ou no monastério; quer fiquemos em um emprego ou mudemos constantemente, quer vivamos em uma casa, em uma cidade ou em várias, lá está o padrão de "acomodados", procurando "segurança no trabalho", nunca se desafiando dentro dos muros que eles próprios construíram.

Em um evento, não muito tempo atrás, questionei os pontos de vista de alguns participantes e praticantes sobre saúde e seguros. Aqui estão algumas das respostas: uma pessoa disse que estava bem e não pensava em fazer seguro (eu também pensei isso!). Outro disse que contava com o sistema público de saúde. Percebi, enquanto conversávamos, que ele estava necessitando seriamente de um tratamento dentário. Uma terceira pessoa com quem falei disse que não tinha seguro de saúde e acrescentou: "Se você praticar a meditação muito bem, pode até mesmo curar-se de câncer se ficar doente." Eu me arrepiei ao pensar em minha própria experiência. Se eu tivesse tentado me curar, sentada em minhas almofadas, provavelmente estaria morta agora. Ainda que eu ache que é possível, em casos raros, fazer o câncer de alguém desaparecer, talvez com a ajuda de preces sinceras, eu não gostaria de ter experimentado isso comigo mesma. Além do mais, não creio que minha mente ficaria calma o suficiente se eu soubesse que a doença estava avançando e eu não tivesse procurado ajuda médica.

Em outro evento ecumênico, encontrei um frade católico que compartilhou comigo as mesmas preocupações com seu monastério, que fora fundado nos anos 1950, e cujos frades estavam agora envelhecendo. Ele me disse que nenhum deles tinha seguro de saúde e um incidente médico recente com um deles acabara com o pouco dinheiro que tinham. Ele me disse que não tinham ideia do que fariam se algo parecido acontecesse de novo. Um bom plano de saúde precisa ser estabelecido para esse tipo precioso de comunidade.

CAPÍTULO 13

Tenzin Kacho, com o ator Richard Gere (esquerda) e Fred Segal. Meu amigo Irenka, Fred e eu planejamos toda celebração para o aniversário de Sua Santidade, o Dalai Lama, no Peace Park, em Malibu. Encontramos uma muda da árvore Bodhi para que o Dalai Lama plantasse na comemoração do evento, mas esquecemos de levar a pá. O Dalai Lama usou um pedaço de papelão para cavar um pouco de terra e jogar simbolicamente sobre a árvore. Ele pediu, então, um pouco de água para molhar o solo, havíamos esquecido disso também! Alguém lhe passou uma garrafinha de água. Perceba que a planta nem está apropriadamente plantada ainda.

Após essas conversas, eu me recordei de ter vivido com pessoas que têm esse tipo de pensamento. Eu sei que há muitos seguidores de crenças variadas que são sinceros e fervorosos e vivem dessa maneira. Essa visão dos "fervorosos" pode colocar as pessoas em risco, mas isso não faz parte dos ensinamentos do Dharma. As primeiras lições do Buda lembravam que ficamos doentes, velhos e morremos e que devemos cuidar de nossas necessidades. Eu adoro estar ao lado de meus amigos e comunidades espirituais, mas procurarei ajuda especializada se ficar doente.

IRMÃO RICO, IRMÃ RICA

Em todos os lugares, encontramos pessoas que vivem com passividade. Ainda que pareça que o sistema funcione para eles, na verdade não funciona; eles são acomodados.

O caminho que encontrei é muito precioso para mim e encontrá-lo foi difícil. Passei muitos anos me sentindo feliz, imersa nas comunidades budistas. Mas hoje tenho novas lições a aprender e preciso ampliar meus horizontes para evitar a estagnação e inspirar vida nova às minhas práticas. Robert fala muito sobre como podemos mudar o meio ambiente, mas não podemos mudar as pessoas. Minhas lições precisam incluir um número muito maior de pessoas.

Ainda tenho muito a aprender e a praticar os ensinamentos. Encontrei excelentes mestres ao longo do caminho. Sinto que grande parte do meu trabalho futuro está em criar pontes melhores entre nossas vidas materiais e espirituais.

Robert é meu irmão biológico, mas é também meu irmão espiritual, na medida em que é um amigo que continuamente me aconselha e incentiva — o que faz com a maioria das pessoas que encontra — a ser mais, a colaborar mais, a doar ainda mais nossos talentos.

Agora, com a idade chegando para mim e para minha geração, estamos rapidamente nos tornando "os idosos sábios", ainda que sejamos apenas uma pequenina sombra de alguns dos grandes mestres com quem estudamos. Aprendemos lições muito particulares, em função da época em que vivemos. Temos de reconciliar nossas vidas, nossas experiências e o fato de que temos um número finito de anos para viver.

Aprender a pescar é aprender a encontrar o equilíbrio entre as necessidades materiais e espirituais e a cultivar a vida espiritual enquanto vivemos neste mundo.

EPÍLOGO

TENZIN: CARMA, NIRVANA E VIDAS PASSADAS

Robert apresentou muitas ideias importantes para se ter uma vida melhor, mais espiritual e financeiramente mais equilibrada focando primeiro naquilo que podemos fazer pelos outros, com o objetivo de tornar o mundo melhor — criando o "paraíso na Terra" para nós e para aqueles que nos cercam.

Essa abordagem se reflete nos conceitos budistas de carma e nirvana. Ambos são cruciais para nos transformar naquilo que fomos, que somos e que seremos.

Ao discutir os princípios gerais do dr. Fuller com seus amigos, Robert ficou preocupado com a possibilidade de não conseguir reproduzi-los fiel ou adequadamente. Assim como o grupo de discussão que ele organizou para analisar os conceitos do dr. Fuller, há aqueles de nós que passam longas horas discutindo os ensinamentos de Buda — e o aprendizado nunca cessa. O que ofereço a você aqui são aspectos adicionais dessas ideias centrais. Assim, você pode começar a perceber como elas operam.

CARMA

O carma é criado pela mente. Ação intencional é como planejar e construir uma casa. O carma pode representar ações que ocorrem sem intenção, como acidentalmente pisar em seu cachorro. Quatro partes são necessárias para se criar uma ação cármica completa:

Intenção

Objeto

Ação

Conclusão

Veja um exemplo: em um sábado à tarde, eu estava indo ao supermercado e vi um homem do lado de fora olhando para os buquês de flores expostos na

EPÍLOGO

bancada. De repente, ele agarrou dois buquês enormes e fugiu noite adentro. Minha suposição foi que ele estava roubando o buquê para dá-lo à sua namorada. No ato de roubar, ele foi àquela loja porque as flores estavam expostas do lado de fora e facilmente acessíveis (intenção), depois de determinar quais buquês roubaria (objeto), ele os tomou (ação) e ficou feliz por ter roubado flores sem ser pego (conclusão).

As quatro partes estão completas, o que produz um forte ato cármico de roubo. Se uma das partes estivesse faltando, por exemplo, se mais tarde ele se arrependesse sinceramente ou voltasse até a loja e decidisse não roubar, então não seria um ato cármico completo.

A mesma fórmula se aplica à criação do carma virtuoso: estabelecer a intenção, distinguir o objeto, engajar-se na ação e sentir satisfação com a conclusão. O principal fator da criação do carma é a *intenção*. É possível que o homem que roubou as flores estivesse sem dinheiro e tenha levado as flores para um vizinho no hospital. Aqui a intenção é benevolente, mas continua sendo não virtuoso tomar algo que não é seu.

Se as intenções são boas e as ações, virtuosas, os relacionamentos e o ambiente são harmoniosos. Caso contrário, quando estão perto de pessoas que roubam, as pessoas se tornam precavidas, desconfiadas e cuidadosas com seus pertences.

Às vezes, nossas ações podem parecer boas para os outros, mas na verdade a motivação é egoísta, cheia de emoções negativas para enganar e machucar os outros. Outras vezes, nossas ações podem *parecer* prejudiciais, mas, na verdade, têm a intenção e o resultado de beneficiar os outros, como quando um pai ou mentor está nos disciplinando. Outras vezes, mesmo quando nossas intenções são boas, não conseguimos o efeito desejado.

Certo dia, no convento na Índia, convidei a sobrinha de meu mestre, uma jovem tibetana, para assistir a uma apresentação comigo na Biblioteca dos Arquivos Tibetanos porque pensei que ela apreciaria ver como era conduzida uma aula sobre budismo para ocidentais. Nosso convento ficava no topo de uma montanha e a biblioteca, lá embaixo e a estrada de acesso era bastante ruim. Pegamos um atalho, mas infelizmente acabamos atolados na estrada. O barro e a lama estava literalmente deslizando morro abaixo e não era possível

IRMÃO RICO, IRMÃ RICA

retornar. Tivemos de continuar nos movendo, no barro escorregadio, montanha abaixo, até que pudéssemos encontrar um terreno mais firme.

Conseguimos chegar, mas as coisas poderiam ter ficado muito ruins. Não era nada do que eu havia planejado, mas nossas interações e atividades são, às vezes, uma aposta, e não somos capazes de predizer como podem acabar.

Prazer e dor vêm de ações previamente intencionadas. Simplificando: se você age bem, com forte motivação, experimentará efeitos prazerosos. Caso contrário, o resultado será outro. Todos nós agimos de maneira virtuosa e não virtuosa, utilizando a palavra, o corpo e a mente; criamos nosso carma o tempo todo. Intenções e ações virtuosas criam prazer e felicidade no futuro, também; de modo similar, intenções e ações nocivas criam as razões para experimentar dor e sofrimento no futuro.

O carma não é uma simples equação de $x = y$, nem implica que, por causa do x, você experimentará o y. Há inúmeras causas sutis e óbvias que convergem continuamente e produzem efeitos.

O carma se manifesta em tudo à nossa volta, seja nas experiências, nos relacionamentos e em todos os fenômenos. A forma como percebemos as coisas — as maneiras como interpretamos e agimos — depende de nosso carma. Tudo isso produz efeitos. Além dos acontecimentos presentes, o que experimentamos resulta de nossas ações prévias. Nós também somos influenciados por nossa sociedade, nossa geração, a família, o corpo, escolas, amigos, vizinhança e numerosos outros fatores, e nos engajamos em determinadas ações como resultado dessas influências.

Não há uma causa original no budismo, pois tudo se origina no carma.

Algumas pessoas pensam que o carma é destino, com pouca ou nenhuma escolha. Toda felicidade que você experimenta na vida vem de ações positivas que empreendeu antes. O carma tem qualidades definidas, por exemplo, você não experimentará nada se não tiver criado condições anteriormente. No entanto, não é definitivo que o carma se realizará, porque ele pode ser purificado e mudanças nas circunstâncias também evitam que o carma seja consumado.

O modo como você lida com as situações e age são uma escolha. Suas ações hoje criam as razões para o que e como as coisas se manifestarão em sua

EPÍLOGO

vida mais tarde. Quando nos engajamos em ações virtuosas que beneficiam a todos, o resultado é felicidade agora e no futuro. Às vezes, as ações podem ser dolorosas e indesejáveis, mas nós a executamos porque os resultados serão benéficos — por exemplo, fazer uma cirurgia para se ter saúde mais tarde, ou disciplinar nossos hábitos de compra para não sermos devastados pelas dívidas.

As pessoas passarão por sofrimento mental e físico se perceberem que é benéfico ou importante fazê-lo.

Os eventos que estão ocorrendo agora resultam de condições que criamos no passado; se não criarmos a causa, não experimentaremos os efeitos. Os eventos de nossa vida atual nos permitem um vislumbre do que fomos e, talvez, daquilo que experimentamos em vidas passadas. Nós, budistas, não aceitamos que esta é nossa primeira vida e que nascemos puros, uma "página em branco", sem culpas ou sem carma. Na verdade, tivemos inúmeras vidas passadas e permanecemos em *samsara* ou existência sem iluminação e renascemos continuamente até que compreendamos a natureza dos fatos e da existência — e alcancemos a iluminação.

Quando as pessoas acreditam que essa é nossa única vida, tendem a pensar que somos inocentes de certas ocorrências em nossa vida presente. Quando algo negativo ocorre, tentamos entender como estamos conectados com aquilo — por que temos algo a ver com aquilo. Quando não encontramos nenhuma ligação memorável para que aquilo ocorresse ou ações que tenham precipitado essa ocorrência, particularmente se algo é percebido como ruim, ficamos surpresos, ofendidos e confusos com as coisas ruins que nos acontecem.

Quando algo bom acontece, ficamos empolgados, pensamos que tivemos sorte ou que estamos experimentando algum milagre. Essas ideias ou atitudes são muito diferentes daqueles que aceitam o carma.

No conceito de carma, se algo difícil ocorre — mesmo que não tenhamos lembrança de ter feito algo ou de estar conectado com essas dificuldades —, então, isso nos deixa contentes, até mesmo felizes.

Por quê? Porque pode significar que um carma negativo que criamos em uma vida passada está se realizando — e acabando. E quando algo maravilhoso ocorre, isso nos mostra que nos engajamos em ações virtuosas no passado.

IRMÃO RICO, IRMÃ RICA

Mesmo quando praticamos uma vida ética hoje, para criar boas condições para o envelhecimento — e para vidas futuras —, experimentamos os resultados de ações passadas. Isso explica por que pessoas boas têm experiências negativas, enquanto pessoas más podem passar por experiências positivas. Não temos mais controle sobre o que fizemos no passado, mas podemos ajudar nosso futuro pelo que fazemos no presente.

Criando causas boas, experimentamos bons efeitos. Se os resultados cármicos fossem instantâneos, creio que todos nós seríamos mais conscienciosos de nossas ações.

Em 1992, Tenzin estava nas Nações Unidas, em Nova York, com os monges Gaden Shartse, e encontrou Rigoberta Menchú Tum, ganhadora do prêmio Nobel da Paz por seu trabalho com justiça social e reconciliação etnocultural.

The Precious Garland, an Epistle to a King, traduzido para o inglês por John Dunne e Sara McClintock, foi escrito pelo mestre indiano do primeiro século Acharya Nagarjuna como conselho para um rei que queria aprender como conduzir sua vida e governar bem seu povo:

Da não-virtude vem o sofrimento, assim como todos os renascimentos negativos.

EPÍLOGO

Da virtude vem todos os nascimentos e a felicidade em todos eles.

Como mencionei antes, queremos que todos saibam quando fazemos algo positivo, mas tentamos esconder nossas ações quando elas produzem efeitos negativos. Mas quando uma impressão cármica é deixada em nossa mente contínua, experimentaremos o resultado daquele ato de uma maneira ou de outra no futuro. O carma não têm forma ou peso físico, mas provoca uma marca física em nós. Meu mestre costuma dizer: "Se o carma tivesse peso, não conseguiríamos ficar de pé!" A única pessoa capaz de criar isso em sua vida é você mesmo, é você quem cria as causas e condições. Quando agimos com plena intenção de fazer algo positivo ou negativo, e nos alegramos quando a ação é concluída, criamos uma força, uma propensão de repeti-la, gostar e sentir que não há problema em praticá-la, justificamos nossas ações.

Nós nos aproximamos e atraímos pessoas que pensam como nós, e isso ajuda a compor a situação, não apenas nós sentimos que o que fizemos está correto, nosso círculo social justifica e estimula nosso comportamento. Essas atitudes mentais se tornam nossa visão de mundo. Nossas ações, positivas e negativas, continuamente nos influenciam.

Quando descobrimos que agimos de modo nocivo ou danoso sem saber, e nos arrependemos dessas ações, é um sinal de que estamos seguindo na direção certa. Evitar ações negativas, arrepender-se de ações que causaram mal, cria uma energia positiva ou carma bom. Arrependimento não é culpa; arrependimento é o reconhecimento de que certas ações foram más, não ajudaram a si mesmo ou aos outros, ficaram aquém de podíamos fazer de melhor, e as vemos como negativas.

Eu não agi bem com minha mãe. Ela não tinha muitas habilidades maternas e, hoje, como mãe, entendo isso perfeitamente. A maioria dos pais não tem treinamento, mas quando nos tornamos pais, tendemos a agir como se tivéssemos sido treinados para tal. Em minha ignorância, também agi de modo equivocado com Erika; não ajudando com a lição de casa ou encorajando-a de outras maneiras. Mesmo assim, ela me surpreendeu ao conseguir seu mestrado antes mesmo de mim ou de qualquer de meus irmãos. Como minha mãe morreu cedo, eu não tive a chance de superar ou de mudar meu comportamento com ela.

IRMÃO RICO, IRMÃ RICA

Ações repetitivas ou aqueles que seguem aquilo que os outros fazem, sem pensar, são realizadas em uma espécie de neblina, na qual estamos apenas parcialmente presentes. Eu não me culpo pela forma como agi. Eu não tinha habilidade para lidar com suas reclamações e nossa família raramente discutia. Mas foi uma lição poderosa da impermanência da vida e como — se quisermos mudar a forma habitual negativa de interagirmos com os outros — temos uma chance melhor agora. Não me afundo em remorsos, embora saiba que minhas ações não foram gentis. O peso das ações negativas se alivia de alguma forma pelo arrependimento sincero, tal como saber agora de minha imensa perda e entender minhas ações pouco cuidadosas.

Como o carma funciona? Minhas ações indelicadas foram reativas, reagindo contra as palavras frias dela. Espero que minha falta de conhecimento de como interagir com ela tire um pouco do peso daquelas ações pois os ensinamentos dizem que a ignorância de nossas ações minimizam o poder do carma completo. Isso não significa que queira permanecer ignorante. Agora, tenho mais conhecimento e preciso praticar esse conhecimento. Arrependimento sincero também alivia o peso do carma. Se minha mãe ainda estivesse viva e minhas ações não mudassem, eu estaria criando um carma mais pesado; se eu fosse cruel com plena intenção de magoá-la, isso produziria o carma mais pesado de todos.

Nossas ações são impulsionadas por nossas emoções, e as intenções por trás de nossas ações compõem o poder do carma. Nossa prática é observar a mente e trabalhar para nos tornarmos pessoas melhores. Hoje me vejo "adotando" muitas das mães de minhas amigas, aproveitando a oportunidade de respeitá-las e valorizá-las, especialmente porque sinto falta de não ter desenvolvido uma amizade adulta com minha mãe. Esta é uma maneira de trabalharmos nossas ações negativas com a meditação.

Em vez de enterrar ou ignorar o que fizemos, devemos trazê-lo à tona. Lembre-se de um evento específico, recorde suas ações, com quem as praticou e observe sua motivação.

Desenvolva um sentimento de arrependimento por ter praticado aquela ação negativa. Isto não significa culpa ou revolver sentimentos de autopiedade que lhe faz sentir-se pior. Culpa não alivia o problema ou as ações habituais.

EPÍLOGO

A culpa coloca o enfoque sobre si mesmo e em como você é mau, e não na pessoa que você magoou!

O arrependimento traz o reconhecimento de que você magoou outra pessoa e a si mesmo. Ações negativas diminuem aquilo que somos e causa sofrimento. Permita que tanto a experiência *quanto* a compreensão venham à tona. Depois faça uma promessa de não praticar aquela ação novamente. Se é uma ação habitual, isso pode ser difícil, então comece fazendo uma promessa por um período de tempo específico. Dessa forma você pode cumprir o que prometeu e começar a criar uma força positiva para evitar praticar aquela ação novamente.

Depois de fazer essa promessa, analise o que você pode fazer para manter essa resolução em sua vida. Determine uma ação positiva que possa praticar nos dias ou semanas seguintes. Por exemplo: peça sinceras desculpas para a pessoa que magoou. Se isso não for possível, faça algo que deixe clara sua promessa para todos a sua volta. Não é preciso contar o motivo para ninguém, mas isso conecta sua promessa em sua vida.

Ofereça flores para um amigo. Ajude um vizinho em uma tarefa. Faça algo *factível*. Se a pessoa contra quem você praticou a ação negativa já não está mais entre nós, peça desculpas sinceras em sua meditação. Lembre-se da pessoa e imagine que está sentado diante dela e peça desculpas.

Outro ponto dessa prática de meditação é chamada de "exultação". Isso traz a energia natural e leveza para sua prática e sua vida. Pense na pessoa que você magoou ou ofendeu e visualize suas boas qualidades. Eu me recordo de que minha mãe tinha muitos amigos que a amavam e que era uma excelente cantora, seus amigos sempre pediam que cantasse nas festas. Ela me deu a vida e cuidou de mim quando era criança ou quando estava doente. Mesmo que ela fosse uma pessoa difícil, eu sabia que nos amava. Reserve um momento para se alegrar com as boas ações e acontecimentos a sua volta.

Lembre-se de seus professores, mentores e pais — pessoas que realmente lhe ajudaram na vida. Reconheça seus esforços e os agradeça. Recorde-se das pessoas comuns a sua volta, também, e em coisas benéficas, gentis e divertidas que aconteceram — com você e com outras pessoas, hoje, essa semana ou no último mês.

IRMÃO RICO, IRMÃ RICA

Todos nós queremos a felicidade e sabemos quando não estamos agindo bem e causando infelicidade aos demais. Um padrão de pequenas e constantes acusações — qualquer ato sem amor — não é cuidar. Nós acabamos estabelecendo hábitos de interação com as pessoas, formas desrespeitosas e ríspidas, sem gentileza. Maus hábitos podem ser modificados para se tornarem hábitos cuidadosos e carinhosos.

Quando minha mãe morreu, meu pai tornou-se ainda mais precioso para mim. Como vivi por alguns anos em outra ilha, eu voava para Oahu para passar duas semanas com papai, em sua casa, trabalhando em seu jardim, colhendo frutas e flores e distribuindo para os amigos, e permanecendo a seu lado. Eu adorava compartilhar, com ele, a música havaiana, que estava se tornando popular naquela época. Agora que ele não estava trabalhando muito, nós podíamos conversar mais.

Às vezes, conversar exigia certo esforço, porque ele ficava focado em jogos intermináveis de golfe na televisão. Ele adorava cozinhar para mim e para Erika, assim podíamos ficar na cozinha papeando e, de novo, à mesa na hora do jantar. Eu sempre descobria formas de engajá-lo nas conversas.

Quando eu estava na Califórnia, passava todas as férias com meu pai. Muitas vezes, escolhia um projeto, como pintar um quarto, por exemplo, durante minha estada. Assim, papai também se envolvia e as visitas acabavam sendo momentos muito felizes. Durante minha estada na Índia, escrevi para ele quase toda semana. Dediquei a cobri-lo de amor, o genitor que ainda estava vivo.

Meu pai morreu vinte anos depois de minha mãe, quando todos nós já éramos adultos, mas ainda sinto a dor da pontada do que é ser órfã. Sinto terrivelmente a falta dele. Nós nos tornamos a geração mais velha, a próxima a encarar o envelhecimento e a morte. É o caminho natural das coisas.

Como monja, de certa forma estou protegida da não-virtude, pois meus votos me mantêm longe de problemas. Sou responsável por minhas ações a cada momento, e a vida como monja me ajuda a estar mais consciente de como me comportar. Reforço a promessa de observar meus votos, mesmo dormindo. Obviamente, ainda cometo erros e contrario pessoas, aborreço

EPÍLOGO

a mim mesma também. Às vezes, esqueço das coisas ou das pessoas ou digo coisas sem pensar.

Mas procuro restabelecer meu comprometimento e seguir adiante. Já temos nossa vida preciosa e precisamos nos preparar para as circunstâncias de nossa próxima vida. Fazemos isso na forma como conduzimos nossa vida, nosso corpo, nossas palavras e nossa mente em relação a todos: amigos, inimigos e estranhos.

Ao terminar este livro, encontrei uma passagem do Buda, do *Dhammapada* (Ditados de Buda) gravado pelo venerável Sri Acharya Buddharakkhita:

Aqueles que na juventude não tiveram uma vida voltada para o divino, ou falharam em alcançar prosperidade, são como garças perecendo em um lago sem peixes.

Essa analogia teve um efeito profundo em mim quando embarquei na nova aventura de escrever junto com meu irmão. Sei que este livro me exporá ao público e minha vida se transformará por conta disso.

Voltar a trabalhar no asilo também trouxe mudanças em minha vida. Depois de décadas vivendo no limite e experimentar o impacto da falta de recursos em meus problemas de saúde, foi um alívio conseguir gerar um fluxo de caixa positivo para lidar com minhas necessidades e não ser inteiramente dependente da bondade alheia. Também foi um alívio perceber que ainda era capaz de conseguir um emprego aos 60 anos. Estou certa de que sempre encontraria alguém para me ajudar, mas eu queria servir à comunidade e criar um fluxo de caixa positivo; essa era minha motivação. Trata-se de buscar maneiras de viver corretamente e em equilíbrio com o monastério.

A imagem da velha garça perecendo em um lago sem peixes foi poderosa. Eu a interpreto tanto pessoal quanto globalmente. Por milhares de anos, monásticos e outros religiosos que fazem voto de pobreza são sustentados pelas suas comunidades. As gerações passadas tinham tempo e recursos para auxiliar monásticos e comunidades religiosas. Hoje, ainda é assim, mas o tempo e a capacidade econômica do povo diminuiu, considerando-se a deterioração da economia, a perda de poder de compra do dinheiro e os congestionamentos enfrentados diariamente, que tomam tanto tempo na vida das pessoas. O suprimento mundial de combustível, alimento, água e ar está se exaurindo ou se tornando poluído. Esse é o lago em que vivemos.

IRMÃO RICO, IRMÃ RICA

Em uma manhã de domingo, fui com Robert e Kim para uma palestra que fariam para oitocentas pessoas. Robert me disse que a maioria das pessoas na plateia era cristã. Por que não estavam na igreja? Questionei.

Com os pais trabalhando tantas horas e não conseguindo encontrar tranquilidade financeira para desfrutar a vida — muito menos ter tempo para frequentar a igreja todo domingo — as pessoas estão buscando formas de melhorar sua vida financeira. Eu acho que as pessoas são naturalmente generosas e querem ajudar causas beneficentes, mas precisam dos meios e de tranquilidade para isso. Obviamente, há muitas outras razões pelas quais as pessoas não estão frequentando igrejas como costumavam. Problemas dentro das organizações religiosas fizeram com que as pessoas ficassem mais cautelosas. Mas mesmo essa cautela nos ajuda a esclarecer nossos objetivos espirituais e questionar aquilo em que nos envolvemos.

Nós podemos mudar o que acontece no presente. Pode ser desafiador e desastroso quando as dificuldades, as doenças e outros problemas surgem. Mas, em vez de ficar deprimido ou derrotado por nossos problemas, podemos avaliar nossa atitude mental e usar os problemas para nos ajudar a crescer. Desenvolvemos coragem, paciência e compaixão quando vemos pessoas a nossa volta enfrentando dificuldades. Se a vida fosse sempre prazerosa, não teríamos desejo de mudar.

Mas a mudança vem de qualquer maneira, e, com ela, o envelhecimento, a doença e a morte. Essa visão tem um profundo efeito na forma como conduzo minha vida diariamente.

O carma é poderoso, sutil e dominante. Como forma de reflexão sobre nossa conduta, e considerando-se o impacto que o carma tem sobre nós individual e coletivamente, ele deve nos impulsionar a sermos mais cuidadosos em nossa conduta e mais preocupados com o próximo e com o mundo a nossa volta. Embora tenhamos aperfeiçoado nossos meios de comunicação e vivamos em um era de extraordinária tecnologia, precisamos trabalhar de modo consciente para melhorar nossas relações com nossos vizinhos no mundo.

Vivendo em um planeta em crescimento acelerado com recursos cada vez mais escassos e aquecimento global, devemos aprender a conviver com todos e praticar a moderação e a conservação. É imperioso que possamos desenvolver tecnologias internas de tolerância, cooperação e amizade em nosso mundo cada vez mais interdependente.

EPÍLOGO

MENTE, NIRVANA E RENASCIMENTO

A mente tem a habilidade da clareza, do conhecimento e do discernimento. Ainda que dependente do corpo físico e do cérebro, a mente não é física. Intenção, por exemplo, é um ato mental, mas a mente não pode ser vista. A mente não tem peso físico e não é limitada ao tempo e ao espaço. Você pode estar aqui lendo este livro e pensando no passado quando tinha 5 anos e estava no jardim de infância, ou pensar quando tinha 18, 30 ou 65 anos. Isso demonstra a continuidade da mente.

Como a mente não é física e tem continuidade, ela é a base dos ensinamentos budistas sobre renascimento e reencarnação, a continuação daquela pessoa, passando de uma vida à outra.

Durante a vida, passamos de crianças a adultos, em seguida a velhos. Nosso corpo envelhece e há um limite para nossa longevidade física. Hoje, a média de vida de um norte-americano é cerca de 80 anos, mas com o aquecimento global, poluição e outras condições, não é certo o quanto mais a vida poderá se estender. Dadas as condições corretas, contudo, a mente pode continuar a evoluir. Ela não envelhece como o corpo e, ainda que possa haver problemas como doenças do cérebro, uso de intoxicantes como o álcool ou televisão em excesso, se as condições forem corretas, a mente tem potencial para se expandir ilimitadamente.

Tenzin Kacho, em janeiro de 2002, com a reencarnação de seu primeiro professor, o venerável Ling Rinpoche. Seu predecessor foi o tutor sênior do Dalai Lama.

IRMÃO RICO, IRMÃ RICA

A impermanência e a mudança trabalham a nosso favor. Se as coisas não mudassem, não haveria espaço para a transformação. É possível superar o peso sufocante de maus hábitos improdutivos e vazios. Temos que mudar conscientemente nossas atitudes mentais e ações para cultivar compaixão e sabedoria, amor e gentileza pelos outros e por nós mesmos, vencer a ganância, o preconceito e o interesse próprio. Não podemos controlar ou mudar o que já aconteceu, mas temos a capacidade de determinar e direcionar nossas motivações e ações agora — nesta vida — criando melhores causas e condições no futuro.

Como a vida é impermanente, temos um janela de tempo para atingir nossos objetivos.

Mesmo quando a situação é difícil ou desconfortável, com um estado mental forte e virtuoso, podemos ser muito resilientes. O contrário não é verdade; quando uma mente está perturbada, pela inveja ou ódio, por exemplo, mesmo com as melhores condições físicas — saúde e beleza, amigos, riqueza e boa comida —, não é possível ajudar uma mente perturbada.

Isso mostra como nossas condições internas, uma mente alegre e as emoções são importantes para nossas interações diárias. A vida pode ser difícil, mas a mente pode estar feliz.

Nossa mente e corpo — ou nossa "consciência sensorial" — são transitórias e mutáveis. Eles decorrem de causas e condições. É importante questionar de onde viemos, por que estamos aqui e aonde estamos indo. Geralmente, não questionamos por que estamos onde estamos, embora esse questionamento seja comum na infância. Eu me lembro de me perguntar: "Por que sou parte dessa família e não de outra? Por que tenho este tipo de corpo?" A maioria de nós, em algum ponto de nossa vida, questiona para onde vai depois da morte. O corpo morre, se desintegra, mas é difícil afirmar definitivamente o que acontece com a "pessoa" ou consciência; porque nossa mente não é física, não há evidência tangível e física de sua existência.

A visão materialista, radical, acredita que, quando se morre, nada resta. De acordo com essa visão, nossa mente é apenas uma reação química vinculada à existência do corpo e cessa quando esse corpo morre. Mas mesmo sob uma visão materialista, pode-se enxergar a continuidade desses fenômenos. Assim como a água se transforma em vapor, os componentes de nosso corpo se transformam em pó e terra novamente; há mudanças sutis e óbvias nos

EPÍLOGO

fenômenos físicos. O que os budistas propõem é que transformações sutis e óbvias também ocorrem com os fenômenos não físicos, particularmente com a mente.

O corpo envelhece, adoece e morre. Para os budistas, a mente se separa do corpo e a conexão com esta vida se extingue. Na hora da morte, toda a familiaridade óbvia com aquela vida diminui e a mente perde o reconhecimento das coisas e pessoas desta vida. O que continua é a mente sutil, com propensões e predisposições para certas visões, tendências e emoções; nossas formas habituais de responder, de certa maneira, permanecem. A mente sutil continua e se torna a base para a próxima vida.

O carma acumulado de vidas passadas determinará onde se nasce, em que tipo de corpo, quais as circunstâncias iniciais de vida, pais e relacionamentos. Note como, ao longo da vida, as ações de uma pessoa são, com frequência, previsíveis; alguns tendem a ser muito prestativos, generosos, gentis e se relacionam com as demais pessoas de maneira cooperativa, enquanto outros são nocivos, roubam, machucam ou causam rompimentos ou brigas. As pessoas mudam constantemente, mas tendemos a agir conforme comportamentos recorrentes que se tornaram arraigados e que se tornam hábitos pouco examinados.

O que é levado para a vida futura é a propensão sutil de fazer e de agir da maneira como sempre agimos.

Na visão budista, o mundo vem de causas e condições, interações e ações. Pergunte-se: "Minha vida atual decorre de causas ou de não causas? Se decorre de causas, que tipo? Se existe vida após a morte, existem causas para isso? Se alguém constantemente faz o mal para os outros, rouba e magoa as pessoas ao longo da vida, que tipo de efeitos congruentes isso cria em sua vida futura?"

Ações criadas não desaparecem simplesmente; assim como a vida dos objetos físicos que criamos também não desaparecem simplesmente. Boas ações trazem boas consequências, mas como as sementes que dependem de diversas circunstâncias para florescer, elas podem ser colhidas em um momento futuro, elas podem ser comprometidas; existem diversos fatores.

Culturalmente, a ideia de reencarnação é completamente aceita na Índia e em muitos países asiáticos. No mundo Ocidental, as pessoas tendem a acre-

IRMÃO RICO, IRMÃ RICA

ditar que essa é nossa primeira e única vida, enquanto nas tradições orientais a crença costuma ser da existência de muitas vidas. Quando nossas visões não coincidem com as da cultura em que vivemos, normalmente a questionamos e buscamos pessoas com visões parecidas.

Ainda que Robert e eu tenhamos crescido como cristãos, quando o conceito de reencarnação nos foi apresentado, na escola e na universidade, eu fui imediatamente atraída à ideia. Parecia tanto natural quanto intrigante. Como cheguei à vida que tenho hoje? O que eu deveria fazer e conquistar nesta vida? Essas questões se entremearam a minha busca espiritual.

Sua Santidade, o Dalai Lama, mencionou ter encontrado duas garotas indianas que se lembravam de suas vidas passadas. Elas descreveram o lugar onde haviam nascido e como eram suas vidas e quais foram as circunstâncias de suas mortes. O Dalai Lama disse que um fator coincidente entre os dois relatos é que ambas, em suas vidas anteriores, haviam morrido muito jovens e repentinamente. Creio que mortes súbitas provocam uma impressão muito forte na mente, permitindo que a pessoa se lembre, enquanto o envelhecimento — com o declínio lento das faculdades mentais — não causaria essa forte impressão.

Foram meus estudos budistas que me deram uma visão lógica sobre como funciona a reencarnação, revelando a natureza da continuidade da mente, atravessando de uma vida à outra e como criamos causas e condições por meio das nossas ações e motivações. Na tradição tibetana, algumas pessoas são reconhecidas como reencarnações de mestres do passado. Elas são parte integrante e vibrante da comunidade. Enquanto vivia na Índia e me aprofundei nesses estudos, passei a aceitar a reencarnação como parte da vida, um processo cíclico.

Sua Santidade, o décimo quarto Dalai Lama, é considerado a reencarnação humana de Bodhisattva Chenresig (tibetano), Avalokitesvara (sânscrito) ou Kuan Yin (chinês), embora o próprio Dalai Lama jamais o tenha admitido. Um Bodhisattva avançado como Sua Santidade é um ser que alcançou altos níveis de realização, obtive percepções da natureza da existência, e desenvolveu a compaixão e a sabedoria em alto grau. Esse tipo de Bodhisattva é também um ser que se liberou da existência de sofrimento, mas por causa de sua

EPÍLOGO

enorme compaixão deseja ajudar aos outros e continua retornando ao mundo para ensinar e orientar.

O posto de Dalai Lama é considerado, pelo povo tibetano, o mais alto e significativo. A pessoa que assume esse posto é reconhecida como a reencarnação do Dalai Lama anterior. A tarefa de testar e encontrar cada reencarnação é conferida aos mais estimados mestres e meditadores, os que eram mais próximos ao Dalai Lama falecido. Quando falamos de causas e condições congruentes que criem certos efeitos, torna-se evidente, ao observamos o atual Dalai Lama, que ele tem as qualidades e as habilidades para conquistar tudo o que possuiu na vida. Ele é acadêmico, mestre brilhante, meditador, professor, chefe de Estado e ganhador do Prêmio Nobel. Exibe incrível disposição física, força mental e brilhantismo em sua forma de ensinar e guiar seus discípulos e as pessoas em geral.

Seus ensinamentos e cronograma de viagens são exaustivos, mas ele vai para onde quer que seja convidado e onde sente que sua visita pode beneficiar as pessoas. Isso tudo é complementado, ainda, pela receptividade de seu povo e de muitos e muitos amigos ao redor do mundo.

Na pessoa de Sua Santidade, o Dalai Lama, com quem estudei e de quem recebo ensinamentos desde a primeira vez que o encontrei, em 1975, continuo a encontrar inspiração em seus ensinamentos incisivos e cheios de compaixão e sua notável personalidade. No início de meus estudos, meu pai disse algumas vezes que, embora o Dalai Lama tivesse todos aqueles títulos e fosse celebrado e venerado no mundo todo, o mais maravilhoso era seu domínio do inglês.

"Onde ele conseguiu tempo e oportunidade para aprender inglês em sua vida atribulada?", perguntava-se meu pai.

Na visão budista, tivemos vidas incontáveis e, na verdade, segundo os mestres, tivemos tudo e fizemos tudo. A vida nos dá a oportunidade de modificar as ações de nosso corpo, palavras e mente e, dessa forma, pode criar condições excelentes para nossa vida futura. Temos o potencial de nos livrar desse ciclo interminável de nascimentos e mortes e alcançar a iluminação.

Alcançar o nirvana significa liberar-se de uma existência sem iluminação. Não é como "ficar alto", nem estar em um lugar mágico. Significa que você

IRMÃO RICO, IRMÃ RICA

não mais está em uma existência de sofrimento. Sua mente não mais está contaminada com visões e pensamentos negativos e você eliminou as causas para uma existência infeliz. Uma pessoa que procura o nirvana continuamente trabalha para purificar sua mente e cultivar a concentração meditativa e a percepção da natureza da existência.

Existem dois níveis de nirvana. O primeiro é aquele em que a pessoa se liberta dos infindáveis renascimentos nas existências cíclicas, enquanto o outro é pleno de iluminação, completamente livre das ilusões sutis. O primeiro nível inclui o bodhhisatva avançado, que é a pessoa que escolhe renascer na existência cíclica para trabalhar em benefício dos outros, mas não está ligada às crenças. Todas suas ações são para o benefício de outros. O segundo nível é a iluminação completa. Segundo Buda, alguém que está "consciente" para a natureza da existência, livre de todas as ilusões e ações danosas, e que vê a realidade como ela é, sem os véus da interpretação errônea e da ignorância.

No budismo tibetano, todos os seres podem atingir essa liberdade por meio da purificação das negatividades e das crenças.

A reencarnação e o nirvana são complexos e sutis — não são de fácil compreensão. Esses tópicos podem desafiar nossas concepções pessoais, mas não são algo que pode forçar alguém a acreditar. A seguir, um comentário do Dalai Lama, extraído do texto incompleto *Activating Bodhicitta: The Awakening Mind*.

Como digo, às vezes (embora talvez eu seja controverso, mas de alguma forma quero chegar ao crucial da questão), mesmo que alguém não acredite em reencarnação, não importa, e mesmo que não se acredite na lei das ações e suas consequências, também não importa, conquanto tenhamos uma vida nobre e virtuosa — um coração generoso e uma atitude altruística. Porque, mesmo que se aceite completamente a reencarnação e se entendam as leis do carma, para que serve tal entendimento se a mente é perniciosa? Alguém que nada saiba desses tópicos e, mesmo assim, mantém uma mente nobre e virtuosa, que ajuda os outros, não precisa temer o renascimento quando a hora da morte chega.

Ainda que os estudos espirituais possam nos levar a caminhos maravilhosos que estimulam a mente, precisamos estar com nossos pés firmes aqui na terra. O renascimento é sobre vidas passadas e futuras, mas precisamos saber como agimos e vivemos com as pessoas que nos cercam — nesta vida. Cultivar o amor e o cuidado com o próximo é o que realmente aprofundará nosso aprendizado e nos ajudará a nos tornarmos boas pessoas.

EPÍLOGO
ROBERT: O FIM DA GANÂNCIA

Todos nós temos duas demonstrações financeiras. Uma é a contabilidade pessoal, que mostra nossos ativos e passivos: quanto ganhamos, quanto gastamos e possuímos. A segunda é a social, que mostra o quanto fizemos aqui na Terra: quantas pessoas, lugares e coisas ajudamos e servimos.

A lição que aprendi com o dr. Fuller, em 1981, foi usar meus talentos pessoais para servir a mim e a tantas pessoas quanto fosse possível. Se eu fizer isso, terei acesso às alegrias e abundâncias do Grande Espírito. Se usar minhas habilidades apenas para meu próprio interesse e lucro, então os retornos de minha segunda demonstração financeira serão limitados.

Suspeito que muitas pessoas que são ricas sofrem de outras maneiras porque acumulam riquezas pessoais à custa dos outros.

Por outro lado, há pessoas que são tremendamente generosas em sua contabilidade social, sua contribuição para a vida da Terra, mas negligenciam a primeira demonstração financeira. Meu pai, a quem chamo de pai pobre, estava nesta categoria. Ele passou a vida se dedicando à educação de crianças, mas fez isso à custa da própria família.

Um problema que eu tinha com a igreja é que lá ensinavam que o dinheiro é a raiz de todos os males. Embora o dinheiro seja um dos assuntos mais referenciados na Bíblia, pareceu-me que o desejo por dinheiro era nocivo. Não estou dizendo que seja verdade. Essas eram minhas percepções de garotinho na escola dominical.

Uma das amigas de minha mãe era muito rica. Ela não trabalhava, herdou sua fortuna do marido, que era muito rico. Mesmo sendo ela rica, sempre me criticava porque eu queria ser rico. Quando lancei meu jogo educacional *CASHFLOW*®, ela me perguntava: "Quando foi a última vez que você foi à igreja? Você não deveria estar ensinando as pessoas a serem ricas. Deveria estar ensinando sobre a Bíblia e sobre as coisas que Jesus disse."

EPÍLOGO

Pessoalmente, não consigo entender as pessoas que acham que não se pode ser ambas as coisas — um adorador de Deus e do dinheiro. Não acho que o dinheiro seja nocivo. Dinheiro é apenas dinheiro. Não é diferente de amar minha casa ou meu gato. É como se ganha dinheiro que pode ser bom ou nocivo. E como o usamos também. Se roubo um banco ou vendo drogas ilegais, por exemplo, isso, além de ilegal, é nocivo. Se trabalho em um emprego que odeio, isso é nocivo. Ou se desperdiço meu dinheiro em coisas idiotas, enquanto minha família sofre, isso é nocivo.

Para mim, dinheiro é apenas dinheiro. O que é realmente nocivo é que nosso sistema educacional não ensina as pessoas sobre dinheiro e leva banqueiros e planejadores financeiros para informar as crianças sobre dinheiro. É como deixar a raposa dentro do galinheiro. Nos últimos anos, foram essas instituições e as pessoas que trabalham para elas — os bancos, os banqueiros, as corretoras de valores mobiliários e os corretores de imóveis — que causaram a confusão da crise global financeira de 2008. Muitas pessoas culpam os tomadores de alto risco (chamados *subprime*). Para mim, quem emprestou para eles é que deveria ser responsabilizado pelo fiasco. A palavra "ganância" está bem adequada a isso. São as instituições financeiras que manipulam as pessoas e lucram com sua falta de inteligência financeira. São as mesmas pessoas que querem recrutar novos clientes, que são convidados para ensinar nossos filhos, nas escolas, sobre dinheiro. Isso é mais do que nocivo. Isso é criminoso.

Na igreja, me foi ensinado que as últimas palavras de Cristo, na cruz, foram: "Perdoa-os, Pai, eles não sabem o que fazem." Como disse anteriormente neste livro, Deus pode perdoar, mas, no mundo real, as pessoas são severamente punidas por não saberem o que fazer com seu dinheiro.

Acredito que há um apocalipse vindo, um final dos tempos. O fim sobre o qual estou preocupado não é o mesmo apocalipse sobre o qual aprendi na escola dominical, mas é melhor descrito por aquilo que dr. Fuller chamou de "teste final". Uma das razões pelas quais achei fácil seguir os ensinamentos do dr. Fuller era porque compartilhávamos a mesma visão de futuro — a de que os humanos estão no caminho da autodestruição.

Quando assisti à explosão atômica na Ilha Christmas em 1962, imaginei por que os humanos estavam focando tanto tempo e energia em matar uns

IRMÃO RICO, IRMÃ RICA

aos outros. Questionava por que não gastávamos mais tempo e dinheiro para tornar a vida melhor.

As ideias de dr. Fuller sobre o teste final eram semelhantes às ideias de Apocalipse faladas na escola dominical. Mas em vez de prever a aparição dos cavaleiros, o céu se abrindo, o arrebatamento e a segunda visita de Jesus, dr. Fuller falava sobre ganância e o teste final que avaliaria se nós como humanos podemos ou não usar nossas mentes e os dons de Deus, nossos recursos, para criar uma vida sustentável para todos — não apenas para os ricos, para aqueles de determinada raça ou religião, ou para aqueles de determinado país. Em outras palavras, ele disse que, se não mudássemos da ganância para a generosidade, então a vida na Terra — para os humanos — chegaria ao fim.

Após meu encontro com o dr. Fuller, passei a examinar minha própria ganância e a de outras pessoas. Ficou aparente que ganância demais é tóxica. A ganância está envenenando nosso planeta e ele, por sua vez, está se tornando tóxico para a vida. A ganância nos faz poluir os oceanos e derrubar as florestas — os pulmões de nosso planeta. A perda dos pulmões da Terra — junto com as emissões de carbono — está envenenando o ar que respiramos.

A ganância também cria governos tóxicos e políticas tóxicas. Ainda que haja fome extrema em alguns países, o governo dos Estados Unidos, por exemplo, paga os agricultores para *não* produzirem demais e, assim, poderem manter o preço dos alimentos alto. Em vez de alimentar o mundo, negamos ao mundo a abundância de Deus.

A ganância fez a oferta de dinheiro se tornar nociva, mantendo a classe média endividada e os pobres dependentes do auxílio do governo. A oferta de dinheiro é nociva pois os governos podem imprimir quanto dinheiro quiserem e esse "dinheiro de mentira" ignora os esforços dos trabalhadores e recompensa aqueles que participam do jogo financeiro.

Muitas religiões e organizações religiosas também se tornaram gananciosas, afirmando que há espaço no paraíso apenas para uma religião: a religião *deles*. Não sei se há um paraíso, mas se existe, tenho certeza de que haverá espaço para todos e mais de uma chave para seu portão. Afirmar que se tem a única chave para o paraíso é ganancioso, e é motivo para muita dor, aflição e violência aqui no planeta Terra.

EPÍLOGO

Então, qual é a solução para a ganância? A resposta mais óbvia é tornar-se mais generoso. Quando o dr. Fuller falou sobre "contabilidade cósmica", estava se referindo à generosidade de Deus. Ele disse que a única razão de a energia solar não ser a principal fonte de energia no planeta é porque as pessoas gananciosas não haviam descoberto ainda uma forma de colocar um medidor de energia entre o Sol e a Terra. Eles ainda não encontraram uma forma de cobrar por aquilo que Deus nos dá de graça.

Hoje, em vez de aproveitar a abundância de Deus, gastamos bilhões de dólares e matamos milhares de pessoas por causa do petróleo. Por que não gastar todo esse dinheiro em melhoramentos para a energia solar? Por que não transformar toda e qualquer casa em uma usina de energia? A razão é a ganância.

Temos, hoje, tecnologia para criar o paraíso na Terra. A questão é: temos vontade? Adaptaremos novas ideias ou tentaremos fazer o mundo continuar funcionando com base nas ideias antigas?

Pouquíssimas pessoas sabem que as regras do dinheiro mudaram em 1971. Neste ano, o presidente Nixon desvinculou o dólar do padrão-ouro. O dólar substituiu o ouro — que é o dinheiro criado por Deus — por dinheiro feito pelo homem, também conhecido de moeda fiduciária, ou dinheiro que é atrelado a um bem físico. Em 1971, o dólar se tornou uma moeda, e deixou de ser dinheiro.

Usamos a expressão moeda corrente para nos referir a dinheiro. E como uma corrente elétrica ou a corrente de um rio, o dinheiro precisa continuar em movimento. É por isso que deixar seu dinheiro no banco ou em um fundo mútuo reduz sua riqueza, porque no banco seu dinheiro não está em movimento. Parado em uma conta, seu dinheiro está em movimento para o dono do banco, para seu planejador financeiro e companhias de fundo mútuo — mas não para você.

Pessoalmente, não guardo dinheiro em bancos, nem tenho uma conta de aposentadoria. Não deixo meu dinheiro parado. Meu trabalho é manter meu dinheiro em movimento. Como a maioria das pessoas sai da escola sem qualquer educação financeira, seu dinheiro escoa pelo ralo.

A razão de eu ter criado o jogo educacional *CASHFLOW*® é achar que toda pessoa financeiramente inteligente sabe que precisa controlar o fluxo do

IRMÃO RICO, IRMÃ RICA

seu dinheiro. Pessoas com alto QI financeiro sabem como manter o dinheiro fluindo para seu bolso. Meus jogos ensinam como controlar o fluxo de caixa. Isso requer QI financeiro.

Você pode escolher entregar seu suado dinheiro a um suposto "expert" ou pode decidir que vai se tornar financeiramente educado. Há duas razões pelas quais sou contra a ideia de entregar a administração do dinheiro a outra pessoa. Uma delas é que você não aprende coisa alguma. Ainda que você ganhe dinheiro, continua a não saber nada. A segunda razão é que, se seu "expert" provar ser um tolo e desaparecer com o dinheiro de sua aposentadoria e da faculdade de seu filho, então você talvez não seja capaz de recuperar o dinheiro, consertando os erros do especialista.

Warren Buffett, o investidor mais rico da América, costuma dizer o seguinte sobre os especialistas financeiros:

"Os administradores dos fundos de aposentadoria continuam a tomar suas decisões de investimentos mantendo seus olhos fixos no espelho retrovisor."

"Os riscos vêm da falta de conhecimento do que se está fazendo."

"Diversificação é proteção contra a ignorância. A diversificação faz pouco sentido se você sabe o que está fazendo."

"Wall Street é o único lugar do mundo em que as pessoas chegam de Rolls Royce para serem aconselhadas por aqueles que andam de metrô."

John Bogle, fundador do Vanguard Funds, é um crítico severo dos gestores de fundos mútuos. Ele destaca os seguintes pontos:

- Investidores põem 100% do dinheiro, assumem 100% do risco e recebem 20% dos lucros.
- Os fundos mútuos põem 0% de seu dinheiro, assumem 0% do risco e recebem 80% dos lucros.

Como disse anteriormente, Deus pode perdoar aqueles que não sabem o que fazem, mas o mundo real pune e se aproveita dessas pessoas.

Em 1974, as regras do dinheiro mudaram novamente. Naquele ano, o governo dos Estados Unidos aprovou a ERISA — a Lei de Segurança da Aposentadoria dos Empregados — que hoje é conhecida como plano 401(k).

EPÍLOGO

De modo resumido, a ERISA mudou as leis trabalhistas. Até 1974, a regra era que um empregado trabalhando para uma empresa continuaria recebendo o salário depois de se aposentar pelo resto da vida.

Em razão da concorrência econômica global, as companhias dos Estados Unidos começaram a achar que pagar os empregados pela vida toda era muito caro, assim pediram ao governo que mudasse as regras. Hoje, os trabalhadores estão por conta própria. Se um empregado não tiver dinheiro suficiente para viver depois de se aposentar, o problema é dele, não do empregador. Os Estados Unidos — que já foi o país mais rico do mundo — hoje, possuem milhões de trabalhadores que precisam ou precisarão de ajuda do governo, tanto financeira quanto médica, depois de se aposentarem. É isso que acontece quando as pessoas e seus líderes acreditam na ideia quase religiosa de que o dinheiro é a raiz de todos os males. O dinheiro não é mau. A *ignorância* sobre ele que é má.

A razão pela qual decidi trabalhar com minha irmã neste livro e ajudá-la a se tornar multimilionária é porque sei que ela tem força de espírito. Uma das definições da palavra integridade é "plenitude". Acredito que para uma pessoa tornar-se realmente rica, precisa ser rica espiritual, emocional, física e mentalmente. Também é mais fácil ficar rico quando agimos com ética, legalidade e moralidade. Posso ajudar Tenzin a se tornar multimilionária não porque ela é minha irmã, mas porque sei que ela passou muitos anos fortalecendo seu espírito. Sei que ela pode controlar suas emoções e enxerga a vida com alegria, mesmo depois de ter enfrentado sérios problemas financeiros e desafios físicos como o câncer e um problema cardíaco.

Com um espírito forte e algum conhecimento financeiro, nada a impedirá. Tudo que ela precisa é treinar a própria mente para pensar como uma pessoa rica. Explico isso com o diagrama a seguir, uma figura conhecida por sua força e integridade estrutural.

Muitas pessoas têm problemas financeiros porque uma — ou mais — das quatro partes que compõem o ser humano está fraca. Encontrei, por exemplo, muitas pessoas que têm uma mente brilhante, mas um espírito fraco ou que são consumidas pelas emoções. Tenho uma amiga que tem MBA. Ela é muito esperta nos negócios, mas lhe falta força espiritual e emocional. Hoje, ela é babá. Não se trata de menosprezar o importante trabalho de babá. O que estou dizendo é que sua luta com o dinheiro é espiritual e emocional, não mental. Financeiramente, a vida dela é uma bagunça, ainda que ela saiba exatamente o que deva fazer.

Alguns dos empresários mais bem-sucedidos que conheço adquiriram seus treinamentos na igreja. Alguns são ex-missionários mórmons; outros vendiam bíblias de porta em porta. Todos eles afirmam que foram as melhores experiências que poderiam ter tido. Isso lhes ensinou disciplina, determinação e ímpeto — o processo os fortaleceu mentalmente, além de lhes dar força espiritual, física e emocional.

Meu melhor amigo, Lari Clark, adquiriu suas habilidades no nordeste da Irlanda, convertendo católicos para o mormonismo, no auge das tormentas políticas do país. O prédio em que ele morava foi destruído por uma bomba. Ele foi atingido por balas de borracha, porque estava próximo demais das manifestações.

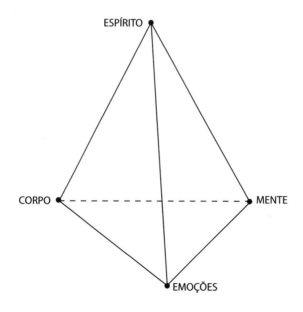

As pessoas bem-sucedidas financeiramente têm todos esses quatro componentes intactos.

EPÍLOGO

Anos mais tarde, Lari foi escolhido, pela revista *Inc.*, como "Empresário do Ano". Ele deve grande parte do sucesso financeiro a seu trabalho como missionário.

Não servi como missionário para uma igreja, mas servi ao Corpo de Fuzileiros Navais. Os fuzileiros focaram em meu desenvolvimento mental, emocional, físico e espiritual. Fui ensinado que a missão dos fuzileiros era mais importante do que a vida. Talvez seja por isso que os militares da Marinha dizem: "E no oitavo dia, Deus criou os fuzileiros." Deve ser por isso que também existem apenas sete dias na semana.

Em companhias tradicionais, se você não tem um desempenho adequado, está despedido. Um dos motivos de Donald Trump e eu recomendarmos marketing de rede como um ponto de partida para as pessoas que queiram se tornar empreendedoras é porque muitas organizações de marketing de rede têm excelentes programas de treinamento criados para desenvolver as pessoas mental, emocional, física e espiritualmente. Desde que se esteja disposto a aprender, eles estão dispostos a ensinar.

Muitos indivíduos têm a mente rica, mas as emoções são fracas. Como mencionei anteriormente, somos tanto humanos quanto seres. Se as emoções são fracas — se as pessoas reagem como humanas —, elas podem querer a riqueza, podem saber o que fazer, mas lhes falta a força emocional para conseguir enriquecer. Essas pessoas dizem com frequência: "Preciso da segurança de um emprego."

"E se eu fracassar?"

"Parece muito arriscado."

"Não tenho condições para isso."

São palavras que surgem na presença de emoções fracas. Como diz Warren Buffett: "Se você não consegue controlar suas emoções, não consegue controlar seu dinheiro." Quando se trata de dinheiro, muitas pessoas são humanas porque têm emoções que controlam o ser.

Quando se trata de dinheiro, é fácil entender por que as pessoas ficam exacerbadas emocional, física e espiritualmente. Considere novamente a figura do tetraedro.

IRMÃO RICO, IRMÃ RICA

Mentalmente, a pessoa com educação financeira limitada sempre viverá com medo, receosa de cometer um erro, fraca espiritualmente, rezando e pedindo por salvação, e fisicamente se agarrando a qualquer forma de segurança, tal como um emprego seguro que não paga o suficiente. Uma pessoa financeiramente fraca é presa fácil para falsos profetas — pessoas como banqueiros, corretores e vigaristas, todos aparentando trabalhar para seu melhor interesse.

Muitas pessoas são espiritualmente fracas, ainda que frequentem uma igreja e orem todos os dias. Pessoas espiritualmente frágeis dependem da esperança mais do que da fé, razão pela qual meu pai rico sempre dizia: "A esperança é para os desesperançados."

Quando perdi meu primeiro negócio — das carteiras de surfistas —, foi a fé, e não a esperança, que me fez atravessar um dos piores momentos da vida. Eu não apenas estava falido e sem trabalho; eu devia quase US$1 milhão a meus investidores. Em vez de desistir e declarar falência, eu tive de escolher entre o "humano" e o "ser". Um humano teria desistido. Enfrentar meus credores e reconstruir meu negócio foi uma das piores experiências de minha vida, assim como a melhor também. Testou os limites de meu *ser*, quem eu era na essência. E fortaleceu meu espírito. Isso me fez um ser humano melhor — uma pessoa que comete erros, que aprende e *cresce* com suas experiências.

EPÍLOGO

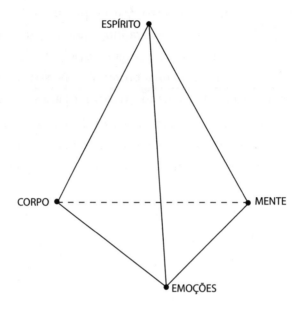

A integridade estrutural desses componentes é tão importante que incluí o tetraedro duas vezes. Se uma das partes estiver faltando, nossas atitudes com relação ao dinheiro irão por água abaixo.

Todos sabem que uma moeda tem duas faces. Mesmo assim, quando se trata de dinheiro, muitas pessoas enxergam apenas a face ruim. É por isso que elas não enriquecem. Essas pessoas, com frequência, falham em enxergar que o bom *e* o ruim existem em todas as coisas. Minha experiência ruim com a falência de meu negócio não apenas me fortaleceu mentalmente, mas emocional, física e — acima de tudo — espiritualmente. Hoje, sei que o fracasso do primeiro negócio foi uma das melhores experiências de minha vida. Foi doloroso e a dor durou por anos, mas foi minha fé — a fé de que poderia aprender com isso — que me fez continuar.

Quando, hoje, encontro pessoas que ficam aterrorizadas com a ideia de fracassar, sei que elas estão olhando apenas para o lado ruim da moeda sem reconhecer a possibilidade de um lado bom. Essas pessoas vão à igreja e oram diariamente, mas, a menos que assumam algum risco, seu espírito jamais será testado, nem nunca terão a oportunidade de se fortalecer se deixarem a emoção e o medo dominarem — tanto o espírito quanto a fé em Deus.

IRMÃO RICO, IRMÃ RICA

As escolas recompensam as pessoas que têm as respostas corretas e punem aquelas que cometem erros. Na vida real, não existe a resposta correta. A vida real é um teste de múltipla escolha. Às vezes, adivinhamos errado. O problema com muitas pessoas espertas é que elas precisam estar certas e então ficam paralisadas — emocional, espiritual e fisicamente — porque, na vida real, ninguém está segurando um cartaz que diz: "Esta era a resposta certa."

George Soros, um dos maiores investidores de nosso tempo, diz sobre os investimentos — embora se aplique a outras áreas de nossa vida também:

Você tem de tomar decisões, mesmo que saiba que elas podem estar erradas. Você não pode evitar estar errado. Mas estando consciente das incertezas, fica mais fácil corrigir seus erros.

No mundo real, as pessoas mais inteligentes são aquelas que cometem erros e aprendem com eles. Na escola, as mais inteligentes são aquelas que não cometem erros. Meu pai pobre — um homem inteligente e professor — perdeu tudo quando deixou o sistema escolar. Embora um homem academicamente inteligente, ele não estava preparado para o mundo real, um mundo que não se importa com as notas que você teve na escola. Ele não sabia como cometer erros e ficar mais rico.

Ele acabou vítima de vigaristas que se aproveitaram de sua falta de conhecimento financeiro. Em vez de desfrutar de sua aposentadoria, enfrentou dificuldades até o dia de sua morte. Sem um emprego estável no governo, ele era um peixe fora da água.

Enquanto muitas pessoas temem ser processadas, eu encarei o processo como uma oportunidade de aprender e me testar. Sou mais rico hoje — mental, emocional, física, espiritual e financeiramente — em razão da experiência.

O mesmo é verdade quando se trata da saúde. Nasci com um defeito cardíaco, aparentemente herdado de minha mãe. Durante toda a vida, esse coração defeituoso me atormentou. Disseram-me que eu não poderia jogar futebol americano, mas eu joguei mesmo assim. Disseram-me que eu não seria aceito no serviço militar, mas fui. O mesmo aconteceu com a academia de voo. Em vez de desistir por causa da minha saúde, convoquei minha mente, meu espírito e minhas emoções para me tornar mais forte. Em vez de me fazer mais fraco, meu coração me fez mais forte.

EPÍLOGO

Após completar 60 anos, resolvi que era hora de corrigir meu defeito e marquei uma cirurgia para fazer meu coração se tornar fisicamente mais forte.

Não podemos esquecer que nascemos tanto humanos quanto seres. A vida nos dá a oportunidade de fortalecer nosso lado humano e nosso lado espiritual. Infelizmente, muitas instituições se aproveitam de nosso lado humano e frágil.

Na escola, eu era emocionalmente abusado, porque não me encaixava. Academicamente, eu era muito fraco. Não sou bom em leitura e escrita. Novamente, usei o fracasso para me fortalecer. Na escola não era bom em escrita, contabilidade e datilografia. Hoje, ganho muito dinheiro escrevendo, ensinando contabilidade por meio dos meus jogos de tabuleiro e passo muito tempo digitando no meu computador.

Embora eu tenha me tornado rico por meio das minhas fraquezas, continuo sendo um escritor que sempre sabe escrever corretamente, nunca seria um contador nem seria contratado como digitador. Embora seja um aluno de notas baixas em termos tradicionais, ganho mais dinheiro que alunos com notas altas.

A maioria de nós sabe que as três palavras mais perigosas nos negócios são: "Confie em mim." Ao ouvir essas palavras, pegue sua bolsa ou carteira e agarre bem. Ao longo dos anos como investidor e empreendedor já ouvi muitas variações destas palavras. Fico pronto para correr quando ouço as palavras: "Sou um bom cristão."

Sempre que uma pessoa usa da fé, levanta minhas suspeitas. Quando ouço estas palavras, sei que as chances de perder dinheiro ou entrar em um relacionamento ruim é grande. Só porque alguém é um bom cristão, judeu, muçulmano, budista ou seja que religião for, não significa que seja honesto, confiável ou competente nos negócios.

"Eu sou íntegro."

Se você tem que me dizer que é íntegro, provavelmente é porque não é. Eu prefiro deixar que as ações digam isso.

"Estou aqui para ajudar."

Quando ouço essas palavras, imagino a quem a pessoa está tentando ajudar — você ou a ela mesma.

IRMÃO RICO, IRMÃ RICA

Por mais cauteloso que eu seja quando ouço essas frases, isso não significa que nunca tenham tirado proveito de mim. Já fui enganado e feito de bobo várias vezes. Agora, mais velho e mais sábio, toda vez que perco ou confio em alguém que não é digno de confiança ou cometo um erro, lembro a mim mesmo que toda moeda tem dois lados. Na verdade, sou uma pessoa mais rica por causa de sócios ruins, vigaristas e dos erros que cometi.

Sou grato quando perco dinheiro. A memória pode ser dolorosa, e o processo de consertar as coisas pode ser complicado, mas as lições são inestimáveis. Como minha irmã frequentemente me lembrou enquanto escrevíamos este livro: "Sua Santidade diz que Mao Tse-tung é seu maior mestre." Experiências boas ou ruins são alimento para nosso espírito.

Um pensamento final sobre Deus e dinheiro: acredito que o dinheiro vai para aqueles que são mais confiáveis e fica longe daqueles que não são confiáveis. Isso não significa necessariamente que sejam más pessoas ou desonestas. Apenas acho que o dinheiro fica com as pessoas que cuidam bem dele, que o respeitam e que sabem fazê-lo crescer. O dinheiro foge das pessoas que não sabem como cuidar dele ou que dele abusam.

É por isso que as quatro pontas do tetraedro são cruciais para se ficar rico.

Se não somos éticos, só podemos fazer negócios com pessoas desonestas. O mesmo é verdade para a moralidade. Seria pouco provável, por exemplo, que uma pessoa que tenha fortes valores morais viesse a fazer qualquer tipo de negociação com a indústria pornográfica. As pessoas que seguem as regras não se aproximam daqueles que vivem quebrando-as. Como em tudo na vida, pessoas que pensam de modo semelhante se atraem.

Uma das lições valiosas que aprendi na escola dominical é que a palavra se faz carne. Em outras palavras, nós *nos* tornamos nossas palavras. Em um mundo ideal, todos sabem que se deve sempre dizer a verdade, manter a palavra e não fazer promessas que não podem ser cumpridas. No mundo real, mentir exige, usualmente, menos coragem do que dizer a verdade cara a cara. É fácil não manter a palavra e não cumprir os acordos. Todos esses eventos prejudicam nosso poder financeiro espiritual.

Tenho um amigo, por exemplo, que constantemente faz promessas e não as cumpre. Ele não é má pessoa; apenas tem péssima memória. Como ele

EPÍLOGO

nunca cumpre suas promessas, as pessoas não confiam em sua palavra, mesmo sendo ele uma boa pessoa. Em vez de seus negócios se tornarem mais fáceis, ele tem de trabalhar cada vez mais para encontrar sempre novos clientes. Os clientes antigos aprendem rapidamente a não confiar nele.

Uma das lições mais importantes que aprendi com meu pai rico foi: "Se nossa palavra não serve para o presente, então ela não serve para o futuro." Cada vez que não cumprimos o que prometemos, perdemos poder. Além de perder poder, temos o peso da palavra não cumprida sobre nossa cabeça, o que significa que teremos de trabalhar com ainda mais afinco. Se ninguém confia em mim e eu digo: "Vou construir um negócio de US$1 milhão, você quer investir comigo?", são boas as chances de que a maioria das pessoas, mesmo os amigos, diga: "Não."

Do lado positivo, quando uma pessoa é tão boa quanto sua palavra, ela conquista o poder de falar do futuro e ver as coisas se realizarem. Se você é confiável, o que significa que tem integridade de mente, corpo, espírito e emoções, e disser: "Vou construir um negócio de US$1 milhão, quer investir comigo?", são boas as chances de que a maioria das pessoas aceite.

Todos conhecemos pessoas que quebraram suas promessas conosco. Um amigo me pediu emprestado US$25 e nunca mais devolveu. Hoje, eu nunca investiria nele. Se você quer ser rico, então mantenha sua palavra.

Você vale tanto quanto vale sua palavra.

Uma das razões para escrever este livro foi para realçar a importância de se estar íntegro mental, emocional, física e espiritualmente. Eu nem sempre fui íntegro, o que me causou muitos problemas financeiros e pessoais. Perdi meu primeiro negócio porque eu era forte espiritualmente — tinha coragem —, mas me faltava *conhecimento* negocial. Quando tivemos êxito e crescemos muito rapidamente, nem eu, nem meu sócio fomos capazes de administrar o crescimento.

Pedir desculpas a meus investidores por ter perdido o dinheiro deles foi espiritualmente desgastante, mas dizer a verdade me trouxe a integridade de volta.

IRMÃO RICO, IRMÃ RICA

Não quero que pense que sou perfeito. Asseguro a você que estou longe de sê-lo. Sei que a cada dia que vivo na forma humana, terei meu ser desafiado a aprender mais.

Digo isso porque acredito em Deus ou no Grande Espírito. Também acredito que temos grandes espíritos dentro de nós. Quando encaramos todos os acontecimentos, bons ou ruins, como lições positivas, teremos mais coisas boas em nossa vida. Quando encaramos todos os eventos, bons ou ruins, como lições para nossos espíritos, podemos nos espiritualizar ainda mais, tornar-nos mais ricos, mais felizes e mais próximos de Deus.

Então, há solução para a ganância? Um caminho pode ser mostrar-se mais generoso. Quando o dr. Fuller falou sobre "a contabilidade cósmica", estava se referindo à generosidade de Deus. Se tivermos, de fato, duas contabilidades — e a segunda, a social, for medida pela "contabilidade cósmica" —, então poderemos contribuir para o fim da ganância ao focar naquilo de bom que aqui fizemos; quantas pessoas, lugares e coisas ajudamos, quão bem usamos nossos dons para criar uma vida rica em tudo — espírito, mente, corpo e alma.

PALAVRAS FINAIS
Uma Mudança no Coração: Uma História Real

Fui internado na Clínica Mayo em 3 de setembro de 2008, para uma cirurgia cardíaca.

Desde o nascimento, convivi com duas válvulas cardíacas fracas, embora isso não tenha me impedido de lutar e viver intensamente. Além disso, sempre usei o estresse como meu principal motivador. Sempre acreditei que a inteligência cresce nos momentos de estresse, e vivi dessa maneira; exigindo tudo de mim, indo a meus limites. E me fortificando com uma dieta de carne vermelha e vodca.

Minha cirurgia ocorreu sem qualquer incidente e comecei minha recuperação tão destemido quanto sempre fui com todos os outros desafios da vida. Três semanas após a cirurgia, eu já estava na rotina normal de exercícios e fazendo tudo mais em alta pressão.

Na *quarta* semana após a cirurgia, tive de voltar ao hospital. As ordens médicas: reduzir o estresse, parar de trabalhar tanto, praticar meditação e ioga.

Por anos — 61, para ser exato —, escutei meu coração, a origem de minha vida, consciente de suas falhas — meu batimento cardíaco errático, imperfeito e desigual. Hoje, embalo meu sono à noite com uma batida sonora, ritmada, uma novidade, um conforto após 61 anos.

Penso nas recomendações médicas, em estresse, ioga, dieta saudável e meditação. Será que esse leopardo durão, impetuoso, pode mudar sua pelagem? *Será* que consegue?

Para mim, é surpreendente que eu, na verdade, esteja até mesmo considerando essas mudanças. O tempo dirá.

De uma coisa, estou certo: é impressionante o que uma mudança no coração pode fazer.

— Robert Kiyosaki, outubro de 2008

NOSSOS VOTOS PARA VOCÊ

Nós lhe desejamos toda a alegria que a vida tem para oferecer.

Desejamos amor, felicidade e bondade.

Desejamos amor para você e sua família biológica, e amor para sua família espiritual.

Obrigada.

Eu me lembro dos dias em que ninguém queria ouvir o que tínhamos a dizer.

Certa vez, uma pessoa sábia disse: "O maior presente que uma pessoa pode lhe dar é seu tempo."

Como você sabe, o tempo é uma mercadoria preciosa.

Assim, agradecemos por nos ter dado seu tempo. Obrigada por ler este livro.

"Eu Sou a Rich Dad Company"

Eu sou a *Rich Dad Company*. Bem-vindo ao meu mundo. Um mundo de possibilidades, de aprendizado, de compreensão, de tomada de controle. Por minha causa, muitas pessoas de todos os tipos, de todos os lugares do mundo têm a chance de realizar seus sonhos. Veja, não sou apenas uma empresa; sou o despertar. Sou um mestre. Um idealizador e construtor de comunidades e alguém que deu poderes para que as pessoas pudessem mudar sua vida. Sou alguém determinado a continuar mudando a vida das pessoas nas próximas décadas. Eu não vou parar. Eu sou a *Rich Dad Company* e minha missão, neste planeta, é elevar o bem-estar financeiro da humanidade.

Minha tarefa é gigantesca? Claro que é. Estou com medo? Nunca, porque a *Rich Dad Company* prospera em saltos de fé. Esses atos são a combustão e os catalisadores da mudança. E com a mudança, vem o crescimento. Acredito que seguir o *status quo* faz as pessoas se meterem em confusões. Serão necessárias ações e palavras destemidas para acordar a mente das pessoas que, sem saber, estão seguindo os cegos, com a esperança e a crença de que têm seguido os iluminados.

Eu sei, sobrevivi a muitas mentiras e vi o futuro com meus próprios olhos. Eu sou a *Rich Dad Company* e não acredito que a esperança possa salvar as pessoas. Por que esperar, quando você pode aprender, entender, agir, conseguir resultados e se fortalecer? Eu não sou um salvador. Eu sou um professor, um mestre implacável que alguns não conseguirão suportar. Não adoço as palavras, professo a ação e demando trabalho árduo hoje para obter felicidade e liberdade amanhã. Mas também simplifico o caminho e mantenho-o alegre, divertido e inesquecível. É isso que fazem os bons professores.

Sei que algumas pessoas não agirão. São muito preguiçosas, muito medrosas, estão muito confortáveis ou iludidas com a falsa segurança para assumir as rédeas de sua própria vida. Alguns se arriscarão. E quando o fizerem, estarei lá com uma série de pontos de entrada: livros que podem ser lidos, jogos que

EPÍLOGO

podem ser jogados, vídeos e seminários que podem ser vistos e *coaches* que podem ser contratados, para citar alguns apenas. Tenho muitas portas e cada uma delas está aberta para aqueles que desejarem entrar, não importa onde estejam. O controle começa com um sonho.

Como aqueles que aprendem comigo, eu também continuo aprendendo e crescendo. (Reconheço que, para se encontrar a verdadeira felicidade, é preciso se expandir além da missão de bem-estar financeiro pessoal para uma missão de bem-estar completo — saúde, despertar espiritual, filantropia, construção de um negócio e propósito.) Em essência, uma Vida Rica. E essa é minha próxima transformação. Se não estamos crescendo, então estamos morrendo. Aqueles que se transformaram com minha influência têm histórias incríveis para contar. São histórias de força, otimismo, poder, espiritualidade e vitórias. Essas pessoas ultrapassaram o básico dos princípios da **Rich Dad Company**. Elas estão emergindo para a Vida Rica. E eu também.